Living Language™

ITALIAN
DICTIONARY

ITALIAN-ENGLISH
ENGLISH-ITALIAN
REVISED AND UPDATED

W9-BRX-424

THE LIVING LANGUAGE™ SERIES

LIVING LANGUAGE ™ Complete Courses, Revised & Updated

French*
German*
Inglés/English for Spanish Speakers
Italian*
Japanese*

Portuguese (Brazilian)
Portuguese (Continental)
Russian
Spanish*

*Also available on Compact Disc

LIVING LANGUAGE ™ Complete Courses

Advanced French
Advanced Spanish
Children's French
Children's Spanish
English for Chinese Speakers

English for French Speakers
English for German Speakers
English for Italian Speakers
Hebrew

LIVING LANGUAGE IN-TENSE ™ Verb Practice

French, German, Italian, Spanish

LIVING LANGUAGE PLUS®

French, German, Italian, Spanish

LIVING LANGUAGE TRAVELTALK ™

French, German, Italian, Japanese
Portuguese, Russian, Spanish

LIVING LANGUAGE ™ SPEAK UP!® Accent Elimination Courses

American Regional
Spanish
Asian, Indian, and Middle Eastern

LIVING LANGUAGE ™ FAST & EASY

Arabic
Czech
French
German
Hebrew
Hungarian
Inglés/English
    for Spanish Speakers

Italian
Japanese
Korean
Mandarin Chinese
Polish
Portuguese
Russian
Spanish

Living Language™

ITALIAN
DICTIONARY

ITALIAN-ENGLISH
ENGLISH-ITALIAN
REVISED AND UPDATED

Revised by Renata Rosso and Lorraine Gatto

Original edition by Genevieve A. Martin and Mario Ciatti

Based on the dictionary developed by
Ralph Weiman,
Former Chief of Language Section,
U.S. War Department

CROWN PUBLISHERS, INC., NEW YORK

This work was previously published under the title *Living Language* ™
Common Usage Dictionary—Italian by Genevieve A. Martin and Mario
Ciatti, based on the dictionary developed by Ralph Weiman.

Published by Crown Publishers, Inc., 201 East 50th Street, New York, New
York 10022. Member of the Crown Publishing Group.

Random House, Inc. New York, Toronto, London, Sydney, Auckland.

LIVING LANGUAGE and colophon are trademarks of Crown Publishers,
Inc.

Manufactured in the United States of America

Library of Congress Catalog Card Number: 56-9316

ISBN 517-59040-9

10 9 8 7 6 5 4 3

Revised and Updated Edition

CONTENTS

INTRODUCTION

The *Living Language™ Italian Dictionary* lists more than 15,000 of the most frequently used Italian words, gives their most important meanings, and illustrates their use. This revised edition contains updated phrases and expressions as well as many new entries related to business, technology, and the media.

1. More than one thousand of the most essential words are capitalized to make them easy to find.

2. Numerous meanings are illustrated, with everyday phrases, sentences, and idiomatic expressions. If there is no close English equivalent for an Italian word, or if the English equivalent has several different meanings, the context of the illustrative sentences helps to clarify the meanings.

3. Because of these useful phrases the *Living Language™ Italian Dictionary* also serves as a phrasebook and a conversation guide. The dictionary is helpful both to beginners who are building their vocabulary and to advanced students who want to perfect their command of colloquial Italian.

4. The Italian expressions have been translated to

their English equivalents. Literal translations have been added to help the beginner. The user is thus furnished with numerous examples of how even idiomatic and colloquial Italian expressions can best be translated into English. This feature makes the dictionary useful for translation work.

EXPLANATORY NOTES

All nouns that end with an *-o* are masculine, and all nouns that end with *-a* are feminine, unless otherwise indicated by *m.* for masculine and *f.* for feminine. The abbreviations *m.* and *f.* are also used to indicate the gender of nouns that end in *-e*.

Adjectives, abbreviated *adj.* where necessary, are given in their masculine singular forms.

Singular is abbreviated as *sing.*, plural as *pl.*, adverb as *adv.*, object as *obj.*

In the phrases and sentences that illustrate the meanings of the words, some subject pronouns are omitted because the form of the verb indicates who the speaker is (I, you, he, etc.). For example, *Parlo italino* is translated as "I speak Italian," even though the Italian sentence doesn't include the subject pronoun *io* (I).

Also, the subject pronoun *Egli* (he) is used in formal, written Italian, but rarely in spoken Italian any more. Instead, *Lui*, formerly used as just an indirect object pronoun (to him), is now used as a subject pronoun in both spoken and informal written Italian. This dictionary is useful for translating both spoken and written Italian because it includes sentences with both *Egli* and *Lui* as the subject.

Italian-English

Questi libri appartengono agli studenti. *These books belong to the students.*

Siamo andati alla fiera. *We went to the fair.*

Ti condurrò alle corse. *I'll take you to the races.*

abbagliare *to dazzle.*

abbaglianti *headlights.*

abbaiare *to bark.*

abbandonare *to abandon.*

abbandono *abandonment, desertion.*

abbassare *to lower; to reduce.*

abbasso *down, downstairs.*

abbastanza *enough, rather.*

abbattere *to throw down; to demolish; to pull down; to fell; to bring down.*

Un aereo è stato abbattuto. *An airplane has been shot down.*

Hanno abbattuto gli alberi del giardino. *They felled the trees in the garden.*

La minima cosa lo abbatte. *The least thing depresses him.*

abbattersi *to get disheartened; to get depressed.*

Non bisogna abbattersi così facilmente. *One should not get discouraged so easily.*

abbattuto *dejected, downhearted.*

L'ho trovato molto abbattuto. *I found him very downhearted.*

abbazia *abbey.*

abbellimento *improvement, embellishment.*

abbellire *to improve; to make more beautiful.*

abbigliamento *clothes, apparel.*

industria dell'abbigliamento *apparel industry.*

abbisognare *to be in need of; to need.*

abboccamento *interview, talk.*

abbonamento *subscription.*

Egli ha un biglietto d'abbonamento ferroviario. *He has a season train ticket.*

Ho un abbonamento a questa rivista. *I have a subscription to this magazine.*

abbondante *abundant, plentiful.*

un raccolto abbondante *a plentiful crop.*

abbondanza *abundance, plenty.*

abbondare *to abound; to be plentiful.*

La selvaggina abbonda in questo paese. *Game is plentiful in this country.*

abbordare *to board (a ship); to accost (a person).*

Mi ha abbordato scortesemente. *He accosted me rudely.*

abbottonare *to button.*

Abbottonati la giacca. *Button up your jacket.*

abbozzo *sketch.*

abbracciare *to embrace.*

abbreviamento *abbreviation, abridgment (of a text).*

abbreviare *to make shorter; to abbreviate.*

abbreviazione, f. *abbreviation.*

A

A, AD (used in front of words beginning with vowels) *to, at.* Also:

al (contraction of *a* plus *il*).

allo (contraction of *a* plus *lo;* used in front of words beginning with *z, s* followed by a consonant, and *gn*).

alla (contraction of *a* plus *la*).

ai (plural; contraction of *a* plus *i*).

alle (plural; contraction of *a* plus *le*).

agli (plural; contraction of *a* plus *gli*).

alle tre *at three o'clock*

andare a piedi *to go on foot.*

cucinare all' italiana *to cook in the Italian way.*

A domani. *See you tomorrow. (Until tomorrow.)*

Andiamo al cinema! *Let's go to the movies!*

È andato allo stadio. *He went to the stadium.*

È la prima strada a destra. *It's the first street on the right.*

Hai dato la mancia ai portabagagli? *Did you tip the porters?*

Io vado a Roma. *I'm going to Rome.*

Mi preparo ad andar via. *I'm getting ready to leave (go away).*

Qualche abbreviazione italiana (Some Italian abbreviations):

mons. (monsignore) *Mgr.*

N.B. (nota bene) *N.B.*

P.T. (Poste e Telegrafi) *post and telegraph office*

Sig. (signore) *Mr.*

Sig.a (signora) *Mrs.*

Sig.na (signorina) *Miss.*

abbronzare *to bronze; to tan.*

abbronzarsi *to get a suntan.*

abbrustolito *toasted.*

abbuiare *to darken, to obscure.*

abdicare *to abdicate.*

abdicare al trono *to abdicate the throne.*

abete, m. *fir tree.*

abietto *base, abject.*

abile *able, skillful.*

abilità *ability, capability.*

abisso *abyss.*

abitabile *habitable.*

ABITANTE, m. *inhabitant.*

abitare *to live; to dwell.*

abitazione, f. *habitation, house.*

ABITO *suit, dress.*

abito da sera *evening gown.*

abituale, m. & f. adj. *habitual, usual.*

abituarsi *to get used to.*

ABITUATO *accustomed; used to.*

abitudine, f. *habit, custom.*

abolire *to abolish.*

abolizione, f. *abolition.*

abominevole, *abominable.*

aborrire *to abhor.*

abortire *to miscarry; to have an abortion.*

aborto m. *miscarriage; abortion.*

abrasione, f. *abrasion.*

abusare *to take advantage of; to misuse.*

Lui abusa della mia pazienza. *He is trying my patience.*

Lui abusa di tabacco. *He smokes too much.*

abuso *abuse.*

accademia *academy.*

Accademia di Belle Arti. *Academy of Fine Arts.*

accademicamente *academically.*

accademico *academician.*

accademico, adj. *academic.*

ACCADERE *to happen.*

Che cos'è accaduto? *What happened?*

È accaduta una disgrazia. *An accident happened.*

Non accade mai. *It never happens.*

accadde che *it happened that*

accaduto m. *event, happening.*

accaldarsi *to become excited (nervous).*

accampamento *camp, camping.*

accampare *to camp; to encamp (military).*

I soldati si sono accampati ai piedi della collina. *The soldiers have encamped at the foot of the hill.*

accanimento *obstinacy, persistence.*

ACCANTO *beside, near, by.*

Il ristorante si trova accanto al museo. *The restaurant is near the museum.*

Le bambine camminano una accanto all'altra. *The little girls are walking side by side.*

Siedi accanto a me. *Sit by me.*

accappatoio *bathrobe.*

accarezzare *to caress; to fondle; to cherish.*

accarezzare un'idea *to cherish an idea.*

Il ragazzo accarezza il suo cane. *The boy is caressing his dog.*

accartocciare *to wrap up.*

accatastare *to heap up.*

accattare *to beg; to borrow.*

accattone, m. *beggar.*

accecare *to blind.*

accedere *to accede; to enter.*

accelerare *to accelerate; to hasten.*

Dobbiamo accelerare il passo. *We must hasten (quicken our steps).*

accelerato *accelerated.*

acceleratore, m. *accelerator.*

Premi l'acceleratore. *Step on the gas. (Press the accelerator.)*

ACCENDERE *to light; to kindle; to turn on.*

Accende la luce. *He turns the light on.*

Accendi il fuoco nel caminetto. *Light a fire in the fireplace.*

Ho acceso la candela. *I lit the candle.*

accendersi *to light up; to ignite; to get excited.*

accendino *lighter.*

accennare *to hint; to point out.*

accenno *hint, nod.*

accentare *to accent.*

accentato *accented.*

L'ultima sillaba è accentata. *The stress is on the last syllable.*

accento *accent, stress.*

Egli ha un leggero accento. *He has a slight accent.*

accentuare *to emphasize; to accent.*

accerchiamento *encircling; surrounding.*

accerchiare *to surround; to encircle.*

accertare *to ascertain; to verify.*

accertarsi *to make certain.*

Me ne voglio accertare. *I want to make sure of it.*

acceso *alight, aflame.*

La folla è accesa d'ira. *The crowd is in a fit of rage.*

La luce nel corridoio è accesa. *The light is on in the hall.*

accessibile *accessible.*

ACCESSO *access, admission, attack, fit.*

Egli ha avuto un accesso di rabbia. *He had a fit of rage.*

accessorio *accessory.*

accettabile, m. & f. adj. *acceptable.*

ACCETTARE *to accept.*

Accetti le mie scuse. *Accept my apology.*

Ho accettato il suo invito. *I accepted his invitation.*

Le condizioni furono accettate da tutti. *Everyone agreed to the conditions.*

Non posso accettare questo regalo. *I can't accept this gift.*

ACCEZIONE *accepted meaning (of words); acceptation.*

La moderna accezione di alcune parole differisce grandemente da quella antica. *The modern acceptation of some words greatly differs from the ancient one.*

acciaio *steel.*

accidentale *accidental.*

ACCIDENTE, m. *accident.*

Accidenti! *The devil!*

accigliato *gloomy, frowning.*

accingersi *to get ready.*

Mi accingo a partire. *I'm preparing to leave.*

acciochè *in order that.*

acciottolato *pavement.*

acciuga *anchovy.*

acciuffare *to catch; to grasp.*

acclamare *to acclaim.*

acclamazione, f. *acclamation.*

acclimatarsi *to become acclimated.*

ACCLUDERE *to enclose.*

Accludo una fotografia di mio figlio. *I am enclosing a snapshot of my son.*

Non si dimentichi di accludere la fattura. *Don't forget to enclose the invoice.*

accluso *enclosed.*

accoccolarsi *to squat; to crouch.*

accoglienza *reception, welcome.*

Mi han fatto una bella accoglienza. *They welcomed me warmly.*

accogliere *to receive; to welcome.*

Egli fu accolto male. *He was not welcome. (He was poorly received.)*

accollarsi *to take upon oneself; to assume.*

Mi sono accollato questa responsabilità. *I assumed this responsibility.*

accollato *burdened; uptight.*

accolta *meeting, gathering.*

accoltellare *to stab.*

accomiatarsi *to say good-bye.*

accomodabile, m. & f. adj. *adjustable.*

ACCOMODARE *to mend; to repair; to suit; to settle; to fix.*

Bisogna far accomodare questa lampada. *This lamp must be repaired.*

accomodarsi *to sit down; to make oneself comfortable.*

Prego, si accomodi. *Please, have a seat.*

accompagnamento *accompaniment (musical).*

ACCOMPAGNARE *to accompany.*

Il pianista lo ha accompagnato magnificamente. *The pianist accompanied him magnificently.*

Mi ha accompagnato a casa. *He saw me home.*

accompagnatore, m. *accompanist (musical); escort.*

accomunare *to join; to write.*

acconciare *to adorn.*

accondiscendere *to acquiesce.*

acconsentire *to allow; to consent; to agree.*

Chi tace acconsente. *Silence gives consent.*

accontentare *to content; to please.*

accontentarsi *to be content.*

Mi accontento facilmente. *I'm easily pleased.*

ACCONTO *account.*

Egli mi ha dato una somma in acconto. *He gave me some money as a deposit.*

accoppiare *to couple.*

accoppiarsi *to unite; to (become a) couple.*

Sono bene accoppiati. *They make a fine couple.*

accorare *to grieve; to worry.*

accorciare *to shorten.*

accorciarsi *to become shorter.*

D'inverno le giornate si accorciano. *In winter the days become shorter.*

accordabile *allowable.*

ACCORDARE *to grant; to accord; to tune.*

Devo fare accordare il pianoforte. *I must have the piano tuned.*

Ti posso accordare solo dieci minuti di tempo. *I can give you only ten minutes' time.*

accordarsi *to come to an agreement.*

Dopo lunga discussione si sono finalmente accordati. *After lengthy discussion they finally came to an agreement.*

ACCORDO *agreement, accord, harmony.*

D'accordo! *Agreed!*

Gianna e Maria sono venute ad un accordo. *Jean and Mary reached an agreement.*

In casa nostra regna un perfetto accordo. *There is complete harmony in our home.*

Siamo perfettamente d'accordo. *We are in complete agreement.*

Si è stabilito un accordo fra i due. *An agreement was reached between the two.*

accorgersi *to take notice; to become aware of; to realize.*

Mi sono accorto d'aver lasciato l'ombrello in treno. *I'd noticed I'd left my umbrella in the train.*

accorrere *to run up; to run.*

accortezza *shrewdness, sagacity.*
accorto *careful, clever.*
accostare *to approach; to put beside.*
accreditare *to credit.*
>   La somma gli fu accreditata. *The sum was credited to him.*
accreditato *reliable, accredited.*
accrescere *to increase.*
accrescimento *increase, growth.*
ACCUDIRE *to attend; to take care of.*
>   Devo accudire alle mie faccende. *I must attend to my duties.*
ACCUMULARE *to accumulate; to amass.*
>   Egli ha accumulato una gran fortuna. *He amassed a fortune.*
accuratamente *accurately, carefully.*
accuratezza *accuracy, care.*
accurato *accurate, careful.*
accusa *charge, accusation.*
ACCUSARE *to accuse; to charge.*
>   Lui fu accusato ingiustamente. *He was unjustly accused.*
accusato, noun & adj. *accused, defendant (legal).*
>   L'accusato fu rimesso in libertà. *The defendant was freed.*
accusatore, m. *accuser.*
acerbamente *bitterly, sharply.*
acerbo *unripe.*
acero *maple.*
acetato *acetate.*
aceto *vinegar.*
acetone *acetone.*
acidità *sourness, acidity.*
acido *acid, sour.*
ACQUA *water.*
>   acqua salata *salt water.*
>   acqua dolce *fresh water.*
>   acqua minerale *mineral water.*
>   acqua ossigenata *peroxide.*
>   un bicchier d'acqua *a glass of water.*
acquaforte, f. *etching.*
acquaio *sink.*
acquario *aquarium.*
acquavite, f. *brandy.*
acquazzone, m. *shower (of rain).*
acquedotto *acqueduct.*
acquarello *watercolor.*
acquietare *to quiet; to appease.*
acquirente, m. *buyer.*
acquistare *to buy; to acquire.*
acquisto *purchase.*
>   Vado a fare degli acquisti in città. *I'm going shopping in town.*
acre *acrid.*
acro *acre.*
acrobata, m. *acrobat.*
acustica *acoustics.*

acustico *acoustic.*
acutamente *acutely, shrewdly.*
acuto *acute, sharp, keen, harsh.*
ad *see A.*
adagiare *to lay; to place.*
adagio *slowly.*
adattare *to adapt.*
adattarsi *to suit; to conform; to submit.*
ADATTO *qualified for; suitable; right.*
>   Non sono adatto per questo impiego. *I am not qualified for this position.*
>   Quest' abito non è adatto per me. *This suit is not right for me.*
addestrare *to train.*
ADDÍ *This day of.*
>   Addí 18 giugno 1992. *The 18 of June 1992.*
ADDIO *good-bye, farewell.*
addirittura *really, quite, completely, even.*
additare *to point at; to point out.*
additivo *additive.*
addizionale *additional.*
ADDIZIONARE *to add; to sum up.*
addizione, f. *addition.*
>   A scuola i bambini imparano a fare l'addizione. *In school children learn to add.*
addobbare *to decorate; to furnish.*
addolcire *to sweeten; to soften.*
addolcirsi *to become sweet.*
ADDOLORARE *to grieve.*
addolorato *sorry, grieved.*
addome, m. *abdomen.*
addomesticare *to tame.*
addormentare *to put to sleep.*
ADDORMENTARSI *to fall asleep.*
>   Mi sono addormentato sul divano. *I fell asleep on the divan.*
addossare *to lay on; to throw on.*
>   Mi hanno addossato la colpa di questo incidente. *They blamed me for this incident.*
addossarsi *to take upon oneself; to saddle oneself with.*
>   Mi sono addossato tutte le responsabilità. *I assumed all the responsibility.*
addosso *upon; on; on one's back.*
>   Mettiti addosso un vestito e vieni. *Put some clothes on and come.*
>   Gli furono tutti addosso. *They all fell on him.*
addotto *alleged.*
addurre *to allege.*
>   addure delle scuse. *to allege some excuses.*
adeguatamente *adequately.*
>   Furono adeguatamente compensati. *They were adequately repaid.*
ADEGUATO *adequate.*
adempiere *to accomplish.*
adempimento *accomplishment.*

aderire *to adhere to.*

adesione, f. *adherence, assent.*

adesivo *adhesive.*

ADESSO *now.*

    Volete uscire adesso? *Would you like to go out now?*

adiacente *adjacent, adjoining.*

adirarsi *to get angry.*

adirato *angry.*

adocchiare *to eye.*

ADOLESCENTE noun & adj. *adolescent.*

ADOPERARE *to use; to make use of.*

    adoperare il cervello. *to use the brain.*

    adoperare lo strumento adatto. *to use the proper tool.*

adorare *to adore.*

adorazione, f. *adoration.*

adornamento *ornament.*

adornare *to adorn.*

ADOTTARE *to adopt; to pass.*

    È stato adottato un nuovo sistema. *A new system was adopted.*

    Hanno adottato un bambino. *They adopted a child.*

    Le nuove leggi furono adottate. *The new laws were passed.*

adottivo *adopted.*

adozione, f. *adoption.*

adulare *to flatter.*

adulatore, m. *flatterer.*

adulazione, f. *adulation, flattery.*

ADULTO *adult.*

adunanza *meeting.*

adunare *to assemble.*

AEREO, adj. *of the air; airy.*

    aeronautica militare *air force.*

    linea aerea *airline.*

    posta aerea *airmail.*

AEREO *aircraft, airplane.*

aerodromo *aerodrome.*

aeroplano *airplane.*

aeroporto *airport.*

afa *sultriness; sultry weather.*

affabile *affable, kind.*

affaccendato *busy.*

AFFACCIARSI *to present oneself; to appear.*

    affacciarsi alla finestra *to lean out of the window.*

affamare *to starve.*

affamato *starving, hungry.*

affannare *to pant; to make uneasy.*

affannarsi *to be anxious.*

affanno *difficulty of breathing (panting); uneasiness.*

    È una salita che procura l'affanno. *This rise in altitude gives me shortness of breath.*

AFFARE, m. *business, affair.*

    Gli affari sono affari. *Business is business.*

    Non sono affari tuoi. *It's none of your business.*

    Si tratta d'un affare spiacevole. *It's an unpleasant affair.*

affascinante *charming, fascinating.*

affascinare *to charm; to enchant; to bewitch.*

affascinato *fascinated; charmed.*

affaticare *to weary; to fatigue.*

affaticato *fatigued, weary.*

AFFATTO *quite, entirely.*

    È affatto impossibile. *It's quite impossible.*

    niente affatto *not at all.*

affermare *to affirm; to state; to say.*

affermativa *affirmative.*

affermativamente *affirmatively.*

affermativo, adj. *affirmative.*

affermazione, f. *affirmation, statement.*

afferrare *to seize; to catch.*

affettare *to cut into slices; to affect.*

AFFETTO *affection.*

AFFETTUOSAMENTE *affectionately.*

affettuoso *affectionate.*

affezionarsi *to become attached to, to be fond of.*

affezionato *affectionate, fond.*

affidamento *assurance, confidence, trust.*

    non dare affidamento *not to be dependable.*

    non fare affidamento su di *not to rely on.*

affidare *to commit; to entrust.*

    affidare alla memoria *to commit to memory.*

    Mi affido a te. *I trust you. (I entrust myself to you.)*

affilare *to sharpen.*

affiliare *to affiliate.*

affinare *to refine.*

affinchè *in order that.*

affissione *posting up.*

    Divieto di affissione. *Post no bills.*

affisso *bill, poster, placard.*

affittare *to let; to lease.*

    stanza da affittare *room to let.*

affitto *rent, lease.*

affliggente *distressing.*

affliggere *to distress; to sadden.*

afflitto *afflicted.*

affogare *to suffocate; to drown.*

affollato *crowded.*

affondare *to sink.*

affrancare *to stamp.*

    Questa lettera non è affrancata. *This letter is not stamped.*

affrancatura *postage.*

AFFRETTARE *to hasten; to hurry.*

    affrettare il passo *to quicken the pace.*

affrettato *hurried, hasty.*

affrontare *to meet; to face.*

agente, m. *agent.*

AGENZIA *agency, branch.*

    agenzia viaggi *travel agency.*

agenzia pubblicitaria *advertising agency.*
agevolare *to facilitate; to help.*
agevolazione, f. *concession, facilitation.*
agganciare *to hook; to hang up.*
aggettivo *adjective.*
aggiornare *to adjourn; to postpone; to update.*
aggiungere *to add.*
aggiunta *addition.*
aggiustare *to arrange; to fix.*
aggrapparsi *to cling to.*
aggravare *to aggravate.*
> La situazione si è aggravata. *The situation grew more serious.*

aggredire *to assault.*
aggressivo *aggressive.*
aggressore *aggressor.*
agguato *ambush, trap.*
agiatezza *comfort, wealth.*
agiato *wealthy.*
agile *agile.*
agio *leisure, ease, comfort.*
> Mettersi a proprio agio *to make oneself at home; to make oneself comfortable.*

AGIRE *to act; to behave.*
> Questo non è modo d'agire. *This is no way to behave.*

AGITARE *to shake; to wave.*
agitarsi *to get excited; to toss.*
> Mi agito inutilmente. *I'm needlessly anxious.*

agitato *excited, agitated.*
> mare agitato *rough sea.*

agitazione, f. *anxiety, restlessness.*
aglio *garlic.*
agnello *lamb.*
ago *needle.*
agonia *agony, torment.*
agonizzare *to agonize.*
agosto *August.*
agricolo *agricultural.*
agricoltore, m. *farmer.*
agricoltura *farming, agriculture.*
agro *sour, bitter.*
agrodolce *bittersweet.*
agrumi *citrus fruits.*
aiuola *flower bed.*
aiutante, m. *assistant, helper, mate.*
AIUTARE *to help.*
aiuto *aid, assistance.* Aiuto! *Help!*
ala *wing.*
alba *dawn.*
albeggiare *to dawn.*
alberare *to plant trees.*
> alberare una nave *to mast a vessel.*

alberatura *masting.*
albergare *to lodge; to harbor.*
albergatore, m. *hotel-keeper.*
ALBERGO *hotel, inn.*
> scendere ad un albergo *to put up at an hotel.*

albero *tree, mast (of a ship).*
albicocca *apricot.*
albòre *brightness.*
> primi albori *dawn.*

albume *albumen, egg-white.*
alcolico *alcoholic.*
alcova *alcove, recess.*
alcuno *some, none* (with negative sentences); *any* (with interrogative).
> alcuni giornali *some newspapers.*
> Sono venuti alcuni amici. *Some friends came.*
> Non ne ho alcuno. *I haven't any. I have none.*

alfabeto *alphabet.*
alfine *at last.*
alga *seaweed. pl. alghie.*
alienare *to alienate.*
alienazione *alienation, estrangement.*
alimentare, adj. *alimentary.*
> generi alimentari *foodstuffs, groceries.*

alimentare, verb *to feed.*
> alimentarsi *to feed on; to nourish oneself.*

ALIMENTO *food.*
allacciare *to lace; to link.*
> allacciare le cinture *to fasten belt.*
> allacciare le scarpe *to tie shoes.*

allagamento *inundation, flood.*
ALLARGARE *to widen; to enlarge; to broaden.*
allarmante *alarming.*
allarmare *to alarm.*
ALLARME, m. *warning, alarm.*
> segnale d'allarme *warning signal.*

alleanza *alliance.*
> fare alleanza con *to ally oneself to*

ALLEGGERIRE *to lighten; to relieve.*
> alleggerire la sofferenza *to relieve the suffering.*

allegramente *cheerfully, gaily.*
allegrezza *cheerfulness, joyfulness.*
ALLEGRÌA *gaiety.*
allegro *gay, cheerful.*
allenamento *training.*
allenare *to train.*
> Si è allenato per l'incontro. *He trained himself for the match.*

allenatore, m. *trainer.*
allentare *to relax; to loosen.*
> allentare la stretta *to relax the hold.*

allergico *allergic.*
allestire *to prepare.*
allevamento *breeding, rearing, farm.*
allevare *to breed; to bring up; to raise.*
> allevare un bambino *to raise a child.*

allevatore, m. *breeder.*
alleviare *to alleviate; to mitigate.*
> alleviare i dolori. *to relieve pain.*

allievo, m. **allieva,** f. *pupil.*
allodola *lark, skylark.*

ALLOGGIARE *to lodge.*
  alloggiare in un albergo *To lodge at an hotel.*
alloggio *lodging*
  prendere alloggio *to put up at.*
  vitto e alloggio *room and board.*
ALLONTANARE *to remove.*
  allontanarsi da *to go away from.*
  allontanarsi dall'argomento *to digress; to stray from the subject.*
ALLORA *then.*
  d'allora in poi *from that time on.*
  fin d'allora *since then.*
allorchè *when, whenever.*
alluce, m. *big toe.*
alludere *to allude (to); to hint.*
  Non alludevo a lui. *I wasn't referring to him.*
alluminio *aluminum.*
ALLUNGARE *to lengthen; to extend.*
  allungare il passo *to quicken one's pace.*
  allungare il vino coll'acqua *to dilute wine with water.*
  allungare la mano *to extend one's hand.*
  allungare un vestito *to lengthen a dress.*
allungato *lengthened, diluted.*
allusione, f. *allusion, hint.*
  fare allusione a *to hint at.*
alluvione, f. *alluvion; flood deposit.*
alquanto *somewhat; a good deal.*
altamente *highly.*
  altamente qualificato. *highly qualified.*
altare, m. *altar.*
ALTERARE *to alter; to change.*
alterarsi *to get angry.*
alterazione, f. *change, alteration.*
alterigia *pride; arrogance; conceit.*
ALTEZZA *height; width (of material).*
altopiano *plateau.*
altitudine, f. *altitude.*
ALTO *high; lofty; loud (voices).*
  ad alta voce *in a loud voice.*
  dall'alto della montagna *from the mountain top.*
  in alto *on high.*
altopariante, m. *loud-speaker.*
altresì *also, too.*
ALTRETTANTO *as much as; so much; equally.*
  altrettanto lontano *as far as; equally far.*
  Altrettanto a lei. *The same to you.*
  Grazie e altrettanto. *Thank you and the same to you.*
  Ne ho altrettanti. *I have as many.*
ALTRIMENTI *differently; otherwise; or else.*
ALTRO *other.*
  dell'altro *some more.*
  l'un l'altro *each other.*
  l'uno o l'altro *one or the other.*
  né l'uno, né l'altro *neither one.*

  qualcos'altro *something else.*
  quest'altra settimana *next week.*
  senz'altro *immediately; at once.*
  tutt'altro *not at all; anything but.*
  un altro *another.*
ALTROVE *elsewhere.*
ALTRUI *another's; of others.*
  la casa altrui *other people's homes.*
altruismo *altruism.*
altura *height.*
alunno, m. **alunna,** f. *pupil.*
alveare, m. *beehive.*
ALZARE *to raise; to lift.*
alzarsi *to get up; to rise.*
  alzarsi in piedi *to stand up.*
alzata *lifting up; raising.*
  l'alzata del sole *the rising of the sun.*
alzato *up.*
  È alzato? *Is he up?*
amabile *lovable, amiable.*
  vino amabile *sweet wine.*
amaca *hammock.*
amante, m. & f. *lover, admirer.*
amaramente *bitterly.*
AMARE *to love.*
amareggiare *to embitter; to grieve.*
amareggiarsi *to fret; to grieve.*
amarezza *bitterness.*
AMARO *bitter, harsh.*
  amaro digestivo *bitters.*
ambasciata *embassy, message.*
  fare un' ambasciata *to bring a message.*
ambasciatore, m. *ambassador;*
  ambasciatrice, f. *ambassadress.*
ambedue *both.*
ambire *to desire ardently.*
ambidestro *ambidextrous.*
ambito *sphere;*
  entro l'ambito della legge *within the limits of the law.*
ambizione, f. *ambition.*
ambizioso *ambitious.*
ambulante *itinerant.*
ambulanza *ambulance.*
ambulatorio *doctor's office.*
ameno *agreeable, pleasant, amusing.*
americano *American.*
amichevole *friendly.*
amichevolmente *in a friendly manner.*
amicizia *friendship.*
AMICO, m. **AMICA,** f. *friend.*
amido *starch.*
ammaestrare *to train.*
AMMALARSI *to become ill.*
AMMALATO *ill.*
ammassare *to amass.*
ammasso *heap, mass.*
ammazzare *to kill.*

ammazzarsi *to kill oneself; to commit suicide.*
  ammazziarzi di lavoro *to kill oneself with work.*
ammesso *admitted.*
AMMETTERE *to acknowledge; to admit.*
  Ammetto il mio errore. *I admit my mistake.*
AMMINISTRARE *to manage; to administer.*
  amministrare la giustizia *to administer justice.*
  amministrare un'azienda *to manage a business.*
amministrativo *administrative.*
amministratore, m. *administrator.*
  amministratore delegato *CEO, chief executive officer*
amministrazione, f. *administration.*
  consiglio d'amministrazione *board of directors.*
AMMIRARE *to admire.*
ammiratore, m.; **ammiratrice,** f. *admirer.*
ammirazione, f. *admiration.*
ammissibile *admissible, permitted.*
AMMISSIONE, f. *admission.*
  esame d'ammissione *entrance examination.*
  tassa d'ammissione *entrance fee.*
ammobiliare *to furnish (a home).*
AMMODO, *discreet; properly; carefully.*
ammogliare *to marry.*
ammogliarsi *to get married.*
ammogliato *married (man).*
ammonire m. *to warn.*
ammontare, m. *sum.*
ammontare *to reach (a figure); to amount.*
  A quanto ammonta la somma? *What is the sum? How large is the sum?*
ammorbidire *to soften.*
ammorbidirsi *to become soft.*
amo *fishing hook.*
AMORE, m. *love, affection.*
  amor proprio *self-esteem.*
  fortunato in amore *lucky in love.*
  per amor del cielo *for heaven's sake.*
  per amore or per forza *by hook or by crook.*
  È un amore *It's a darling. It's adorable.*
amoreggiare *to flirt.*
amoroso *loving.*
ampiamente *amply, sufficiently.*
  ampiamente ricompensato *amply rewarded.*
ampio *ample, wide.*
ampolla *cruet.*
ampolliera *cruet stand.*
amputare *to amputate.*
anagrafe, f. *register of births, deaths and marriages.*
analcolico *non-alcoholic.*
analfabeta *illiterate, adj. & noun.*
analfabetismo *illiteracy.*
analisi, f. *analysis.*

  analisi del sangue *blood test.*
  in ultima analisi *after all.*
analizzare *to analyze.*
analogia *analogy.*
anarchia *anarchy.*
anatomia *anatomy.*
ANCHE *also, too.*
  anche se *even though; even if.*
  quand'anche *even though.*
  Anche questo finirà. *This too shall end.*
àncora *anchor.*
  gettar l'àncora *to cast anchor.*
  levar l'àncora *to weigh anchor.*
ANCORA *yet, still.*
  Ancora qui? *Still here?*
  Non sono ancora andato. *I haven't gone yet.*
ancorare *to anchor.*
ANDARE *to go.*
  a lungo andare *in the long run.*
  andare a cavallo *to go horseback riding.*
  andare a piedi *to go on foot.*
  andare di fretta *to be in a hurry.*
  andare in auto *to go by car.*
  Come va? *How are you?*
  Come va questa faccenda? *How is this matter?*
  Come vanno gli affari? *How is business?*
  Come vanno le tue cose? *How is everything with you?*
  Il mio orologio va avanti. *My watch is fast.*
  Il tuo orologio va indietro. *Your watch is slow.*
  Quest' orologio va male. *This watch is not right.*
ANDATA *departure, going.*
  biglietto d'andata *one-way ticket.*
  biglietto d'andata e ritorno *round-trip ticket.*
  viaggio d'andata *outward journey.*
andatura *gait.*
androne, m. *lobby, corridor.*
ANELLO *ring (jewelry); link (chain).*
  anello nuziale *wedding ring.*
  l'anello più debole della catena *the weakest link in the chain.*
anfibio *amphibious (adj.); amphibian (noun).*
anfiteatro *amphitheater.*
angelico *angelic.*
angelo *angel.*
ANGOLO *angle, corner.*
  l'angolo della strada *street corner.*
angoscia *anguish.*
anguilla *eel.*
angusto *narrow.*
  una camera angusta *a narrow room.*
ANIMA *soul, spirit.*
  con tutta l'anima *with all one's heart.*
  senz' anima *without spirit.*
  Non c'è anima viva ... *There's not a soul ...*

animale, m. *animal.*
animale feroce *wild animal.*
animare *to animate.*
animarsi *to become animated; to get excited; to take courage.*
ANIMO *mind, heart.*
    avere in animo di ... *to intend to ...*
    farsi animo *to take heart.*
    mettersi l'animo in pace *to set one's mind at rest.*
    mettersi in animo di *to make up one's mind to.*
    Animo! *Come on! Take heart!*
    stato d'animo *mood.*
    animo gentile *kind hearted.*
anitra *duck.*
annebbiamento *dimming, clouding, obscuring.*
annebbiare *to fog; to dim.*
annebbiarsi *to become foggy; to grow dim.*
    Mi si sta annebbiando la vista. *My eyesight is growing dim.*
    Si è annebbiato il tempo. *The weather has become foggy.*
annegare *to drown.*
annerire *to blacken; to darken.*
annesso *annexed, attached.*
    annessi e connessi *appendages.*
annettere *to annex; to include.*
annientare *to annihilate*
ANNIVERSARIO *anniversary.*
    anniversario della nascita *birthday.*
    anniversario di matrimonio *wedding anniversary.*
ANNO *year.*
    anni fa *years ago.*
    anno di nascita *year of birth.*
    capodanno *New Year's Day.*
    di anno in anno *from year to year.*
    essere avanti negli anni *to be on in years.*
    il primo dell'anno *New Year's Day.*
    per anni e anni *for years and years.*
    tanto all'anno *so much a year.*
    Buon Anno! *Happy New Year!*
annodare *to knot.*
ANNOIARE *to annoy; to weary.*
    annoiare la gente *to bore people.*
annoiato *bored, weary.*
annotare *to note; to annotate.*
annotazione, f. *note, annotation.*
annottare *to grow dark.*
annoverare *to count; to number.*
    Ti annovero fra i mei amici. *I number you among my friends.*
ANNUALE *yearly, annual.*
annualmente *annually.*
annullamento *annulment.*
annullare *to annul; to cancel.*
annunciare *to announce.*
annunciatore, m. **annunciatrice,** f. *announcer.*

annuncio *announcement, advertisement.*
annuo *annual, yearly.*
annusare *to sniff; to smell.*
annuvolato *cloudy.*
anonimo *anonymous.*
    società anonima *joint-stock company.*
anormale *abnormal.*
anormalità *abnormality.*
ansante *panting; out of breath.*
ansare *to pant.*
ansia *anxiety.*
ansiosamente *anxiously.*
ansioso *anxious, desirous.*
    Sono ansioso di vederti. *I'm anxious to see you.*
anteguerra *pre-war period.*
antenato *ancestor*
antenna *antenna (animal & radio).*
anteriore *previous, fore.*
    le ruote anteriori dell'automobile *the front wheels of the auto.*
antiaereo *anti-aircraft.*
antibiotico *antibiotic.*
antichità *antiquity, antique.*
ANTICIPO *anticipation, deposit, advance.*
    arrivare in anticipo *to arrive ahead of time.*
    Ho ricevuto un anticipo sullo stipendio. *I got an advance on my salary.*
ANTICO *ancient, old, antique.*
    gli antichi *people of old, the ancients*
anticoncezionale *contraceptive.*
antimeridiano *morning.*
ANTIPASTO *hors d'oeuvre.*
antipatìa *dislike.*
antipatico *disagreeable, unpleasant.*
antiquariato *antique trade.*
antiquario *antique dealer.*
ANZI *on the contrary; rather.*
anzianità *seniority, age.*
ANZIANO *aged, old, senior.*
ANZICHÈ *rather than.*
    Preferisco pernottare all'albergo anzichè viaggiare di notte *I'd rather stay the night at the hotel than travel through the night.*
anzidetto *afore-mentioned; above mentioned.*
ANZITUTTO *first of all; above all.*
    La salute anzitutto. *Health above all.*
ape, f. *bee.*
aperitivo *aperitif.*
APERTAMENTE *openly, frankly.*
    Mi ha detto apertamente quello che pensava di me. *He told me frankly what he thought of me.*
APERTO *open.*
apertura *opening.*
    apertura mentale *open-mindedness.*
apolide *stateless.*
apostrofo *apostrophe.*

appagare to satisfy; to please.
   appagarsi di poco to be pleased with little.
appannare to dim; to obscure.
apparecchiare to prepare.
   apparecchiare la tavola to set the table.
apparecchio apparatus, machine.
APPARENTE apparent.
apparentemente seemingly.
APPARENZA appearance.
   Non si può giudicare dall'apparenza. One
      can't judge from appearances.
APPARIRE to appear; to seem.
   apparire improvvisamente to appear
      suddenly.
   apparire stanco to seem tired.
apparizione, f. apparition.
APPARTAMENTO flat, apartment.
   affittasi appartamento. Apartment for rent.
appartarsi to withdraw.
appartenente belonging to.
APPARTENERE to belong to; to be a member
   of.
   Questo libro mi appartiene. This book is mine
      (belongs to me).
appassionare to interest; to impassion.
   La lettura di questo libro mi appassiona. This
      book interests me.
appassionato passionate; fond of; partial.
   giudizio appassionato a biased judgment.
   appassionato della musica fond of music.
appassire to wither; to fade.
appassito faded, withered.
appello call, appeal.
APPENA hardly; scarcely; barely; as soon as.
   Erano appena usciti. They had just left.
   Riesco appena a camminare. I can hardly
      walk.
   Siamo appena in tre. We are only three
      (people).
   Verrò appena posso. I'll come as soon as I
      can.
APPENDERE to hang up.
APPETITO appetite, hunger.
   avere appetito to be hungry.
appianare to settle; to soothe; to level.
applaudire to applaud; to cheer.
applauso applause.
applicabile applicable.
APPLICARE to apply; to enforce.
   applicare una legge to enforce a law.
   applicarsi to apply oneself; to devote oneself.
applicazione, f. application.
appoggiare to lean; to lay; to rest; to back; to
   support.
   appoggiare al muro to rest against the wall.
appoggiato leaning.
appoggiatoio support, stair-rail.
appoggio support, protection.

apporre to affix.
APPOSTA on purpose; just for.
   È stato fatto apposta. It was done on purpose.
   L'ho conservato apposta per te. I saved it just
      for you.
   L'ho fatto apposta per indispettirlo. I did it
      just to spite him.
APPRENDERE to learn; to hear.
   apprendere facilmente to learn easily.
   apprendere una notizia to hear a piece of
      news.
apprendista, m. apprentice.
apprensione, f. apprehension, fear.
   essere in apprensione to be apprehensive.
APPRESSO near by; close to; then; after.
   Che cosa viene appresso? What comes next?
   la casa appresso alla mia the house next to
      mine.
APPREZZARE to appreciate.
   Ho apprezzato molto la sua cortesia. I
      appreciated his courtesy very much.
apprezzato esteemed.
approdare to land; to get ashore.
approdo landing, landing-place.
APPROFITTARE to profit (by); to take
   advantage of.
   approfittare dell'occasione to take the
      opportunity.
   approfittare troppo to abuse.
appropriarsi to appropriate.
appropriato appropriate, proper.
   usare i termini appropriati to use the proper
      words.
appropriazione, f. appropriation.
   appropriazione indebita embezzlement.
APPROSSIMATIVAMENTE approximately.
approssimativo approximate.
APPROVARE to approve.
   approvare una legge to pass a law.
approvazione, f. approval.
APPUNTAMENTO appointment.
   Ho un'appuntamento alle tre. I've an
      appointment at three.
APPUNTARE to sharpen; to pin; to note.
appunto note, remark.
APPUNTO, PER L'APPUNTO precisely; just
   so; just.
   Per l'appunto! Exactly!
   Stavo appunto per partire. I was just about to
      leave.
apribottiglie bottle-opener.
aprile April.
   pesce d'aprile April fool's joke.
APRIRE to open.
   Apri la porta. Open the door.
   La porta si è aperta. The door opened.
apriscatole can-opener.
aquila eagle.

aquilone *kite.*
arabo *Arab.*
arachide *peanut.*
aragosta *lobster.*
aranceto *orange grove.*
arancia *orange.*
  spremuta d'arancia *freshly squeezed orange juice.*
  succo d'arancia *orange juice.*
aranciata *orangeade.*
arancione *orange* (color).
arare *to plough.*
arazzo *piece of tapestry.*
  arazzi *tapestry.*
arbitro *arbiter, arbitrator, umpire.*
  fare da arbitro *to referee.*
arcata *arcade.*
archeologia *archaeology.*
architetto *architect.*
architettura *architecture.*
arcivescovo *archbishop.*
arco *bow, arch.*
  strumento ad arco *string instrument.*
arcobaleno *rainbow.*
arcuato *curved, bent.*
ardente *burning, ardent.*
  amore ardente *ardent love.*
  fiamma ardente *burning flame.*
ARDERE *to burn; to be on fire.*
  Ardo dal desiderio ... *I'm very desirous ...*
ardimento *boldness, daring, impudence.*
ARDIRE *to dare; to have the courage to; to have the impudence.*
arditamente *boldly.*
arditezza *boldness.*
ardito *bold, fearless.*
arduo *arduous, difficult.*
area *area.*
  area fabbricabile *building ground.*
arena *arena, sand.*
arenile *sandy shore.*
argentare *to silver.*
argentato *silvered, silverplated.*
argenteria *silver plate.*
ARGENTO *silver.*
argine *dam, embankment, bank; obstacle.*
ARGOMENTO *subject, topic.*
  argomento in discussione *subject under discussion.*
  entrare in argomento *to broach the subject.*
  trattare l'argomento *to treat a subject.*
ARIA *air.*
  all'aria aperta *in the open air.*
  aver l'aria di *to look like.*
  buttar per aria *to fling; to upset.*
  darsi delle arie *to give oneself airs.*
  in aria *in the air.*
  per via aerea *by air.*

aridamente *aridly, drily.*
aridità *aridity, aridness, dryness.*
arido *arid, dry.*
  terreno arido *barren land.*
aristocratico *aristocratic.*
aristocrazia *aristocracy.*
aritmetica *arithmetic.*
arlecchino *harlequin.*
ARMA *weapons.*
  arma da fuoco *firearm.*
  arma tagliente *sharp weapon.*
  deporre le armi *to lay down arms;* (fig.) *to give up.*
armadio *wardrobe closet.*
armamenti *arms.*
  riduzione degli armamenti *arms reduction.*
armare *to arm.*
armarsi *to arm oneself.*
armato *armed.*
  armato di coraggio *armed with courage.*
  cemento armato *reinforced cement.*
armistizio *armistice.*
armonia *harmony.*
armoniosamente *harmoniously.*
armonioso *harmonious.*
armonizzare *to harmonize, to match.*
AROMA, m. *flavor, fragrance.*
arrabbiarsi *to get angry.*
  arrabbiarsi per niente *to get angry over nothing.*
arrabbiato *enraged.*
arredare *to furnish.*
arredamento *furnishing; interior design.*
arrendersi *to surrender; to surrender oneself.*
  arrendersi all'evidenza *to yield to the facts.*
arrestare *to arrest; to stop.*
  arrestarsi a metà frase *to stop in the middle of a sentence.*
  Fu arrestato e condannato. *He was arrested and condemned.*
arretrato *behindhand; in arrears.*
  paese arretrato *underdeveloped country.*
  essere arretrato *to be behind.*
  Ho molto lavoro arretrato. *I am behind in my work.*
arricchire *to enrich; to make rich.*
  arricchirsi *to become rich.*
arricchito *newly rich; profiteer.*
arricciare *to curl.*
  arricciare i capelli *to curl hair.*
  arricciarre il naso *to frown.*
arricciato *curled.*
ARRIVARE *to arrive.*
  arrivare a destinazione *to reach one's destination.*
  arrivare in tempo *to arrive on time.*
  arrivare in ritardo *to arrive late.*
  arrivare sano e salvo *to arrive safely.*

11

ARRIVO *arrival.*
   all'arrivo *on the arrival.*
   gli ultimi arrivi *the latest supplies.*
   l'ora d'arrivo *the hour of arrival.*
   Non ci arrivi? *Don't you understand?*
arrogante *arrogant.*
arroganza *arrogance.*
arrossire *to blush; to turn red.*
arrostire *to roast.*
ARROSTO *roast.*
arrotolare *to roll up.*
arruffare *to disorder; to ruffle.*
arrugginire *to rust; to make rusty.*
   arrugginirsi *to become rusty.*
arrugginito *rusty.*
arsenale *arsenal.*
ARTE, f. *art, skill; cunning.*
   ad arte *on purpose.*
   belle arti *fine arts.*
arteria *artery.*
articolo *article.*
   articolo di fondo *editorial.*
artificiale *artificial.*
artigianato *craftsmanship.*
artigiano *craftsman.*
artista *artist,* m. & f.
artistico *artistic.*
arto *limb.*
ascendere *to ascend; to amount to.*
   Gli utili ascendono a tre milioni. *The profits reaches three million.*
ASCENSORE, m. *elevator.*
ascesa *ascent.*
ascia *axe.*
asciugacapelli *hair-dryer.*
asciugamano *towel.*
ASCIUGARE *to dry; to dry up; to wipe.*
   asciugare all'aria *to dry in the air.*
asciutto *dry.*
ASCOLTARE *to listen; to hear.*
   ascoltare la radio *to listen to the radio.*
   Ascoltami bene. *Listen to me carefully.*
ascoltatore, m.; **ascoltatrice,** f. *listener.*
ascolto *listening.*
   dare ascolto a *to heed; to listen to.*
   stare in ascolto *to be listening.*
   indice d'ascolto *audience.*
asfalto *asph*
asfissia *asphyxia.*
ASILO *asylum, shelter, refuge.*
   asilo infantile *kindergarten; nursery school.*
   chiedere asilo *to seek shelter.*
asino *ass; donkey;* **asina** *she-donkey.*
asparago; asparagi, pl. *asparagus.*
ASPETTARE *to wait for.*
   aspettare con ansia *to look forward to.*
   non mi aspettavo di *I didn't expect.*
   Lo aspetto da un momento all'altro. *I expect*

   him any minute.
   Ti aspetterò alla stazione. *I'll wait for you at the station.*
   Vi aspetto alle tre. *I expect you at three.*
ASPETTO *look, aspect.*
   al primo aspetto *at first sight; at first.*
   aver l'aspetto di un signore *to look like a gentleman.*
   sotto tutti gli aspetti *from every point of view.*
   un aspetto serio *a serious mien.*
aspirapolvere, m. *vacuum cleaner.*
aspirare *to breathe in; to inhale.*
   aspirare a *to aspire to.*
aspro *harsh, sharp.*
   con voce aspra *in a harsh voice.*
   vino aspro *sharp wine.*
assaggiare *to taste; to try; to test.*
assai *very much; enough.*
assalire *to assail; to assault; to attack.*
assalto *assault; attack.*
assassinare *to assassinate.*
assassino *assassin.*
asse, m. *board, plank, axis.*
assegnamento *reliance; allotment.*
   Non fare assegnamento su di me. *Don't count on me.*
assegnare *to assign; to allot.*
   Gli fu assegnato il primo premio. *He was given first prize.*
   Questo posto mi è stato assegnato. *This place was assigned to me.*
ASSEGNO *check, allowance.*
   contro assegno *C.O.D.*
   pagare con un' assegno *to pay by check.*
   Ho ricevuto il mio assegno mensile. *I received my monthly allowance.*
assemblea *assembly.*
assennato *wise, judicious.*
assentarsi *to absent oneself.*
   Si assentò qualche minuto dal lavoro. *He left work for a few minutes.*
assenso *assent.*
ASSENTE *absent.*
   assente da casa *away from home.*
   assente dal lavoro *away from work.*
   assente dalla scuola *absent from school.*
ASSENZA *absence, lack.*
   fare troppe assenze dalla scuola *to be absent from school too often.*
ASSERIRE *to assert; to declare; to affirm.*
   asserire il contrario *to say the opposite.*
asserzione, f. *assertion, declaration.*
assetato *thirsty.*
ASSICURARE *to assure; to secure; to insure.*
   Ho assicurato la mia casa contro gli incendi. *I insured my home against fire.*
   Mi ha assicurato che sarebbe venuto. *He assured me he would come.*

ASSICURARSI *to make sure; to insure oneself.*
 Mi sono assicurato per cinquemila dollari *I took out a five thousand dollar policy.*
 Mi voglio assicurare che la porta sia chiusa. *I want to make sure the door is closed.*
assicurazione, f. *insurance.*
 polizza d'assicurazione *insurance policy.*
assistente *assistant, noun & adj.*
assistenza *assistance, aid, help.*
 assistenza pubblica *welfare.*
ASSISTERE *to assist; to aid; to nurse; to be present.*
 I forti assistono i deboli. *The strong help the weak.*
 Molti assisterono alla cerimonia. *Many were present at the ceremony.*
 L'infermiera assiste l'ammalato. *The nurse is assisting the patient.*
asso *ace.*
associare *to associate; to take into partnership.*
associazione, f. *association.*
assoggettare *to subject; to subdue.*
ASSOLUTAMENTE *absolutely, completely.*
ASSOLUTO *absolute, complete.*
 autorità assoluta *complete authority.*
assolvere *to absolve; to forgive.*
ASSOMIGLIARE *to look like; to be like; to resemble; to compare.*
 Si assomigliano come due gocce d'acqua. *They are alike as two drops of water.*
assopirsi *to get drowsy.*
assorbente *absorbing.*
 carta assorbente *blotting paper.*
 assorbente igienico *sanitary napkin.*
assorbire *to absorb.*
assordare *to deafen; to grow deaf.*
ASSORTIMENTO *assortment.*
assortito *assorted.*
assorto *absorbed.*
 assorto nello studio *absorbed in studying.*
assuefare *to accustom.*
ASSUEFAZIONE *habit, addiction.*
 assuefazione agli stupefacenti *drug addiction*
ASSUMERE *to assume; to take on.*
 Mi sono assunto questa incombenza. *I took on the task.*
assurdo *absurd.*
asta *lance, spear, pole.*
 vendita all'asta *auction sale.*
astemio *teetotaller.*
ASTENERSI *to abstain.*
 Mi astengo dal bere. *I abstain from drinking.*
astio *hatred.*
 aver astio contro qualcuno *to bear someone a grudge.*
astratto *abstract.*
astronauta *astronaut.*
astronave *spacecraft.*

astuccio *box, case.*
astutamente *cunningly.*
astuto *cunning, astute.*
astuzia *astuteness, cunning, trick.*
ateismo *atheism.*
atleta, m. *athlete.*
atletica *athletics.*
atletico *athletic.*
atmosfera *atmosphere.*
atomico *atomic.*
 bomba atomica *atomic bomb.*
atomo *atom.*
atrio *lobby.*
atroce *atrocious; dreadful.*
attaccapanni *hook; hanger.*
ATTACCARE *to attack; to assail; to to attach; to stick; to paste.*
ATTACCO *attack, juncture, connection, touch.*
 attacco elettrico *electric connection (outlet).*
 un'attacco d'influenza *a touch of influenza.*
atteggiamento *attitude, behavior.*
ATTENDERE *to wait; to await; to expect.*
 Bisogna attendere. *We have to wait.*
attenersi *to conform.*
attentato *attempt; crime.*
attento *attentive.*
attenzione, f. *attention.*
atterraggio *landing.*
ATTESA *waiting, expectation.*
 sala d'attesa *waiting room.*
attestare *to testify; to bear witness.*
attico *attic; penthouse.*
attillato *close-fitting, tight.*
attimo *instant, moment.*
attinente *relating to.*
ATTIRARE *to attract; to draw attention.*
 attirare gli squardi *to attract someone's attention (glance).*
 attirarsi *to draw upon oneself.*
ATTITUDINE, f. *disposition, inclination.*
ATTIVITÀ *activity.*
 essere in attività di servizio *to be on active duty.*
attivo *active.*
ATTO *act, deed, certificate.*
 all'atto pratico *in practice.*
 atto di nascita *birth certificate.*
 nell'atto di *in the act of.*
 prendere atto di *to take note of.*
 primo atto *first act.*
attore, m. *actor;* **attrice,** f. *actress.*
ATTORNO *about, around, round.*
ATTRAENTE *attractive, charming.*
ATTRARRE *to attract.*
 attrarr el'attenzione *to attract attention.*
attratto *attracted.*
ATTRAVERSARE *to cross.*
 attraversare la strada *to cross the street.*

13

attraversare un fiume a nuoto *to swim across a river.*

attraversarne un paese in automobile *to drive across a country.*

ATTRAVERSO *across, through.*

Abbiamo trovato uno sbarramento attraverso la strada. *We found a barricade across the road.*

Siamo passati attraverso lo stretto di Messina. *We passed through the Strait of Messina.*

attrazione, f. *attraction.*

numero d'attrazione *starring act (theatrical).*

attrezzo *implement, tool.*

ATTRIBUIRE *to attribute.*

attrito *friction.*

attuabile *feasible.*

ATTUALE *actual, real, current, present*

attualità *reality; topic of the day.*

attuare *to carry out.*

attuarsi *to be realized.*

audace *bold, rash.*

audiovisivo *audiovisual.*

audizione, f. *audition.*

AUGURARE *to wish; to bid.*

augurare la buona notte *to bid good night.*

Mi auguro di poterlo fare. *I hope to be able to do it.*

augurio *wish, omen.*

essere di buon 'augurio *to presage good luck.*

Auguri di felice Natale. *Wishes for a happy Christmas.*

Porga i miei auguri a sua moglie. *Extend my wishes to your wife.*

aula *hall, room.*

aula scolastica *classroom.*

AUMENTARE *to increase; to augment; to raise.*

aumentare di volume *to increase in volume.*

aumentare le tasse *to increase the taxes.*

aumentare lo stipendio *to raise the salary.*

AUMENTO *increase, raise, rise.*

un aumento del due per cento *a two percent raise.*

aurora *sunrise, dawn.*

aurora boreale *aurora borealis.*

austero *austere, strict.*

austriaco *Austrian.*

autentico *authentic, real.*

AUTISTA, m. *driver, chauffeur.*

AUTO *car.*

autobiografia *autobiography.*

AUTOBUS, m. *bus.*

autocarro *motor-lorry.*

autocorriera *motor-coach.*

autofinanziamento *cash-flow.*

automatico *automatic.*

automobile, f. *automobile.*

autonomia *autonomy.*

AUTORE, m. *author.*

autorimessa *garage.*

AUTORITÀ *authority.*

AUTORIZZARE *to authorize.*

autorizzato *authorized.*

non essere autorizzato a *to be not entitled to; to be not authorized to.*

autorizzazione, f. *authorization.*

autunno *fall, autumn.*

AVANTI *ahead, before.*

avanti a me *before me.*

avanti Cristo *before Christ.*

avantieri *the day before yesterday.*

d'ora in avanti *from this time forward; from now on.*

essere molto avanti *to be ahead; to be far advanced.*

il giorno avanti *the preceding day.*

Avanti! *Forward! Come in! (in answer to a knock).*

Il mio orologio è avanti. *My watch is fast.*

avanzare *to advance.*

avanzato *left-over.*

avanzo *remnant, remainder.*

Ne ho d'avanzo. *I've more than enough.*

avaro, adj. *avaricious;* (as noun) *miser.*

avena *oats.*

farina d'avena *oatmeal.*

AVERE *to have.*

aver caldo *to be warm.*

avercela con qualcuno *to bear a grudge against somebody.*

aver dolore a *to feel a pain in.*

aver fame *to be hungry.*

aver freddo *to be cold.*

aver paura *to be afraid.*

aver ragione *to be right.*

aver sete *to be thirsty.*

aver sonno *to be sleepy.*

aver torto *to be wrong.*

aver trent' anni *to be thirty years old.*

Che cosa avete? *What's the matter with you?*

aviazione *aviation.*

avo *grandfather*

i miei avi *my ancestors.*

avorio *ivory.*

avvelenare *to poison.*

avvelenamento *poisoning.*

avvenente *charming, attractive.*

avvenimento *event, incident.*

AVVENIRE, m. *future.*

in avvenire *in the future.*

avvenire *to happen.*

avventura *adventure.*

avverbio *adverb.*

avversario *opponent.*

AVVERTIRE *to warn; to caution; to inform.*

avviarsi *to set out.*
AVVICINARE *to approach; to draw near.*
avvicinarsi *to draw nearer.*
avvilire *to humiliate.*
avvilito *discouraged, humiliated.*
AVVISO *notice, advice, opinion.*
    avviso pubblicitario *poster, advertisement.*
    essere dell'avviso *to be of the opinion.*
avvocato *lawyer.*
avvolgere *to roll up; to wrap up.*
AZIONE, f. *action; share (stock).*
azionista *shareholder.*
azoto *azote.*
azzardo *hazard, risk.*
    giocare d'azzardo *to gamble.*
azzurro *blue, azure.*

babbo *dad, daddy.*
babbo natale *Santa Claus.*
baccano *noise, hubbub.*
bacchetta *rod, baton.*
    bacchetta magica *magic wand.*
baciare *to kiss.*
bacile, m. *wash-basin.*
BACIO *kiss.*
baco *worm, beetle.*
    baco da seta *silkworm.*
bacterium *bacteria.*
BADARE *to mind.*
    Bada a te! *Beware!*
    Io bado alle mie faccende. *I mind my own business.*
    Non ci badare. *Pay no attention.*
baffi, m. pl. *moustache.*
BAGAGLIO *luggage, baggage.*
bagnare *to wet;* **bagnarsi** *to wet oneself; to get soaked.*
bagnino *bathing attendant.*
BAGNO *bath.*
    sala da bagno *bathroom.*
    costume da bagno *bathing suit.*
    farsi un bagno *bathe oneself.*
baia *bay.*
balbettare *to stutter; to lisp.*
    balbettare delle scuse *to stammer excuses.*
balcone, m. *balcony.*
balena *whale.*
baleno *lightning, flash.*
    È arrivato in un baleno. *He arrived in a flash.*
balia *nurse (children's)*
balla *bale.*
BALLARE *to dance.*
ballo *dance, dancing, ball.*
    lezione di ballo *dancing lesson.*

balocco *toy, trifle.*
balsamo *balm, balsam, conditioner.*
balzare *to bound; to start.*
bambina *little girl; child.*
BAMBINO *little boy; child.*
bambagia *cotton (surgical).*
bambola *doll.*
banana *banana.*
banca *bank.*
    biglietto di banca *bank note.*
bancarotta *bankruptcy.*
banchiere *banker.*
banco *counter, bench; bank.*
    banco di lavoro *workbench.*
    banco di scuola *school desk.*
banconota *bank note.*
banda *band, gang.*
bandiera *flag, banner.*
    bandiera a mezz'asta *half-mast flag.*
bar *bar.*
bara *coffin.*
baracca *hut.*
barare *to cheat.*
barattolo *pot, tin.*
barba *beard.*
    farsi la barba; radersi la barba *to shave.*
barbabietola *beet.*
barbaro *barbarian, uncivilized.*
barbiere, m. *barber; hairdresser.*
BARCA *boat.*
    barca a remi *rowboat.*
    barca a vela *sailboat.*
barile, m. *barrel.*
    averne a barili *to have a great quantity of (by the barrelful).*
baritono *baritone.*
barocco *baroque.*
barzelletta *joke.*
BASE, f. *base, basis.*
    base navale *naval base.*
    in base a *on the basis of.*
basilica *basilica.*
BASSO, adj. *low, short; (noun) base, bass.*
    a bassa voce *in a soft voice.*
    alti e bassi *ups and downs.*
    un' azione bassa *a base deed.*
    basso rilievo *bas relief*
BASTARE *to suffice; to be enough.*
    basti dire che *suffice it to say.*
    Basta! *Enough! That will do!*
bastone, m. *stick; cane; club.*
    il bastone della mia vecchiaia *the staff of my old age.*
    l'asso di bastoni *the ace of clubs.*
battaglia *battle, fight.*
    campo di battaglia *battlefield.*
battello *boat.*
    battello a vapore *steamboat.*

battente, m. *leaf of a door; shutter.*
BATTERE *to beat; to strike; to knock.*
   battersi a duello *to duel.*
   battere alla porta *to knock at the door.*
   battere la grancassa (colloq.) *to advertise; to call attention to (to beat the drum).*
   senza battere ciglio *without batting an eyelash.*
batteri *bacteria.*
BATTERIA *battery;* **batterio,** *battery pl.*
   batteria da cucina *set of cooking utensils.*
battistero *baptistry.*
battito *beat.*
battuto *beaten.*
   Mi ha battuto lealmente. *He beat me fairly.*
baule, m. *trunk.*
bavero *collar.*
bazar, m. *bazaar.*
beato *happy.*
   Beato te! *Lucky you!*
belga *Belgian* (also noun).
bellezza *beauty.*
   Che bellezza! *How wonderful! (What beauty!)*
BELLO *fine, beautiful, handsome.*
benchè *though, although.*
benda *bandage.*
BENE, m. *good, welfare.*
   beni mobili ed immobili *personal property and real estate.*
   per il bene di tutti *for the good of all.*
   voler bene a *to like; to love.*
BENE, adv. *well.*
   fare le cose per bene *to do things well.*
   star bene di salute *to be in good health.*
   stare abbastanza bene *to be fairly well off.*
benedetto *blessed.*
benedire *to bless.*
benedizione, f. *blessing, benediction.*
BENEFICIO *benefit, advantage, profit.*
benessere, m. *comfort, well-being, welfare.*
beni, m. pl. *property.*
benigno *benign.*
benino *fairly well; rather well.*
BENISSIMO *very well; quite well.*
   Benissimo! *Fine!*
bensì *but.*
BENVENUTO *welcome.*
   Desidero darti il benvenuto. *I wish to welcome you.*
benzina *gasoline.*
BERE *to drink.*
   Bevo alla tua salute! *I drink to your health!*
berretto *cap.*
bersaglio *target.*
bestemmia *oath, curse.*
bestia *beast.*
BESTIAME, m. *cattle.*

   tanti capi di bestiame *so many head of cattle.*
bevanda *drink.*
BIANCHERIA *linen.*
   biancheria da tavola *table linen.*
   biancheria personale *lingerie.*
BIANCO *white,* noun & adj.
   Mangiare in bianco *to follow a bland diet.*
   lasciare in bianco *to leave blank.*
biasimare *to blame; to find fault with.*
bibita *drink.*
biblioteca *library.*
BICCHIERE, m. *glass.*
bicicletta *bicycle.*
   andare in bicicletta *to ride a bicycle.*
bietola *beet.*
bigiotteria *custom jewelry.*
biglietterìa *ticket office.*
BIGLIETTO *ticket, note, card.*
   biglietto d'ammissione *ticket (admission).*
   biglietto di andata e ritorno *round-trip ticket.*
   biglietto di banca *bank note.*
   biglietto da visita *visiting card.*
bilancia *scales.*
bilanciare *to balance.*
BILANCIO *balance; balance sheet; budget.*
   bilancio consuntivo *final balance.*
   bilancio dello stato *budget.*
   bilancio preventivo *estimate.*
   mettere in bilancio *to place in balance.*
binario *track, rail.*
biondo *blond, fair.*
BIRRA *beer.*
bisbigliare *to whisper.*
biscotto *biscuit, cooky.*
bisnonno *great-grandfather.*
BISOGNARE *to be necessary; to have to.*
   Bisogna affrettarsi. *We must hurry.*
   Bisogna che lo faccia. *He must do it.*
   Bisognava saperlo prima. *We should have known sooner.*
BISOGNO *want, need, poverty.*
   aver bisogno di *to need.*
bistecca *beefsteak.*
   bistecca ai ferri *broiled steak.*
bisticciarsi *to quarrel.*
bivio *crossroad.*
bloccare *to block; to blockade.*
blocco *blockade.*
   togliere il blocco *to remove the blockade.*
blu *blue.*
BOCCA *mouth.*
   essere di buna bocca *to be easily satisfied.*
   bocca del cannone *muzzle.*
boccone, m. *mouthful, morsel.*
   Mangiamo un boccone. *Let us have a quick snack.*
bolla *bubble.*
bollire *to boil.*

bollito, adj. *boiled;* (as a noun) *boiled meat.*
bollo *stamp, seal.*
bomba *bomb.*
    a prova di bomba *bombproof.*
bonario *gentle, meek.*
BONTÀ *goodness, kindness.*
    avere la bontà di *to have the kindness (of).*
    bontà d'animo *kindheartedness.*
BORDO *board* (naut.); *border, margin.*
    andare a bordo *to go aboard.*
borghese, m. *civilian, bourgeois.*
borghesia *bourgeoisie, middle class.*
borgo *village.*
BORSA *purse, bag.*
    borsa di studio *scholarship.*
    borsa nera *black market.*
    Borsa Valori *Stock Exchange.*
borsetta *handbag.*
bosco *woods.*
botte *barrel, cask.*
BOTTEGA *shop.*
bottegaio *shopkeeper.*
BOTTIGLIA *bottle.*
BOTTONE, m. *button.*
    attaccare un bottone *to sew a button.*
    attaccare un bottone a *to buttonhole*
       (somebody).
bozzetto *sketch; rough model.*
braccialetto *bracelet.*
BRACCIO, m. **braccia**, pl. *arms (of the body).*
    accogliere a braccia aperte *to greet with open*
      arms.
    aver le braccia legate *to have one's hands*
      tied.
    bracci *arms (of a stream).*
    braccio di mare *strait.*
    con le braccia incrociate *with folded arms;*
      idle.
    offrire il braccio *to offer assistance.*
    prendere in braccio *to take in one's arms*
braciola *cutlet, chop.*
bramare *to covet.*
brano *rag, shread; extract.*
brasato *braised.*
    manzo brasato *braised beef.*
BRAVO *clever, skillful, honest, brave, good.*
    Bravo! *Well done!*
bretelle *braces; suspenders.*
BREVE *short, brief.*
    fra breve *shortly; in a little while.*
    in breve *in brief.*
    in breve tempo *in a short time.*
brevetto *patent.*
    ufficio brevetti *patent office.*
brezza *breeze.*
brillante *brilliant, glittering.*
brillare *to sparkle.*
brina *frost*

brindare *to toast (drink to the health of).*
brindisi m. *a toast.*
brio *spirits, mettle.*
broccato *brocade.*
brodo *broth.*
    Lascialo bollire nel suo brodo. *Let him stew*
      in his own juice.
bronchite *bronchitis.*
bronzo *bronze.*
BRUCIARE *to burn; to be on fire; to set fire to.*
    bruciarsi *to burn oneself.*
bruciatura *burning, burn, scorch*
bruma *mist.*
bruno, adj. *dark, brown.*
brutto *ugly, bad.*
buca *hole.*
    buca delle lettere *mailbox.*
bucare *to pierce; to puncture.*
bucato *washing, wash.*
    fare il bucato *to do laundry.*
buccia *skin, peel.*
buco *hole.*
budino *pudding.*
bue *ox.*
    bistecca di bue *beefsteak.*
buffo *comic, funny.*
bugia *falsehood, lie.*
    dire una bugia *to tell a lie.*
bugiardo; bugiarda, f. *liar.*
BUIO *dark,* adj. & noun.
    al buio *in the dark.*
    buio pesto *pitch dark.*
    fare un salto nel buio *to leap into the dark.*
    nel buio della notte *in the dark of night.*
    avere paura del buio *to be afraid of the dark.*
buono, noun *bond, bill; coupon.*
    buono del tesoro *treasury bond; treasury bill.*
    buono scanto *discount coupon.*
BUONO, adj. *good.*
    con le buone *in a kind manner.*
    levarsi di buon' ora *to rise early.*
    un pranzo alla buona *a simple meal.*
    Alla buon' ora. *At last.*
    È un buono a nulla. *He's a good-for nothing.*
    È un poco di buono. *He's not much good.*
burla *trick.*
    fare una burla *to play a trick.*
    per burla *in jest.*
BURRO *butter.*
BUSSARE *to knock.*
    Hanno bussato alla porta. *Someone knocked*
      on the door.
busta *envelope.*
buttare *to throw.*
    buttare tutto per aria *to upset; to mess.*
    Buttalo via! *Throw it away!*

C

cabina *cabin, stateroom.*
cabina a in spiaggia *dressing room (beach).*
cabina telefonica *telephone booth.*
cacào *cocoa.*
caccia *hunting, hunt.*
andare a caccia *to go hunting.*
cane da caccia *hunting dog.*
fucile da caccia *hunting rifle.*
licenza da caccia *game license.*
cacciare *to go hunting.*
cacciatore, m. *hunter.*
cacciavite, m. *screw-driver.*
cacio *cheese.*
CADERE *to fall.*
cadere dalle nuvole *to be greatly surprised.*
cadere in ginocchio *to fall to one's knees.*
caduta *fall, downfall.*
caduto *fallen.*
CAFFÈ m. *coffee, cafè.*
caffellatte *coffee with milk, half-and-half.*
calare *to lower; to let down*
calare l'àncora *to drop anchor.*
al calare del sole *sunset.*
calcagno *heel.*
calcio *kick.*
dare un calcio *to kick.*
gioco del calcio *football; soccer.*
calcolare *to calculate.*
calcolatore, m., **calcolatrice,** f. *one who
calculates; calculating machine; computer.*
calcolo *calculation.*
caldaia *boiler.*
CALDO *heat, warmth; (as adj.) warm.*
aver caldo *to be warm.*
ondata di caldo *heat wave.*
calendario *calendar.*
callo *corn (on the toe).*
CALMA *calm, stillness, composure.*
calmare *to calm; to soothe.*
calore, m. *warmth, ardor.*
calunnia *slander, libel.*
calunniare *to libel;*
lo stai calunniando *it libels him.*
calvo *bald.*
CALZA *stocking.*
fare la calza *to knit.*
calzamaglia *tights.*
calzatura *footwear.*
calzetino *short sock.*
calzino *sock.*
calzolaio *shoemaker.*
calzoleria *shoestore.*
CALZONI *trousers, pants.*
cambiale, f. *bill of exchange; promissory note.*
cambiamento *change.*
cambiare *to change.*

cambiare idea *to change one's mind.*
cambiare in meglio *to change for the better.*
cambiarsi *to change (one's clothes).*
CAMBIO *change.*
in cambio di *in exchange for.*
la leva del cambio *gear lever.*
cambio del giorno *current exchange.*
CAMERA *chamber, room.*
camera da letto *bedroom.*
Camera di Commercio *Chamber of
Commerce.*
cameriera *maid; waitress.*
cameriere, m. *waiter.*
CAMICIA (camicetta) *shirt.*
camicia da notte *nightgown.*
in maniche di camicia *in shirtsleeves.*
È nato con la camicia. *He was born lucky.*
camino *chimney; fireplace.*
CAMMINARE *to walk.*
camminare in punta di piedi *to tip-toe.*
camomilla *camomille.*
campagna *country, campaign.*
casa di campagna *country home.*
fare una campagna contraria a *to campaign
against.*
campana *bell (church).*
campanello *bell.*
campanile, m. *church steeple.*
campeggiare *to camp.*
campionario *book of patterns or samples; patch.*
campione, m. *sample, champion.*
campione dei pesi massimi *heavyweight
champion.*
Prendi questo come campione. *Take this as a
sample.*
campo *field, ground.*
campo di battaglia *battlefield.*
campo di gioco *playground.*
camposanto *cemetery.*
CANALE, m. *channel.*
Canale di Suez *Suez Canal.*
CANCELLARE *to erase; to cancel.*
cancellare dalla memoria *to forget.*
cancellare un volo *to cancel a flight.*
cancro *cancer.*
candela *candle.*
CANE, m. *dog;* **cagna,** f. *bitch.*
non svegliare il cane chi dormi *to let sleeping
dogs lie.*
cannella *cinnamon.*
cannone, m. *cannon.*
cantare *to sing.*
cantiere, m. *yard.*
cantiere navale *shipyard.*
canto *song; corner; angle.*
canzone, f. *song.*
capace *able, capable.*
capello *hair.*

capelli biondi *blond hair*.
capelli scuri *dark hair*.
farsi tagliare i capelli *to get a haircut*.
fin sopra i capelli *up to his ears*.
CAPIRE *to understand*.
    capire male *to misunderstand*.
    capirsi a vicenda *to understand each other*.
    Mi lasci capir bene. *Let me get things straight*.
capitale, f. *capital (city)*.
capitale, m. *capital (money)*.
capitale, adj. *main*.
    pena capitale *capital punishment*.
capitano *captain*.
capitolo *chapter*.
capo *head, leader*.
capolavoro *masterpiece*.
capovolgere *to upset; to overturn*.
    capovolgersi *to capsize*.
cappella *chapel*.
CAPPELLO *hat*.
CAPPOTTO *overcoat*.
capra *goat*.
capriccio *whim, fancy, caprice*.
    fare i capricci *to get out of hand*.
capriccioso *capricious, freakish*.
caraffa *carafe*.
CARAMELLA *candy*.
caramente *dearly*.
CARATTERE, m. *character, disposition*.
    a caratteri grandi *in bold type*.
    Ha un carattere docile. *He has a mild disposition*.
caratteristica *characteristic, feature*.
caratteristico, adj. *characteristic, typical*.
CARBONE, m. *coal, carbon*.
    carbone fossile *pit coal*.
    miniera di carbone *coal mine*.
    carta carbone *carbon paper*.
carcere, m. *prison, jail*.
carciofo *artichoke*.
carezza *caress*.
carezzare *to caress*.
CARICARE *to load*.
    caricare l'orologio *to wind one's watch*.
    caricare un fucile *to load a gun*.
CARICO *burden, cargo, load, charge*.
    polizza di carico *bill of lading*.
    È arrivato un carico di arance. *A load of oranges has arrived*.
    Non ne faccia carico a me. *Don't accuse me of it*.
carie *decay; cavity*.
carino *nice, cute, pretty*.
carità *charity*.
caritatevole *charitable*.
carnagione, f. *complexion*.
CARNE, f. *meat, flesh*.

in carne ed ossa *in flesh and blood*.
CARO *dear, expensive*.
    a caro prezzo *dearly*.
    mia cara amica *my dear friend*.
    Queste scarpe sono troppo care. *These shoes are too expensive*.
carrello *cart*.
carriera *career*.
    andar di carriera *to walk swiftly*.
    possibilità di carriera *career possibilities*.
carro *truck, wagon, cart*.
    Non bisogna mettere il carro avanti ai buoi. *One shouldn't place the cart before the horse*.
CARTA *paper*.
    carta assorbente *blotter*.
    carte da gioco *playing cards*.
    carta da lettere *stationery*.
    carta geografica *map*.
    carta velina *tissue paper*.
    carta di credito *credit card*.
    carta igienica *toilet tissue*.
    carta d'identità *identity card*.
cartolerìa *stationery store*.
cartolina *postcard*.
CASA *house, home*.
    a casa mia *at my house*.
    andar di casa in casa *to go from door to door*.
    casa colonica *farmhouse*.
    casa di cura *nursing home*.
    donna di casa *housewife*.
    essere in casa *to be at home*.
casalingo *domestic, homely*.
cascare *to fall*.
    Non casco il mondo *It is not a big deal. (The world isn't falling.)*
CASO *case*.
    in caso di disgrazia *in case of accident*.
    per puro caso *by mere chance*.
    se per caso *if by chance*.
CASSA *case, box*.
    cassa di risparmio *savings bank*.
cassaforte, f. *safe*.
caseggiato *block; row of houses*.
cassettone, m. *chest of drawers*.
cassetta *box, small box*.
    cassetta postale *mailbox*.
castagna *chestnut*.
CASTELLO *castle*.
    castello di poppa *quarterdeck*.
    castello di prua *forecastle*.
    fare castelli in aria *to build castles in Spain (in air)*.
castigare *to chastise*.
casuale *casual*.
catasta *stack*.
categorìa *category*.
catena *chain, bondage*.

cattedra *desk, chair.*
cattivo *bad.*
cattolico *Catholic,* noun & adj.
cattura *capture.*
catturare *to capture; to seize.*
CAUSA *cause, reason.*
    causa giudiziaria *lawsuit.*
    per causa mia *on account of me (because of me).*
    Sono arrivati in ritardo a causa del temporale. *They arrived late because of the storm.*
CAUSARE *to cause; to be the cause of.*
cauto *prudent, wary.*
cavalcare *to ride horseback.*
cavalleria *chivalry.*
cavallo *horse;* **cavalla** *mare.*
    a cavallo *on horseback.*
    andare a cavallo *to ride horseback.*
    cento cavalli vapore *100 horsepower.*
    corse di cavalli *horse races.*
cavatappi m. *corkscrew.*
cavare *to excavate; to get.*
caviglia *ankle.*
cavo *hollow, cable.*
cedere *to give up; to cede.*
    cedere il posto *to give up one's seat.*
    Cedo le armi! *I surrender!*
celebrare *to celebrate.*
celere *rapid, swift.*
celerità *rapidity, swiftness.*
celia *jest, joke.*
cemento *cement.*
    cemento armato *reinforced cement.*
celibe, m. *bachelor.*
CENA *supper.*
CENARE *to dine.*
cenere, f. *ash, ashes.*
censimento *census.*
censura *censorship.*
centesimo, adj. *hundredth.*
centesimo *the hundredth part of.*
    centesimo di dollaro *one cent.*
centigrado *centigrade* C° = (°F-32) x .555
centimetro *centimeter* = 0.39 in.
cento *hundred.*
    per cento *per cent.*
centrale *central.*
centro *center.*
cera *wax, look, aspect.*
    avere brutta cera *to look ill.*
ceramica *ceramics.*
cerca *search, quest.*
    andare in cerca di *to look for.*
CERCARE *to look for; to try.*
    Cercherò di farlo stasera. *I'll try to do it tonight.*
    Cerco mia sorella. *I'm looking for my sister.*
cerchia *circle, sphere.*

cerchio *hoop, circle.*
    formare un cerchio *to form a circle.*
cereale, m. *cereal.*
cerebrale *cerebral.*
cerimonia *ceremony.*
cerniera *zipper.*
CERTAMENTE *certainly.*
    Certamente! *Of course!*
certezza *certainty.*
certificato *certificate.*
CERTO *certain, sure.*
    una certa persona *a certain party.*
cervello *brain.*
    senza cervello *brainless.*
CESSARE *to cease.*
cestino *small basket; wastebasket.*
CHE, rel. pron. *that, which, who, whom.*
    Non c'è di che. *Don't mention it.*
CHE, adj. *what, which.*
CHE, adv. *when.*
checchè *whatever.*
    checchè si dica. *whatever they say.*
CHI *who, whom.*
    A chi tutto, a chi niente ... *Some have too much, some too little ...*
    Chi è? *Who is it?*
    Di chi è questo cappello? *To whom does this hat belong?*
chiacchierare *to chat; to gossip.*
CHIAMARE *to call.*
    chiamare aiuto *to call for help.*
    chiamare al telefono *to telephone.*
    Come si chiama? *What's your name?*
    Lo mando a chiamare. *I'll send for him.*
    Mi chiamo Maria. *My name is Mary.*
chiamata *call.*
chiarire *to clarify; to explain.*
    chiarire un dubbio *to dispel a doubt.*
CHIARO, adj. *clear, light, evident.*
    colore chiaro *light color.*
    Una cosa è chiara. *One thing is evident.*
    È chiaro? *Is it clear?*
chiaro *light, brightness.*
    chiaro di luna *moonlight.*
    mettere le cose in chiaro *to explain things; to make things clear.*
chiasso *noise, uproar.*
chiave, f. *key.*
    chiudere a chiave *to lock.*
    chiave inglese *monkey-wrench.*
    tener sotto chiave *to keep under lock and key.*
chiedere *to ask.*
    chiedere aiuto *to ask for help.*
    chiedere il permesso di *to request permission to.*
    chiedere in prestito *to borrow.*
    chiedere scusa *to beg pardon.*
chiesa *church.*

Vado in chiesa. *I'm going to church.*

chilogrammo *kilogram = 2.204 lbs.*

chilometro m. *kilometer.*

chimica *chemistry.*

chimico *chemist.*

chinare *to bend.*

chiodo *nail.*

chiostro *cloister.*

chirurgia *surgery.*

chirurgo *surgeon.*

chitarra *guitar.*

CHIUDERE *to close; to shut.*
    chiudere con il catenaccio *to bolt.*
    chiudere la porta a chiave *to lock the door.*
    chiudersi a chiave *to lock oneself in.*
    chiudersi in casa *to shut oneself off (at home).*

chiunque *whoever, whomever, anyone, anybody.*
    chiunque venga *whoever should come.*
    di chiunque sia *whosoever it is.*

chiuso *closed, shut.*

chiusura *closing.*
    chiusura lampo *zipper.*

CI adv. *here, there.*

CI pron. *us; to us; each other; one another; it; of it.*
    Ci comprendiamo. *We understand each other.*
    Ci dia la ricevuta. *Give the receipt to us.*
    Ci vede? *Do you see us? Can you see?*
    Non ci penserei nemmeno. *I wouldn't even think of it.*

ciao *hello, hi.*

ciascuno *each; each one.*

cibo *food.*

cicatrice, f. *scar.*

cicatrizzarsi *to heal up.*
    La ferita si sta cicatrizzando. *The wound is healing.*

ciclismo *cycling; biking.*

cicogna *stork.*

cieco *blind.*
    vicolo cieco *blind alley.*

cielo *sky.*

cifra *sum; figure (number).*

ciglio (le ciglia, f. pl.) *eyelash.*
    senza batter ciglio *without blinking.*

ciliegia *cherry.*

cima *top, summit.*
    arrivare in cima alla montagna *to reach the top of the mountain*

cinema *movies.*

cinghia *strap, belt.*

cinquanta *fifty.*

cinquantesimo *fiftieth.*

cinque *five.*

cinquecento *five hundred.*

cintola *girdle.*

cintura *belt.*

CIÒ *this, that, it.*
    Ciò non importa. *It doesn't matter.*
    Tutto ciò mi preoccupa. *All this worries me.*

cioccolata (cioccolato) *chocolate.*

CIOÈ *that is; namely.*

cipolla *onion.*

cipresso *Cypress.*

cipria *face-powder.*

CIRCA *about; as to; concerning.*
    circa cento lire *about a hundred lire.*

circolare *to circulate.*

circolazione, f. *circulation, traffic.*
    Circolazione a senso unico *one-way traffic.*
    Circolazione vietata *no through traffic.*

circolo *circle.*

circondare *to surround.*

circondato *surrounded.*

circonvallazione *bypass.*

circostanza *circumstance.*

circuito *circuit.*
    corto circuito *short circuit.*

citare *to quote; to sue.*

città *city.*

cittadino *citizen.*

civile *civil; civilized.*

civiltà *civilization.*

CLASSE, f. *class.*

classico *classic.*

clausola *clause.*

cliente, m. *customer.*

clima, m. *climate.*

clinica *hospital; clinic.*

cocchiere, m. *coachman.*

cocomero *watermelon.*

coda *tail.*

codice *code; codex.*

coerente *coherent, consistent.*

COGLIERE *to catch; to seize; to gather.*
    cogliere l'occasione *to take the opportunity.*

cognata *sister-in-law.*

cognato *brother-in-law.*

cognome, m. *surname.*
    nome e cognome *first and second name.*

coincidenza *coincidence; train connection.*

COLAZIONE, f. *meal.*
    fare colazione *to eat breakfast.*
    prima colazione *breakfast.*
    seconda colazione *lunch.*

colla *glue.*

collana *necklace.*

collare, m. *collar.*

collega, m. *colleague.*

collegio *college.*

collera *anger, rage.*
    andare in collera *to become angry.*

colletto *collar.*

collezione *collection.*

collo *neck.*
  andare a rotta di collo *to go headlong.*
  Ha un braccio al collo. *His arm is in a sling.*
colloquio *conversation, interview.*
  avere un lungo colloquio con *to have a long conversation with.*
  colloquio di lavoro *job interview.*
colmare *to fill up.*
colonia *colony.*
coloniale *colonial.*
colonizzazione, f. *colonization.*
colonna *column.*
colorare *to color.*
COLORE, m. *color.*
  perdere colore *to fade.*
coloro *they, those.*
colpa *fault.*
  Non dare la colpa a me. *Don't blame me.*
  Non è colpa tua. *It's not your fault.*
colpevole *guilty.*
colpire *to strike; to hit; to hurt.*
COLPO *blow, stroke, shot.*
  colpo di vento *a gust of wind.*
  sparare un colpo *to fire a shot.*
  un colpo alla testa *a blow on the head.*
  un colpo di sole *a sunstroke.*
  Sento dei colpi alla porta. *I hear a knocking at the door.*
coltello *knife.*
colto *educated, learned.*
colui *he; that one.*
comandante, m. *commander.*
comando *command, order.*
comare, f. *godmother.*
COME *as, like, how, as soon as.*
  bella come il sole *as beautiful as the sun.*
  un libro come il mio *a book like mine.*
  Come mi vide, mi venne incontro. *As soon as he saw me, he came towards me.*
  Com' è triste! *How sad it is!*
  Come va? *How goes it? How are you?*
cominciare *to begin.*
comma *paragraph.*
commedia *comedy.*
commerciale *commercial; mercantile.*
commerciare *to trade; to deal.*
COMMERCIO *commerce.*
  Camera di Commercio *Chamber of Commerce.*
commessa, f; **commesso,** m. *clerk.*
  commesso di negozio *salesclerk.*
COMMETTERE *to commit.*
commiato *leave.*
commissione, f. *commission, errand.*
commosso *moved, touched.*
commozione, f. *emotion.*
COMMUOVERE *to move; to touch.*
  commuoversi *to be moved.*

COMODITÀ *comfort.*
  le comodità della propria casa *the comforts of one's own home.*
comodo *comfortable.*
COMPAGNÌA *company.*
  compagnia edilizia *construction company.*
  fare compagnia a *to keep someone company.*
compagno, (compagna, f.) *companion, mate.*
  compagno di scuola *schoolmate.*
compare, m. *godfather, crony.*
COMPERARE *to buy.*
competente *competent, qualified.*
competere *to compete; to belong.*
compiacenza *obligingness.*
compiangere *to pity; to lament.*
COMPIERE *to accomplish; to fulfill; to perform.*
  compiere il proprio dovere *to do one's duty.*
compito *task.*
compleanno *birthday.*
COMPLETAMENTE *completely.*
COMPLETARE *to complete; to finish.*
  completare gli studi *to finish school.*
completo *complete, full; perfect.*
complicare *to complicate.*
  non complichiamo le cose! *Let's not complicate matters!*
complimento *compliment.*
  fare un complimento a *to compliment someone.*
COMPORRE *to compose; to compound; to consist.*
compositore, m; **compositrice,** f. *composer.*
composizione, f. *composition.*
COMPOSTO *compound, composed, settle.*
  interesse composto *compound interest.*
  Stai composto! *Behave!*
COMPRARE *to buy.*
COMPRENDERE *to understand; to comprise; to include.*
  Non comprendo l'Italiano. *I don't understand Italian.*
  Un pranzo comprende molte pietanze. *A meal consists of many dishes.*
COMPRESO *understood, comprehended, included.*
  tutto compreso *everything included.*
  servizio compreso *service included.*
compromettere *to compromise.*
  compromettersi *to compromise oneself.*
COMUNE *common, mutual.*
  di comune accordo *mutually agreed.*
  l'uomo comune *the common man.*
comune, m. *town, municipality.*
COMUNICARE *to communicate; to inform.*
  Le comunicherò la mia decisione. *I will inform you of my decision.*
COMUNICAZIONE, f. *communication,*

message.
comunicazione telefonica *telephone call.*
mettere in comunicazione *to put a telephone
    call through.*
togliere la comunicazione *to hang up.*
comunità *community.*
    Comunità Economica Europea *European
        Economic Community.*
COMUNQUE *however; at any rate.*
CON *with; to; by; by means of.*
    con piacere *with pleasure.*
    Con mio grande dolore ... *To my great
        sorrow ...*
concedere *to concede; to grant; to allow.*
    concedere il permesso *to grant permission.*
    Mi conceda un attimo di attenzione. *Please
        give me your attention.*
concepire *to conceive; to understand.*
CONCERNERE *to concern; to regard.*
    È un affare che non mi concerne. *It's a matter
        that doesn't concern me.*
concerto *concert.*
concetto *concept.*
conclusione, f. *conclusion.*
    in conclusione *to conclude.*
concluso *concluded.*
concorrente, m. *competitor.*
concorso *competition.*
concreto *concrete, real, actual.*
condannare *to condemn; to blame.*
condire *to season.*
condizionale *conditional.*
condizione, f. *condition.*
    in pessime condizioni *in very bad shape.*
condotta *behavior*
condurre *to conduct; to lead; to take.*
    condurre all'altare *to marry (to take to the
        altar).*
    condurre un'azienda *to lead a company.*
condursi *to behave.*
confarsi *to fit; to suit.*
conferenza *lecture, conference.*
conferma *confirmation.*
confermare *to confirm.*
confessare *to confess; to acknowledge; to admit.*
confezionare *to manufacture.*
confezioni *ready-to-wear clothes.*
confidente *confident; trusting.*
confidenza, f. *confidence*
    essere in confidenza *to be on intimate terms
        with.*
confine *border, frontier.*
conflitto *conflict; contest.*
confondere *to confuse.*
conforto *comfort; consolation.*
confronto *comparison.*
confusione *confusion.*
congedare *to dismiss.*

congedarsi *to take leave.*
congedo *leave; leave of absence.*
congelato *frozen.*
congiuntivo *subjunctive.*
congiunzione *conjunction.*
congratularsi *to congratulate.*
congratulazione, f. *congratulation.*
    Congratulazioni! *Congratulations!*
congresso *congress.*
coniglio *rabbit.*
connotato *feature.*
CONOSCENZA *knowledge, acquaintance.*
    essere a conoscenza di una cosa *to have
        knowledge of something.*
    fare la conoscenza di *to make the
        acquaintance of.*
    perdere la conoscenza *to lose consciousness.*
CONOSCERE *to know; to meet.*
    Lieto di averla conosciuta *Pleased to have
        met you.*
conosciuto *well-known.*
conquistare *to conquer.*
consapevole *aware (of).*
conscio *conscious, aware.*
consegna *delivery.*
consegnare *to deliver; to consign.*
conseguenza *consequence.*
consenso *consent.*
CONSENTIRE *to consent; to allow.*
conservare *to preserve.*
conservativo *conservative.*
conservatore *conservative.*
conservatorio *conservatory.*
considerare *to consider.*
considerazione, f. *consideration*
considerevole *considerable.*
consigliare *to advise.*
consigliabile *advisable.*
consiglio *advice, counsel.*
    il Consiglio dei Ministri *the Cabinet (of
        Ministry).*
consistere *to consist; to be composed of.*
consolare *to console.*
consolato *consulate.*
consolazione, f. *consolation, solace.*
    trovar consolazione *to find consolation.*
console, m. *consul.*
consonante, f. *consonant.*
constare *to consist.*
consultare *to consult.*
    consultare un medico *to consult a doctor.*
consumare *to consume; to waste.*
consumo *consumption.*
    per mio uso e consumo *for my private use.*
contabile, m. *accountant, bookkeeper.*
contadino; contadina, f. *peasant; farmer.*
CONTANTE, adj. *ready, current; (as noun,
    masc.) current.*

denaro contante *ready cash.*
in contanti *cash.*
CONTARE *to count; to rely; to number; to intend.*
    Conti pure su di me. *You may count on me.*
    Quando conta di partire? *When do you intend leaving?*
    Non conta! *It doesn't matter.*
contatto *contact, touch.*
contemporaneo *contemporary.*
contenere *to contain; to hold.*
    contenersi *to contain oneself; to restrain oneself.*
contegno *behavior, conduct.*
CONTENTEZZA *happiness, joy.*
contento *glad, pleased.*
contenuto *contents.*
continente, m. *continent.*
continuare *to continue; to go on with; to keep on.*
    Continua a nevicare. *It is still snowing.*
continuamente *continuously.*
continuo *continuous, uninterrupted.*
    una pioggia continua *a constant rain.*
CONTO *account, calculation, bill.*
    chiedere il conto al cameriere *to ask the waiter for the bill.*
    chiudere un conto *to close an account.*
    conto corrente *current account.*
    conto in banca *bank account.*
    in conto *on account.*
    pagare il conto *to pay the bill.*
    rendere conto di *to account for.*
    rendersi conto *to realize.*
    tener conto di *to take into account.*
contraccambiare *to reciprocate.*
CONTRADDIRE *to contradict.*
contraddizione, f. *contradiction.*
contrariamente *contrarily; on the contrary.*
contrarietà *contrariety, difficulty, disappointment.*
CONTRARIO *contrary.*
contrarre *to contract.*
contrattempo *mischance; hitch.*
contratto *contract.*
contravvenzione, f. *infraction, fine.*
contribuire *to contribute.*
contributo *contribution.*
CONTRO *against; in spite of.*
    contro voglia *unwillingly.*
    dire il pro ed il contro *to state the pro and con.*
controllare *to control.*
controllarsi *to control oneself.*
controllo *control.*
controversia *controversy.*
convegno *meeting.*
CONVENIENTE *convenient.*

convenienza *convenience.*
CONVENIRE *to assemble; to admit.*
    Bisogna convenire! *We must admit it!*
convento *convent, monastery.*
conversare *to converse.*
conversazione, f. *conversation.*
convertire *to convert.*
CONVINCERE *to convince.*
convinto *convinced.*
convinzione, f. *conviction.*
coperta *cover; blanket.*
    coperta imbottita *quilt.*
    sotto coperta *below deck.*
coperto *covered, overcast;* (as noun) *cover.*
    al coperto *sheltered.*
    cielo coperto *cloudy sky.*
    mettere un'altro coperto a tavola *to set another place at the table.*
copia *copy.*
    brutta copia *rough copy.*
copiare *to copy; to imitate.*
coppa *goblet.*
COPPIA *couple, a pair.*
    coppia di sposini *a pair of newlyweds.*
copriletto *bedspread.*
coprire *to cover; to drown out.*
coraggio *courage.*
    prendere coraggio *to summon up courage.*
corda *rope, cord.*
    corda vocale *vocal cords.*
    strumento a corda *stringed instrument.*
cordiale *cordial; hearty.*
coreografia *choreography.*
coricarsi *to go to bed; to lie down.*
cornice, f. *frame.*
corno *horn.*
    corno dell'abbondanza *horn of plenty.*
coro *chorus.*
corona *crown.*
    corona di margherite *a wreath of daisies.*
    corona ducale *ducal coronet.*
coronare *to crown.*
    essere coronato dal successo *to be successful.*
CORPO *body, corps.*
corporazione, f. *corporation.*
corredo *equipment, outfit.*
    corredo da sposa *trousseau.*
correggere *to correct.*
CORRENTE, f. *current, stream.*
    corrente d'aria *draft.*
    seguire la corrente *to swim with the tide.*
correntemente *currently, easily.*
    parlare correntemente *to speak fluently.*
CORRERE *to run.*
corretto *correct, proper.*
    agire in modo corretto *to behave properly.*
correzione, f. *correction.*
corridoio *corridor; aisle.*

corriera *coach; bus.*

corriere, m. *messenger.*

corrispondente, m. *correspondent.*
> corrispondente di un giornale *newspaper correspondent.*

corrispondenza *correspondence.*

corrispondere *to correspond; to reciprocate; to pay.*
> la somma corrisposta *the amount paid.*

corrugare *to wrinkle; to corrugate.*
> corrugare la fronte *to frown.*

corruzione *corruption.*

corsa *race; short trip.*
> fare una corsa *to rush; to dash over.*

corsìa *ward (hospital).*

corsivo *cursive; italics.*

CORSO *course.*
> l'anno in corso *the present year.*
> nel corso degli eventi *in the course of events.*
> prendere un brutto corso *to take a turn for the worse.*

corte, f. *court.*

cortèo *procession.*

cortese *polite, courteous.*

CORTESÌA *politeness, kindness.*

cortile, m. *courtyard, yard.*

CORTO *short, brief.*
> essere a corto di denaro *to be short of money.*
> Taglia corto! *Make it brief! Cut it short!*

COSA *thing.*
> cosa da niente *trifle.*
> prima di ogni altra cosa *first of all.*
> Cos'è successo? *What happened?*

coscia *thigh.*

coscienza *conscience.*
> perdere coscienza *to lose consciousness.*
> riprendere coscienza *to come to one's senses.*

COSÌ *so, thus.*
> così ebbe fine ... *and so ended ...*
> Sono così contenta *I am so happy.*

cosicchè *so that.*

costa *coast.*
> sulla costa del Pacifico *on the coast of the Pacific.*

COSTARE *to cost.*
> costi quel che costi *whatever the cost.*
> Costa troppo! *It's too expensive!*
> Quanto costa? *How much is it?*

costata *chop, cutlet.*
> costata di agnello *lamb chop.*
> costata di manzo *beef-steak.*

costituire *to form; to establish.*

costituzione, f. *constitution, foundation.*
> essere di costituzione forte *to be strong.*

costo *cost, price.*
> a costo di *at the risk of.*
> costo di spedizione *shipping cost.*
> ad ogni costo *whatever the cost.*

costola *rib; back; spine (of a book).*

costoro *those people; they.*

costoso *expensive.*

costretto *obliged, compelled.*

costringere *to compel; to force.*

costruire *to build; to construct.*

costruzione, f. *construction.*

costui *this man.*

costume, m. *custom, habit.*
> costume da bagno *bathing suit.*
> di cattivi costumi *of bad habit.*
> È un fatto di costume. *It's a habit.*

cotone, m. *cotton.*

COTTO *cooked.*
> ben cotto *well done.*
> poco cotto *rare.*
> troppo cotto *overcooked.*

cranio *skull.*

cravatta *necktie.*

creare *to create; to establish.*

credere *to believe.*
> credere a *to believe in.*
> Credo che sia vero. *I believe it's true.*
> Non credo! *I don't think so.*
> Non ti credo! *I don't believe you!*

credito *credit.*
> comprare a credito *to buy on credit.*

creditore, m. **(creditrice,** f.) *creditor.*

crema *cream.*

crepuscolo *twilight, dusk.*

crescere *to grow; to increase; to rear.*
> un figlio cresciuto *a grown son.*

cretino *idiot, fool.*

crimine, m. *crime.*

crisi, f. *crisis.*
> crisi finanziaria *financial crisis.*
> una crisi di nervi *a fit of hysterics; nervous breakdown.*

cristallo *crystal, glass.*

critica *criticism; review.*

criticare *to criticize.*

critico *critic.*

critico, adj. *critical.*
> un momento critico della sua vita *a difficult period in his (her) life.*

croccante *crisp.*

crocchio *circle, group.*

croce, f. *cross.*
> a occhio e croce *roughly.*
> farsi il segno della croce *to make the sign of the cross.*

crocevia, m. *crossroads.*

crociera *cruise.*

crollare *to collapse.*

cronaca *chronicle.*

crosta *crust.*

crostaceo *shellfish.*

crudele *cruel.*

crudo *raw.*

cuccetta *berth.*

CUCCHIAÌNO *teaspoon.*

CUCCHIAIO *tablespoon.*

cucina *kitchen, cooking.*
    occuparsi della cucina *to take care of the cooking.*

cucinare *to cook.*

cucire *to sew.*
    macchina da cucire *sewing machine.*

cucitura *seam.*

CUFFIE *headphones.*

cugino, m. (cugina, f.) *cousin.*

CUI *whom; whose; to whom; which; of which; to which.*

culla *cradle.*

cultura *cultivation, culture, learning.*
    un'uomo di cultura *a man of learning.*

CUOCERE *to cook.*
    cuocere a fuoco lento *to simmer.*

cuoco, m. (cuoca, f.) *cook.*

cuoio, m. *leather.*

CUORE, m. *heart;* **cuori, m. pl.** *o cuoio hearts (playing cards).*
    con tutto il cuore *with all one's heart.*
    prendere a cuore *to take to heart.*
    senza cuore *heartless.*

cupola *dome, cupola.*

CURA *care.*
    essere sotto la cura di un medico *to be under a doctor's care.*
    fare una cosa con cura *to do something carefully.*
    prendersi la cura di *to take the trouble to.*

CURARE *to take care of; to nurse.*
    non curarsene *not to mind; not to take heed of.*

curiosità *curiosity.*
    per curiosità *out of curiosity.*
    togliersi la curiosità *to satisfy one's curiosity.*

curioso *curious, odd.*
    una folla di curiosi *a crowd of curious bystanders.*
    un avvenimento molto curioso *a very odd occurrence.*

curriculum vitae *résumé.*

curva *curve, bend.*

cuscino *pillow.*

custodia *custody; care.*

custodire *to keep; to guard; to take care of.*

cute, f. *skin.*

D

da *from, by, at, to, since.*
    dallo scorso mese *since last month.*

    da lunedì in poi *from Monday on.*
    da quando *since.*
    da quando l'ho conosciuto *from the time I met him.*
    fin dalla prima volta *from the very first time.*
    venire da *to come from.*
    Da dove vieni? *Where do you come from? Where are you coming from?*
    Lo conosco da poco. *I have known him a short while.*
    Vado da Maria. *I'm going to Mary's.*

daccapo *again; once again.*
    Ho dovuto rifare tutto daccapo. *I had to do the whole thing over again.*
    Incominciamo daccapo. *Let's start from the beginning.*

dacchè *since; since when; as.*

daino *deer, suede.*

d'altronde *on the other side; moreover.*

danese *Danish.*

DANNO *damage, injury, harm.*
    a mio danno *to my disadvantage.*
    recare danno a *to cause injury to.*
    risarcire i danni *to indemnify.*

danza *dance.*

dappertutto *everywhere.*
    cercare dappertutto *to search everywhere.*

DARE *to give.*
    dare cattivo esempio *to set a bad example.*
    dare il buongiorno *to say good morning.*
    dare luogo a *to give rise to.*
    dare nell'occhio *to attract attention.*
    darsi a *to devote oneself to.*
    Mi ha dato dell'imbecille. *He called me an imbecile.*
    Mi ha dato un gran da fare. *He caused me a great deal of work.*
    Può darsi! *Perhaps! That might be so!*
    Quanti anni mi date? *How old do you think I am?*
    Questa finestra da sul giardino. *This window opens onto the garden.*

DATA *date.*
    in data del 5 maggio *dated the 5th of May.*

dattilografare *to typewrite.*

dattilografo; dattilografa, f. *typist.*

dattiloscritto *typed.*

davanti *before; in front of.*

davanzo, d'avanzo *enough of; too much.*

DAVVERO *really, indeed, truly.*

DAZIO *excise duty.*

debito *due; (as a noun) debt.*
    a tempo debito *in due time.*
    Ti sono in debito. *I owe you.*

debole *weak, feeble.*
    avere un debole per *to have a weakness for.*

decadente *decadent.*

decadenza *decline, decadence.*

decaffeinato *decaffeinated.*
decedere *to die.*
decenza *decency.*
decidere *to decide.*
decimo *tenth.*
decisamente *decidedly.*
decisione, f. *decision.*
decisivo *decisive.*
   una svolta decisiva *a turning point.*
declinare *to decline.*
decollo *take-off.*
decorare *to decorate.*
decrescere *to reduce.*
DEDICARE *to dedicate.*
   dedicarsi *to dedicate oneself.*
dedurre *to subtract; to deduct; to infer.*
definire *to define; to settle.*
   definire i termini d'un contratto *to settle the terms of a contract.*
   definire una parola *to give the meaning of; to define a word.*
definitivo *definitive, definite.*
DEGNARE *to deem worthy.*
   Non ti degno di uno sguardo. *I don't consider you worthy of notice.*
   degnarsi *to deign.*
degno *worthy of; deserving.*
   degno di fiducia *trustworthy.*
   degno di nota *noteworthy.*
deliberare *to deliberate; to resolve upon.*
   deliberare a lungo *to deliberate at length.*
deliberatamente *deliberately.*
delicato *delicate.*
delitto *crime.*
deliziare *to delight.*
deliziarsi a *to enjoy.*
delizioso *delightful, delicious.*
deludere *to disappoint; to delude.*
delusione, f. *disappointment.*
denaro *money.*
DENTE, m *tooth.*
   dente del giudizio *wisdom tooth.*
   dente per dente *an eye for an eye.*
   mal di denti *toothache.*
dentifricio m. *toothpaste.*
dentista, m. *dentist.*
dentro *in, within.*
   da dentro *from within.*
   in dentro *inwards.*
denunciare *to denounce.*
deodorante, m. *deodorant.*
deperire *to decline.*
DEPORRE *to lay; to lay down.*
deposito *deposit.*
depressione *depression.*
depurare *purify.*
deridere *to ridicule.*
derivare *to derive.*

derisione, f. *derision, ridicule.*
dermatologo *dermatologist.*
derubare *to rob.*
descrivere *to describe.*
   descrivere l'accaduto *to describe what happened.*
descrizione, f. *description.*
deserto *desert; wilderness.*
desiderabile *desirable.*
desiderare *to wish; to desire.*
desiderio *desire; wish.*
   esprimere un desiderio *to express a desire.*
desinare *to dine.*
desolato *desolate, disconsolate.*
desolazione, f. *desolation.*
DESTARE *to wake; to awaken; to wake up.*
   destare sentimenti buoni *to awaken kind feelings.*
   destarsi presto al mattino *to wake early in the morning.*
destinare *to assign.*
destinato *destined, appointed.*
   destinato ad un glorioso avvenire *destined to have a glorious future.*
   l'ora destinata *the appointed hour.*
destinazione, f. *destination.*
   arrivare a destinazione *to reach one's destination.*
destino *destiny.*
DESTO *awake; lively.*
   Sono desto dalle sette. *I've been awake since seven o'clock.*
DESTRA *right; right side.*
   voltare a destra *to turn to the right.*
DESTRO *right, dextrous.*
   ambidestro *ambidextrous.*
   la mano destra *the right hand.*
determinare *to determine.*
determinazione, f. *determination.*
detersivo *detergent.*
detestare *to hate.*
detrarre *to deduct; to subtract.*
detrimento *detriment.*
dettaglio *detail.*
   negoziante dettaglio *retailer.*
   vendita al dettaglio *retail.*
DETTARE *to dictate.*
   dettare legge *to lay down the law.*
   dettare una lettura *to dictate a letter.*
DETTO *said; above mentioned.*
   Detto, fatto. *No sooner said than done.*
   Non è detto che sia vero! *It is not necessarily true!*
devotissimo *very truly.*
DI *of.*
   di cattivo umore *in a bad humor.*
   di faccia *facing.*
   di giorno *in the daytime.*

di male in peggio *from bad to worse.*
scuola di canto *singing school.*
diaccio *icy, frozen, chilly.*
un vento diaccio *an icy wind.*
diagnosi *diagnosis.*
dialetto *dialect.*
dialogo *dialogue.*
diamante, m *diamond.*
diametro *diameter.*
diario *diary, journal.*
diavolo *devil.*
dibattito *debate; discussion.*
dicembre *December.*
DICHIARARE *to declare.*
dichiarare il falso *to make a false declaration.*
dichiararsi *to declare oneself.*
DICHIARAZIONE, f. *declaration.*
diciannove *nineteen.*
diciannovesimo *nineteenth.*
diciassette *seventeen.*
diciassettesimo *seventeenth.*
diciottesimo *eighteenth.*
diciotto *eighteen.*
didascalico *didactic.*
didascalie *subtitles.*
dieci *ten.*
dieta *diet.*
DIETRO *behind.*
da dietro *from behind.*
di dietro *in back of.*
DIFENDERE *to defend.*
difendere una causa *to defend a case.*
difendersi *to defend oneself.*
difesa *defense.*
legittima difesa *self-defense.*
difetto *defect, flaw.*
difettoso *defective.*
differente *different.*
differenza *difference.*
DIFFICILE *difficult.*
essere difficile da accontentare *to be hard to please.*
difficoltà *difficulty.*
aver difficoltà a *to have difficulty in.*
diffidare *to mistrust.*
diffidenza *distrust, mistrust.*
diffondere *to spread.*
diga *dam.*
digerire *to digest.*
digestione, f. *digestion.*
digiuno *fast.*
essere digiuno di *not to know; to ignore.*
stare a digiuno *to fast.*
DIGNITÀ *dignity.*
dignitoso *dignified.*
dilagare *to overflow.*
dileguarsi *to disappear suddenly.*
dilemma *dilemma.*

diletto *delight.*
diluvio *flood.*
un diluvio di posta *a flood of mail.*
dimagrire *to grow thin; to slim.*
dimensione, f. *dimension, size.*
DIMENTICARE *to forget.*
dimettere *to dismiss; to remove.*
dimettersi da una carica *to resign from office.*
diminuire *to diminish.*
diminuzione, f. *reduction.*
diminuzione di stipendio *reduction in salary.*
dimissione, f. *resignation.*
chiedere le dimissioni di *to ask for someone's resignation.*
dare le dimissioni *to resign.*
dimora *dwelling, residence.*
DIMOSTRARE *demonstrate; to show.*
dimostrare buon senso *to display good sense.*
dimostrarsi *to prove oneself.*
non dimostrare la propria età *not to show one's age.*
dimostrazione, f. *demonstration, display.*
dimostrazione d'affetto *a display of affection.*
dinamismo *dynamism; energy.*
DINANZI *before; in front of.*
dinanzi alla legge *in the eyes of the law.*
diniego *denial, refusal.*
DINTORNO *around, round, about.*
i dintorni *the surrounding area.*
nei dintorni di *in the general vicinity of; in the neighborhood of.*
dipanare *to wind; to unravel.*
dipartimento *department.*
dipendente, noun & adj. *dependent.*
DIPENDERE *to depend.*
Dipende da te. *It depends on you.*
dipingere *to paint; to depict.*
dipinto dal vero *painted from life.*
Lo ha dipinto come un' eroe. *He depicted him as a hero.*
diplomatico *diplomat; (as adj.) diplomatic.*
diplomazìa *diplomacy.*
DIRE *to say; to tell.*
vale a dire *that is to say.*
Te l'avevo detto io ... *I told you ...*
Dimmi pure. *Tell me.*
Come si dice in italiano ... *How do you say in Italian ...*
si dice che ... *there is a rumor that ...*
detto e fatto *said and done.*
dire il vero *to speak the truth.*
dire male di qualcuno *to speak ill of someone.*
per così dire *so as to say.*
sentire dire *to hear it said; to hear about.*
Come dice? *What did you say? I beg your pardon.*
direttamente *directly.*
direttissimo *express train.*

diretto *direct, straight.*
 essere diretto a *to be headed towards; to be bound for.*
 treno diretto *a fast train.*
 un appello diretto *a direct appeal.*
direttore, m; **direttrice,** f. *director.*
direzione, f. *direction, management.*
 in direzione giusta *in the right direction.*
 in direzione opposta *in the opposite direction.*
 La direzione dell' impresa è stata affidata a me. *The management of the enterprise was entrusted to me.*
dirigente *executive.*
dirigere *to direct; to manage.*
 dirigere un'azienda *to manage a business.*
 Le sue parole erano dirette a me. *His words were addressed (directed) to me.*
dirigersi *to go towards.*
dirimpetto *opposite; across from.*
 dirimpetto alla banca *opposite the bank.*
 la casa dirimpetto alla mia *the house across from mine.*
 Si sono sedute una dirimpetto all'altra. *They sat face to face.*
DIRITTO *right.*
 diritto di nascita *birthright.*
 non avere il diritto di *not to have the right to.*
 diritti civili *civil rights.*
 diritto privato *private law.*
 diritto pubblico *public law.*
 diritto comparato *comparative law.*
 filosofia del diritto *philosophy of law.*
diritto, adj. *right, straight, honest.*
 strada diritta *straight street.*
 Vada avanti diritto. *Go straight ahead.*
dirotto *without restraint.*
 piangere a dirotto *to cry unrestrainedly.*
 piovere a dirotto *to rain in torrents.*
DISACCORDO *disagreement, discord.*
 essere in disaccordo con *to disagree with.*
 V'è disaccordo fra i due. *There is discord between the two.*
disagio *discomfort.*
 sentirsi a disagio *to feel uncomfortable.*
 vivere fra i disagi *to live a life of privations.*
disapprovare *to disapprove.*
disappunto *disappointment.*
disastro *disaster, calamity.*
disastroso *disastrous.*
discendente, adj. *descendant, descending (also m. & f. noun).*
DISCENDERE *to descend; to descend from.*
 discendere da una famiglia italiana *to descend from an Italian family.*
discesa *descent, fall.*
 I prezzi sono in discesa. *The prices are falling.*

La strada è in discesa. *The street slopes downward.*
disciplina *discipline.*
disciplinato *disciplined, obedient.*
 un attore disciplinato *a disciplined actor.*
 un bambino disciplinato *an obedient boy.*
disco *disc, record.*
 disco sul ghiaccio *ice hockey.*
 ascoltare un disco *to listen to a record.*
discordia *discord, dissension.*
discorso *speech, talk.*
 fare un lungo discorso *to make a long speech.*
discosto *distant, far.*
 poco discosto *not far.*
discoteca *discotheque.*
discreto *discreet, moderate.*
discrezione, f. *discretion.*
discussione, f. *discussion, debate.*
discutere *to discuss; to debate.*
disdegno *disdain; contempt.*
disdire *to annul; to retract.*
 disdire un appuntamento *to cancel an appointment.*
DISEGNARE *to draw; to design.*
disegno *drawing, design.*
disfare *to undo.*
 disfare il letto *to open (turn down) a bed.*
 disfare una cucitura *to rip a seam.*
 disfare una valigia *to unpack a valise.*
disfarsi *to get rid of.*
disgelare *to thaw.*
disgelo *thaw.*
DISGRAZIA *misfortune, accident.*
disgustare *to disgust; to shock.*
 disgustarsi *to take a dislike to.*
disgusto *disgust, loathing.*
disgustoso *disgusting, loathsome, disagreeable.*
disillusione, f. *disillusion, disenchantment.*
disimpegnare *to disengage; to free.*
 disimpegnarsi *to free oneself; to disengage oneself.*
disinteressatamente *disinterestedly, altruistically.*
DISINTERESSE *disinterestedness, unselfishness.*
disinvolto *easy, free, self-possessed.*
disobbedienza *disobedience.*
disobbedire *to disobey.*
disoccupato *unemployed.*
disoccupazione *unemployment.*
DISONESTO *dishonest.*
DISOPRA *on, upon, over, above.*
 al disopra di ogni altra cosa *above all else.*
 il piano disopra *the upper floor; the floor above.*
 Vado disopra. *I'm going upstairs.*
disordine, m. *disorder, confusion.*
disotto *under, below.*

dispari *odd, uneven.*
   numeri dispari *odd numbers.*
disparte *apart.*
   chiamare in disparte *to call aside.*
   tenersi in disparte *to stand aside.*
disperare *to despair.*
   fare disperare *to drive to despair.*
disperato *desperate, hopeless.*
   una misura disperata *a desperate measure.*
   un caso disperato *a hopeless case.*
disperazione, f. *despair.*
disperso *dispersed, scattered.*
   andare disperso *to get lost; to get scattered.*
dispetto *vexation, spite.*
   fare una cosa per dispetto *to do something for spite.*
   fare un dispetto a *to vex someone.*
dispettoso *spiteful.*
dispiacere, m. *sorrow, regret.*
   con molto dispiacere *with great sorrow.*
   dare un dispiacere a *to cause sorrow to.*
dispiacere *to displease.*
   Mi dispiace doverti dire. *I'm sorry to have to tell you.*
   Il suo modo d'agire dispiace a tutti. *His behavior displeases everyone.*
   Non mi dispiace. *I don't dislike it.*
disponibile *available, vacant.*
DISPORRE *to place; to arrange; to dispose of.*
   Disponili in fila. *Place them in a row.*
   Ne puoi disporre come vuoi. *You may dispose of them as you wish.*
DISPOSIZIONE, f. *arrangement, disposition.*
   la disposizione dei fiori *the flower arrangement.*
   Sono a vostra disposizione *I'm at your disposal.*
DISPOSTO *disposed, inclined, willing.*
   disposto in ordine alfabetico *arranged in alphabetical order.*
   Non è disposto agli studi. *He is not inclined to study.*
   Non sono disposto a farlo. *I am not willing to do it.*
disprezzare *to despise; to hold in contempt.*
disprezzo *contempt.*
disputa *dispute, quarrel.*
dissenso *difference of opinion, dissent.*
dissertazione *dissertation, (academic) thesis.*
dissolvere *to dissolve; to melt.*
distaccare *to detach.*
   distaccarsi *to detach oneself; to come off.*
   Il francobollo si è distaccato dalla busta. *The stamp came off the envelope.*
distacco *detachment, separation.*
   Il distacco fra madre e figlia fu doloroso. *The separation between mother and daughter was painful.*

distante *distant, far away.*
distanza *distance.*
   a grande distanza da *at a great distance from.*
   tenere una persona a distanza *to keep a person at arm's length.*
   Qual'è la distanza fra Roma e Napoli? *What is the distance between Rome and Naples?*
distesa *extent, expanse.*
distinguere *to distinguish.*
   distinguersi *to distinguish oneself.*
distinzione, f. *distinction.*
   fare distinzione fra una cosa e l'altra *to distinguish between one thing and the other.*
   senza distinzione alcuna *without any discrimination.*
distrarre *to distract.*
   distrarre dagli studi *to distract from one's studies.*
   Voglio distrarmi un pò. *I want to relax a little.*
distrazione *absentmindedness, distraction.*
DISTRETTO *district.*
DISTRIBUIRE *to distribute.*
   distribuire la posta *to deliver the mail.*
distribuzione, f. *distribution.*
disturbare *to trouble; to disturb.*
disturbo *trouble, annoyance.*
DISUGUALE *unequal.*
DITO (le dita, f. pl.**)** *finger.*
   dito del piede *toe.*
DITTA, f. *concern, firm.*
divano *divan, couch, sofa.*
DIVENIRE (diventare) *to become; to grow.*
   diventare pallido *to become pale.*
   diventare pazzo *to go insane.*
   diventare vecchio *to grow old.*
   Siamo diventati amici. *We became friends.*
DIVERSO *different, some, several.*
   da diverso tempo *for some time now.*
   diverse volte *several times.*
   Egli è molto diverso da me. *He is very unlike me.*
divertente *amusing, entertaining.*
divertimento *amusement, recreation.*
divertire *to amuse; to entertain.*
   divertirsi *to amuse oneself; to enjoy oneself.*
dividendo *dividend.*
dividere *to divide; to part; to separate.*
   dividere a metà *to divide in half.*
   Si è diviso da sua moglie. *He separated from his wife.*
divieto *prohibition.*
   Divieto d'Affissione *No Posting.*
   Divieto di Sosta *No Parking.*
divino *divine, splendid.*
divisa *uniform, dress, currency.*

divisione, f. *division.*
divorare *to eat up; to devour.*
divorziare *to divorce.*
divorzio *divorce.*
divulgare *to spread; to broadcast.*
dizionario *dictionary.*
dizione *diction.*
doccia *shower.*
  farsi una doccia *to take a shower.*
docente *teacher, professor.*
docile *docile, submissive.*
documento *document.*
dodicesimo *twelfth.*
dodici *twelve.*
dogana *customs.*
  esente da dogana *duty free.*
doganiere, m. *custom-house officer.*
DOLCE *sweet.*
  acqua dolce *fresh water.*
  dolci *sweets.*
dolcezza *sweetness.*
DOLENTE *sorry, grieved; saddened; painful.*
  Sono dolente di dovervi informare ... *I am
    sorry to have to inform you ...*
DOLERE *to ache; to be grieved; to regret.*
  Gli duole averti fatto male. *He regrets having
    hurt you.*
  Mi duole la schiena. *My back hurts.*
  Mi duole vederti infelice. *It grieves me to
    know that you are unhappy.*
dolo *malice.*
DOLORE, m. *pain, ache, sorrow.*
  con molto dolore *with great sorrow.*
  dolor di testa *headache.*
  Ho un dolore alla spalla. *I have a pain in the
    shoulder.*
dolorosamente *painfully, sorrowfully.*
doloroso *painful.*
doloso *malicious.*
domanda *question.*
  fare domanda *to apply.*
DOMANDARE *to ask; to request.*
  domandare scusa *to beg one's pardon.*
  domandare un piacere *to ask a favor.*
  Mi domando perchè *I wonder why.*
domani *tomorrow.*
DOMATTINA *tomorrow morning.*
domenica *Sunday.*
domestica *maid.*
domestico *domestic, tame; familiar.*
  un animale domestico *a tame animal.*
  lavori domestici *housework.*
domicilio *domicile, residence.*
dominare *to dominate*
  dominarsi *to control oneself.*
DONARE *to give; to present; to become; to
  donate.*
  Ha donato il suo patrimonio a istituti di

  beneficenza. *He donated his patrimony to
    charitable institutions.*
  Quest' abito non mi dona. *This outfit is not
    becoming to me.*
dondolare *to rock; to sway.*
DONNA *woman.*
  donna di casa *housewife.*
  donna di quadri *queen of diamonds.*
  donna di servizio *maid.*
  prima donna *prima donna* (first woman).
DONO *gift.*
  fare dono di *to make a present of.*
DOPO *after.*
  dopodomani *the day after tomorrow.*
  dopo pranzo *afternoon.*
  il giorno dopo *the following day.*
  poco dopo *a little later.*
doppiaggio *dubbing.*
doppiamente *doubly.*
DOPPIO *double.*
  a doppio giro di chiave *double lock.*
  a doppio petto *double-breasted.*
  pagare il doppio *to pay twice as much.*
  un arma a doppio taglio *a double-edged
    blade.*
DORMIRE *to sleep.*
  dormire come un ghiro *to sleep like a log (a
    top).*
DORSO *back.*
dose, f. *dose.*
  una buona dose di giudizio *a great deal of
    common sense.*
  una piccola dose *a small dose.*
dote, f. *dowry; gift; merit.*
dotto *learned.*
DOTTORE *doctor, graduate.*
  é dottore in legge *he has a law degree.*
dottoressa *female doctor, graduate.*
dottrina *doctrine.*
DOVE *where.*
  Dov'è? *Where is it? Where is he? Where is
    she?*
  Dove siamo *Where are we?*
DOVERE *to be obliged to; to have to; to owe.*
  Deve essere tardi. *It must be late.*
  Devo andar via. *I must go.*
  Dobbiamo partire al più presto. *We must
    leave at the earliest possible.*
  Dovrebbe arrivare da un momento all' altro.
    It should arrive any moment.
DOVERE, m. *duty.*
  credersi in dovere di *to feel obliged to.*
  fare il proprio dovere *to do one's duty.*
  È mio piacevole dovere ... *It is my pleasant
    duty ...*
DOVUNQUE *wherever, anywhere.*
  dovunque volgo lo sguardo *wherever I look.*
  seguire dovunque *to follow anywhere.*

DOZZINA *dozen.*
   a dozzine *by the dozen.*
   mezza dozzina *half-dozen.*
dramma, m. *drama.*
dritto *straight.*
drizzare *to straighten.*
drizzarsi *to straighten oneself.*
   Drizzati! *Stand straight!*
droga *drug.*
dubbio *doubt.*
   senza dubbio *doubtless.*
duce, m. *chief.*
DUE *two.*
   a due a due *two by two.*
   due per volta *two at a time.*
   due volte tanto *twice as much.*
   tagliare in due *to cut in two.*
duecento *two hundred.*
dunque *then, consequently.*
duomo *cathedral.*
DURANTE *during.*
DURARE *to last; to continue.*
   La tempesta dura da parecchio. *The storm has lasted for quite a while.*
   Non può durare molto. *It can't last long.*
   Tutto dura finchè può. *Everything comes to an end.*
durata *duration.*
   di breve durata *of short duration.*
durezza *hardness, harshness.*
DURO *hard.*
   dal cuore duro *hard-hearted.*

E

E, ED *and.*
ebbene *well!*
ebreo *Jew.*
eccedenza *excess.*
eccellente *excellent.*
eccèllere *to excel.*
eccessivamente *excessively.*
eccessivo *excessive.*
ECCETTO *except.*
eccettuare *to except.*
eccezionale *exceptional, unusual.*
   un caldo eccezionale *unusual heat.*
eccezionalmente *exceptionally.*
eccezione, f. *exception.*
   eccezione fatta per *except for.*
   fare eccezione per *to make an exception for.*
   in via di eccezione *as an exception.*
eccitare *to excite.*
eccitazione, f. *excitement.*
ECCO *here, there, that's.*
   ecco fatto *all done.*

   Ecco! *Here!*
   Eccomi! *Here I am!*
eco, f. *echo.*
ecologia *ecology.*
economia *economy.*
   fare economia *to economize.*
economico *economic, thrifty.*
economizzare *to economize.*
edera *ivy.*
edicola *newsstand.*
edificio *building.*
edilizia *building industry.*
èdito *published.*
editore, m. *editor; publisher.*
   casa editrice *publishing house.*
edizione, f. *edition.*
educare *to educate.*
educazione, f. *education.*
effettivo *effective, actual.*
effetto *effect, consequence, impression.*
   effetti personali *personal effects.*
   fare effetto su *to have an effect on.*
   senza effetto *of no effect.*
effettuare *to effect; to put into effect.*
efficace *effective.*
efficiente *efficient; able.*
efficienza *efficiency.*
EGLI *he.*
egoismo *selfishness.*
egoista, m. *selfish; (as noun) selfish person.*
egregio *exceptional, remarkable.*
eguale *equal.*
   dare eguale importanza *to give the same importance.*
egualità *equality.*
elastico *elastic, noun & adj.*
elefante, m. *elephant.*
elegante *elegant.*
eleganza *elegance.*
eleggere *to elect; to appoint.*
elementare *elementary.*
elemento *element.*
elemosina *alms.*
elencare *to make a list of.*
elenco *list.*
   elenco telefonico *phone book.*
elettore, m. *elector.*
elettricità *electricity.*
elettrico *electric.*
   luce elettrica *electric light.*
elevare *to elevate; to raise.*
elezione, f. *election.*
elica *propeller.*
eliminare *to eliminate.*
elogiare *to praise.*
elogio *praise.*
   fare l'elogio di una persona *to sing someone's praises.*

senza tanti elogi *without much ceremony.*
eludere *to elude; to evade.*
　eludere la sorveglianza *to escape*
　　surveillance.
emancipare *to emancipate; to set free.*
emendamento *amendment.*
emergente *emergent.*
EMERGENZA *emergency.*
emergere *to emerge.*
emesso *given out; put forth.*
emettere *to emit; to send forth.*
emicrania *headache.*
emigrante, m. & f. *emigrant.*
emigrare *to emigrate.*
emozionante *moving.*
emozione, f. *emotion.*
emporio *market.*
energia *energy.*
　energia atomica *atomic energy.*
　energia solare *solar energy.*
energico *energetic, vigorous.*
enfasi, f. *emphasis.*
enigma, m. *enigma, riddle.*
enorme *enormous.*
enormemente *enormously.*
entrambi *both.*
ENTRARE *to enter; to come in.*
　entrare dalla porta *to come in through the*
　　door.
　entrare in carica *to take office.*
　entrare in vigore *to go into effect.*
　Che cosa c'entra? *What has that to do with it?*
　Entrate pure. *Come right in.*
entrata *entrance.*
ENTRO *within, in.*
　entro ventiquattr'ore *within twenty-four*
　　hours.
entusiasmo *enthusiasm.*
entusiastico *enthusiastic.*
enumerare *to enumerate.*
epidermide, f. *skin.*
episodio *episode.*
　un episodio triste della sua vita *a sad episode*
　　in his life.
　un romanzo a episodi *a serial.*
època *era, period.*
EPPURE *yet; and yet; nevertheless.*
　Eppure si muove! *And yet it turns! (Galileo.)*
equilibrio *balance.*
　perdere l'equilibrio *to lose one's balance.*
equipaggiamento *equipment.*
equipaggiare *to equip.*
equipaggio *crew.*
equo *equitable, fair.*
ERBA *grass, herb.*
　erbaccia *weed.*
　in erba *in embryo.*
erbivendolo *greengrocer.*

erede, m. & f. *heir.*
eredità *inheritance.*
　lasciare in eredità *to bequeath.*
ereditare *to inherit.*
erigere *to erect; to build.*
　erigere un monumento *to erect a monument.*
　erigersi *to set oneself up as.*
eròe *hero;* **eroina** *heroine.*
eroico *heroic.*
eroina *heroin.*
errato *wrong, incorrect.*
　È errato dire ... *It is incorrect to say ...*
errore, m. *error, mistake.*
　errore di stampa *misprint.*
　essere in errore *to be mistaken.*
　per errore *by mistake.*
esagerare *to exaggerate.*
esagerazione, f. *exaggeration.*
esame, m. *examination, inspection.*
　esame di ammissione *entrance exam.*
　superare un esame *to pass an exam.*
ESAMINARE *to examine; to inspect.*
esatto *exact.*
esaudire *to grant;*
　esaudire una richiesta *to grant a request.*
esaurimento *exhaustion.*
　esaurimento nervoso *nervous breakdown.*
esaurire *to exhaust.*
　esaurirsi *to exhaust oneself; to be sold out*
　　(theater).
esausto *exhausted.*
esca *bait.*
esclamare *to exclaim.*
esclamazione, f. *exclamation.*
escludere *to exclude.*
esclusione, f. *exclusion.*
esclusivo *exclusive.*
　rappresentante esclusivo *sole representative.*
escluso *left out.*
esecuzione, f. *execution, performance.*
　mettere un piano in esecuzione *to put a plan*
　　into action.
　un esecuzione al pianoforte *the performance*
　　of a piece of music on the piano.
eseguire *to execute; to accomplish.*
ESEMPIO *example, instance.*
　dare un cattivo esempio *to set a bad example.*
　per esempio *for instance*
esequie, f. pl. *funeral.*
esercitare *to exercise; to practice; to exert.*
　esercitare influenza *to exert influence.*
　esercitare una professione *to practice in a*
　　given profession.
　esercitarsi *to train oneself; to exercise.*
esercito *army.*
esercizio *exercise.*
　essere fuori esercizio *to be out of practice.*
　fare degli esercizi *to do some exercises.*

esibire *to exhibit; to show.*
   esibirsi in pubblico *to show oneself in public.*
esibizione, f. *exhibition, show.*
   esibizione di quadri *a painting exhibition.*
esigenza *demand, need; requirement.*
esiliare *to exile.*
esilio *exile.*
esimere *to exempt.*
   esimersi da un impegno *to free oneself of an engagement.*
esistente *existent, existing.*
   tutte le creature esistenti sulla terra *all creatures living on earth.*
esistenza *existence.*
   un' esistenza monotona *a monotonous existence.*
esitare *to hesitate.*
esitazione, f. *hesitation.*
   senza esitazione *unhesitatingly.*
èsito *result.*
   L'èsito fu buono. *The result was good.*
   Quale fu l'èsito? *What was the result?*
esodo *exodus; flight.*
esordio *debut.*
espandere *to expand.*
espansione, f. *expansion.*
espansivo *expansive.*
espatriare *to immigrate.*
espellere *to expel.*
esperienza *experience.*
esperimento *experiment.*
   fare un esperimento *to make an experiment.*
esperto *expert, skilled.*
esplodere *to explode.*
esplorare *to explore.*
   esplorare ogni possibilità *to explore all possibilities.*
esplosione, f. *explosion.*
ESPORRE *to expose; to exhibit.*
ESPORTARE *to export.*
esportazione, f. *exportation.*
esposizion, f. *exhibition.*
espressione, f. *expression.*
espressivo *expressive.*
ESPRESSO *express.*
   treno espresso *express train.*
   un caffè espresso *a cup of coffee (Italian style).*
esprimere *to express.*
   esprimere i propri sentimenti *to express one's sentiments.*
   esprimersi *to express oneself.*
espulsione, f. *expulsion.*
ESSA *she, it.*
ESSE, f. *they.*
essenza *essence.*
essenziale *essential.*
ESSERE *to be.*

essere disposto a *to be willing to.*
essere in cattiva salute *to be in poor health.*
essere in grado di *to be able to.*
essere per; essere sul punto di *to be on the point of; about to.*
essere pronto a *to be ready to.*
se non fosse per te *if it were not for you.*
Che cos' è? *What is it?*
Di chi è questo libro? *Whose book is this?*
Non c' è di che? *You are welcome.*
Può essere. *That may be.*
Quant' è? *How much is it?*
Sia lodato Iddio! *May the Lord be praised!*
ESSERE, m. *being, creature.*
   un' essere spregievole *a base creature.*
   un' essere umano *a human being.*
ESSI, m. *they.*
essiccare *to dry; to dry up.*
ESSO *he, it.*
EST *east.*
   ad est *to the east.*
èstasi, f. *ecstasy.*
ESTATE, f. *summer.*
   una notte d'estate *a summer's night.*
estendere *to extend.*
estensione, f. *extension, surface.*
esteriore *exterior, outward.*
esteriorità *outward appearance.*
esterno *external, outside.*
ESTERO *foreign.*
   all' estero *abroad.*
   Ministero degli Esteri *State Department.*
   Ministro degli Esteri *Secretary of State.*
esteso *extensive*
estetica *esthetics.*
estinguere *to extinguish.*
estinto *extinguished, extinct.*
   una specie estinta *an extinct species.*
estivo *summery.*
   abiti estivi *summer clothes.*
   giornata estiva *summer day.*
   vacanza estiva *summer vacation.*
estradizione *extradition.*
ESTRANEO *stranger.*
estrarre *to extract; to draw out.*
estratto *extract; certificate.*
   estratto di nascita *birth certificate.*
estrazione, f. *extraction, drawing.*
estremamente *extremely.*
estremista *extremist.*
estremo *extreme,* adj. & noun.
   L'Estremo Oriente *The Far East.*
estro *inspiration; whim.*
estroverso *extroverted.*
esuberante *exuberant, over-flowery.*
esule *exile.*
ETÀ *age.*
   avere la stessa età *to be the same age.*

dimostrare la propria età *to show one's age.*
essere di età maggiore *to be of age.*
mezza età *middle age.*
ètere, m. *ether.*
eternità *eternity.*
    Ho atteso un' eternità. *I waited for ages.*
eterno *eternal, everlasting.*
eterogeneo *heterogeneous.*
etica *ethics.*
etichetta *label.*
etimologia *etymology.*
etnico *ethnic.*
etrusco *Etruscan.*
ettogrammo-etto *hectogram* = *3.52oz.*
EUROPA *Europe.*
europeo European.
evadere *to evade; to escape.*
evasione, f. *evasion, escape.* evasione dal carcere
    escape from prison.
EVENTO *event.*
    lieto evento *blessed event.*
evidente *evident, apparent.*
eventuale *probable.*
evidenza *evidence.*
evitabile *avoidable.*
evitare *to avoid.*
evo *age.* Medio Evo *Middle Ages.*
evocare *to evoke.*
    evocare tristi memorie *to evoke sad
    memories.*
evoluto *up-to-date; progressive.*
evoluzione *evolution.*
evolversi *to evolve, to develop.*
EVVIVA *Hurray!*
ex- *ex-.*
    ex-combattente *ex-service man.*
    ex-moglie *ex-wife.*

F

fa *ago.*
    molto tempo fa *a long while ago.*
    poco tempo fa *a short while ago.*
fabbrica *factory.*
    marchio di fabbrica *trademark.*
fabbricare *to build; to manufacture.*
fabbricato *building.*
    tassa sui fabbricati *real estate tax.*
fabbricazione, f. *manufacture.*
faccenda *business matter.*
FACCHINO *porter.*
FACCIA *face.*
    avere una faccia tosta *to be impudent; to be
    bold.*
    aver la faccia lunga *to have a long face.*
    di faccia *facing.*

faccia a faccia *face to face.*
facciata *facade, front, page.*
    la facciata del palazzo *the front of the
    building.*
    la facciata di un libro *the flyleaf of a book.*
FACILE *easy*
    di facili costumi *of easy virtue.*
    facile alla collera *easily angered.*
    fare le cose troppo facili *to make things too
    easy.*
FACILITÀ *facility, ease, easiness.*
    facilità di parola *fluency of speech.*
facilitare *to facilitate.*
facilmente *easily.*
facoltà *faculty, authority.*
    aver facoltá di scelta *to be able to choose.*
    nelle sue piene facoltà mentali *completely
    sane.*
facoltativo *optional.*
facsimile m. *facsimile, fax.*
fagiolino *string bean.*
fagiolo *bean.*
fagotto *bundle.*
    far fagotto e andare *to pack up and go.*
falciare *to mow; cut down.*
falco *hawk.*
falegname, m. *carpenter.*
fallimento *failure, bankruptcy.*
    dichiarare fallimento *to declare bankruptcy.*
fallire *to fail; to go bankrupt.*
fallo *fault, defect.*
falò *campfire; bonfire.*
falsare *to alter; to falsify; to distort.*
falso, noun *falsehood.*
    testimoniare il falso *to bear false witness.*
falso, adj. *false.*
    moneta falsa *counterfeit.*
    un falso amico *a false friend*
fama *fame, reputation.*
    goder fama di *to have the reputation of.*
FAME, f. *hunger.*
    aver fame *to be hungry.*
    morir di fame *to die of hunger.*
FAMIGLIA *family.*
    rimanere in famiglia *to remain in the family.*
familiare *familiar.*
famoso *famous.*
fanale, m. *headlight.*
    fanale di coda *taillight.*
fanatico, adj. & noun *fanatic, fanatical.*
fanciulla *girl, maid.*
fanciullezza *childhood.*
fanciullo *boy.*
fango *mud.*
fannullone, m. *idler; lazy person.*
fantascienza *science fiction.*
fantasia *fantasy, imagination.*
fantastico *fantastic.*

fantino *jockey.*
FARE *to do; to make.*
    far bene *to do well (good).*
    far cadere *to let drop; to drop.*
    far conoscenza *to make the acquaintance.*
    fare attenzione *to pay attention.*
    fare finta *to make believe.*
    fare il sordo *to pretend to be deaf.*
    fare l'avvocato *to be a lawyer.*
    fare lo stupido *to be stupid.*
    fare presto *to hurry.*
    fare una doccia *to take a shower.*
    fare una passeggiata *to take a walk.*
    far impazzire *to drive someone crazy.*
    far l'amore con *to make love to.*
    far paura a *to frighten.*
    far piangere *to make somebody cry.*
    farsi fare (una cosa) *to have (something) made.*
    far vedere una cosa *to show something.*
    Che cosa fai? *What are you doing?*
    Fa caldo! *It's warm!*
    Fa male! *It hurts!*
    Mio fratello si fa tagliare i capelli. *My brother has his hair cut.*
    Non fa niente. *It doesn't matter.*
    Non sappiamo cosa farci. *We cannot help it.*
    Si sta facendo scuro. *It's getting dark.*
farfalla *butterfly.*
farina *flour.*
faringe *pharynx.*
farmaceutico *pharmaceutical.*
farmacìa *drugstore.*
farmacista *druggist.*
farmaco *medicine; drug.*
faro *beacon, lighthouse.*
farsa *farce.*
fascia *girdle.*
fasciare *to bandage; to swathe.*
fascicolo *issue (of a magazine); file.*
fascino *charm.*
fascio *bundle.*
fastidio *trouble, annoyance.*
    Mi da fastidio. *It bothers me.*
fastidioso *troublesome, annoying.*
fata *fairy.*
fatale *fatal.*
fatica *labor, weariness.*
faticare *to labor.*
faticosamente *laboriously; with difficulty.*
fato *fate.*
fattezze, f. pl. *features.*
FATTO *fact, deed, event.*
    È successo un fatto straordinario. *An extraordinary event took place.*
    Non sono fatti vostri. *It's none of your affair.*
FATTO, adj. *done, made.*
    ben fatto *well made; well done.*

    detto fatto *no sooner said than done.*
    fatto su misura *made to order.*
    notte fatta *nighttime.*
    Tutto fatto! *All done!*
fattoria *farm.*
fattorino *messenger.*
    fattorino telegrafico *telegraph messenger.*
fattura *invoice, bill.*
favella *speech.*
    perdere la favella *to lose one's speech.*
    sciogliere la favella *to loosen one's tongue.*
favola *tale, fable.*
favoloso *fabulous.*
favore, m. *favor.*
    a favore di *in favor of.*
    fare un favore *to do a favor.*
    Per favore. *Please.*
favorire *to favor; to give.*
    Favorisca! *Please, come in.*
    Mi favorisci il burro per piacere. *Please hand me the butter.*
favorito *favorite.*
FAZZOLETTO *handkerchief.*
febbraio *February.*
febbre, f. *fever.*
    aver la febbre *to have a fever.*
    febbre alta *high fever.*
    febbre del fieno *hay fever.*
fecondo *fertile, fruitful.*
FEDE, f. *faith, belief.*
    aver fede in *to have faith in.*
    in buona fede *in good faith.*
    portare la fede al dito *to wear a wedding ring.*
fedele *faithful, true, loyal.*
fedeltà *loyalty.*
federa *pillowcase.*
federale *Federal.*
federazione *federation.*
fegato *liver.*
    aver fegato *to have courage.*
felice *happy.*
felicemente *happily.*
felicità *happiness.*
FEMMINA *female.*
femminile *feminine, womanly.*
    genere femminile *feminine gender.*
fendere *to cleave; to split.*
fenomeno *phenomenon.*
feriale *of work.*
    giorno feriale *weekday, workday.*
FERIRE *to wound.*
    ferirsi *to be wounded.*
ferita *wound.*
    una ferita aperta *an open wound.*
fermaglio *clasp.*
FERMARE *to stop; to fasten.*
    femare un bottone *to fasten a button.*
    fermarsi in aria *to stop in mid-air.*

fermata *stop.*
FERMO *firm, still.*
   con mano ferma *with a firm hand.*
   fermo posta *general delivery.*
   punto fermo *period.*
   stare fermo *to stand still.*
feroce *ferocious, savage.*
ferragosto *August religious holiday.*
ferro *iron, tool.*
   ferro da stiro *iron (for pressing).*
   i ferri del mestiere *the tools of the trade.*
FERROVÌA *railway, railroad.*
   stazione ferroviaria *train station.*
fertile *fertile.*
fertilizzante *fertilizer.*
fervido *fervent, ardent.*
fervore, m. *ardor, fervor.*
festa *feast; holiday party.*
   festa da ballo *dance.*
   far festa *to make merry.*
festeggiare *to celebrate.*
fetta *slice.*
   tagliare a fette *to slice.*
feudale *feudal.*
FFSS abbr. di FERROVIE dello STATO *State railroad.*
fiaba *fable.*
fiacco *weary, dull.*
fiàccola *torch.*
fiamma *flame.*
FIAMMIFERO *match.*
fianco *side.*
fiasco *flask, failure.*
   fare fiasco *to fail.*
   un fiasco di vino *a flask of wine.*
fiatare *to breathe.*
FIATO *breath.*
   bere tutto d'un fiato *to gulp down.*
   Lasciami prendere fiato. *Let me catch my breath.*
fibbia *buckle.*
fibra *fiber.*
   fibra cotone *cotton fiber.*
ficcare *to drive in; to set in.*
fico *fig.*
fidanzamento *engagement, betrothal.*
fidanzare *to betroth.*
   fidanzarsi *to become engaged.*
fidanzata *fiancée.*
fidanzato *fiancé.*
fidarsi *to trust.*
   Mi fido di te. *I trust you. I have faith in you.*
fidato *trustworthy, faithful.*
fiducia *confidence, trust.*
   un posto di fiducia *a position of trust.*
fiducioso *confident, hopeful.*
fieno *hay.*
fiera *fair; wild beast.*

fierezza *pride.*
fiero *bold, proud.*
figlia *daughter.*
FIGLIO *son.*
   essere figlio a *to be the son of.*
figliuolo *son.*
figura *figure, appearance.*
   fare bella figura *to cut a fine figure.*
   Non fa figura. *It doesn't look well.*
fila *line, row.*
   fare la fila *to make the line.*
   in fila *in line.*
filato *yarn.*
   filato di lana *wool yarn.*
   filato pettinato *worsted yarn.*
   filato ritorto *twisted yarn.*
filigrana *filigree.*
film, m. *film.*
filo *thread, blade.*
   dare del filo da torcere *to cause great trouble.*
   fil di ferro *wire.*
   filo del discorso *thread of discourse.*
   per filo e per segno *in every detail.*
   un filo d'erba *a blade of grass.*
filosofia *philosophy.*
filosofo *philosopher.*
finale *final.*
finanza *finance.*
finanziamento *mortgage.*
finanziario *financial.*
FINCHÈ *till; until; as long as.*
   Bisogna aspettare finchè arrivi.
   We must wait until he arrives.
   finchè vivo *as long as I live.*
FINE, f. *end.*
   lieto fine *happy ending.*
   porre fine a *to put an end to.*
   sino alla fine *to the very end.*
fine, m. *purpose.*
   A che fine? *To what purpose?*
fine, adj. *fine, thin.*
   una persona fine *distinguished person.*
FINESTRA *window.*
fingere *to pretend.*
FINIRE *to finish; to end.*
FINO A *until; as far as.*
   andare fino a *to go as far as.*
   fino a ieri *up until yesterday.*
   fino a stasera *until tonight.*
finora *till now; to the present moment.*
   Finora non è arrivato nessuno. *Nobody has arrived yet (until now).*
finto *false, pretended.*
FIORE, m. *flower.*
   fiore artificiale *artificial flower.*
   nel fiore degli anni *in the prime of life.*
   Gli alberi sono in fiore. *The trees are blossoming.*

fiorentino *Florentine.*

fiori, f. *clubs (playing cards).*

fiorire *to blossom; to bloom; to flourish.*

firma *signature.*

FIRMARE *to sign.*

fischiare *to hiss; to whistle.*
> Mi fischiano gli orecchi. *My ears are buzzing.*

fischio *whistle, hissing.*

fisico *physical.*

fisiologia *physiology.*

fissare *to fix; to fasten; to reserve.*
> fissare con una spilla *to pin; to fasten with a pin.*
> fissare la data *to set the date.*
> fissare qualcuno con lo sguardo *to stare at someone.*
> fissare un posto *to reserve a place.*
> Si è fissato che non gli voglio bene. *He is convinced that I don't care for him.*

fisso *fixed, permanent, steady.*
> a prezzi fissi *at fixed prices.*
> impiego fisso *permanent employment.*

FIUME, m. *river.*

fiuto *scent, smell.*

flotta *fleet.*

fluido *fluid,* adj. & noun.

fluttuare *to fluctuate (economy).*

focolare, m. *hearth, fireside.*

fodera *lining.*

foderare *to line.*

foderato *lined.*
> foderato in pelle *lined in leather.*

foggia *fashion, manner, way.*

FOGLIA *leaf.*

foglio *sheet (of paper).*

fogna *sewer.*

folla *crowd.*

folle *mad, insane.*

follia *insanity.*

folto *thick.*
> capelli folti *thick hair.*

fondamentale *fundamental.*

fondamento; fondamenta, pl. f. *foundation.*
> senza fondamento *unfounded, groundless.*

fondare *to found.*

fondatore, m. *founder.*

FONDO *bottom, fund.*
> articolo di fondo *leading article (newspaper).*
> da cima a fondo *from top to bottom.*
> fondo cassa *cash fund.*
> in fondo a *at the bottom of.*
> in fondo alla strada *at the end of the street.*
> senza fondi *without funds.*

fonografo *phonograph.*

fontana *fountain.*

fonte, f. *fountain, source.*

> una fonte d'acqua fresca *a spring of fresh water.*
> una fonte di guadagno *a source of income.*

forbici, f. pl. *scissors.*

forcella *hairpin.*

FORCHETTA *fork.*

foresta *forest.*

forestiero *foreigner; stranger.*

forfora *dandruff.*

forma *form, shape.*
> a forma di *shaped like*
> in forma *in good shape.*

formaggio *cheese.*

formale *formal.*

FORMARE *to form; to mold.*

formazione, f. *formation.*

formica *ant.*

formula *formula.*

fornace, f. *furnace.*

fornaio *baker.*

fornire *to supply; to furnish.*
> fornirsi di tutto *to supply oneself with everything.*

forno *oven.*
> mettere al forno *to put in the oven.*
> forno a microonde *microwave oven.*

FORSE *perhaps, maybe.*

FORTE *strong.*
> correre forte *to run fast.*
> essere forte *to be strong.*
> parlare forte *to speak loudly.*

fortezza *fortress.*

fortuna *fortune, luck.*
> aver fortuna *to be lucky*
> far fortuna *to make a fortune.*
> per fortuna *fortunately.*
> senza fortuna *without luck.*

fortunato *fortunate, lucky.*

FORZA *strength, force.*
> a forza di *by dint of.*
> farsi forza *to muster one's courage.*
> mettersi in forza *to build up one's strength.*
> per amore o per forza *willing or unwilling.*
> per forza *by force.*

forzare *to force; to break open.*
> Ha forzato la porta. *He broke down the door.*
> Non mi forzare a farlo. *Don't force me to do it.*
> Qualcuno ha forzato la serratura. *Someone picked the lock.*

foschia *mist; haze.*

fossa *hole, pit, grave.*

fossile *fossil.*
> carbone fossile *coal.*

fosso *ditch.*
> fare un fosso *to dig a ditch.*

fotografare *to photograph.*

fotografia *photograph, photography.*

fare una fotografia *to take a photograph.*
M'interesso di fotografia. *I'm interested in photography.*
FRA *among, between.*
    fra le nuvole *in the clouds*
    fra mogile e marito *between husband and wife.*
    fra non molto *in a short while.*
    fra una cosa e l'altra *between one thing and the other.*
    trovarsi fra amici *to be among friends.*
fracasso *uproar; noisy quarrel.*
fragile *fragile, frail.*
fragola *strawberry.*
fragrante *fragrant.*
frammento *fragment.*
francese *French,* noun & adj.
franchezza *frankness; directness.*
franco *frank, open.*
    franco a bordo *free on board.*
    Mi ha parlato franco. *He spoke frankly to me.*
francobollo *stamp, postage.*
frangia *fringe.*
frantumare *to shatter.*
    Questo bicchiere si è frantumato. *This glass is shattered.*
frase, f. *sentence, phrase.*
    frase musicale *a musical phrase.*
fratellanza *brotherhood, fraternity.*
FRATELLO *brother.*
frattanto *meanwhile.*
freddamente *coldly.*
freddezza *coolness, indifference.*
FREDDO *cold.*
    aver freddo *to be cold.*
    essere freddo con qualcuno *to be cold towards someone.*
    prendere freddo *to catch cold.*
    Fa freddo. *It's cold.*
fregare *to rub; to cheat* (vulg.).
frenare *to brake; to restrain; to repress.*
    frenare un impulso *to repress an impulse.*
    Ho fatto appena a tempo a frenare. *I applied the brakes just in time.*
    Mi sono frenato a stento. *I was barely able to restrain myself.*
frenesia *frenzy.*
frenetico *frenzied.*
freno *brake.*
    applicare il freno *to apply the brakes.*
    mettere freno a *to restrain.*
    senza freno *unrestrained.*
frequentare *to attend; to frequent.*
    frequentare la scuola *to attend school.*
frequente *frequent.*
freschezza *freshness, coolness.*
fresco, noun *coolness.*
    mettere al fresco *to put in a cool spot.*

    stare al fresco *to stay in a cool place.*
FRESCO, adj. *fresh, cool.*
    acqua fresca *fresh water.*
    pesce fresco *fresh fish.*
FRETTA *haste.*
    andar di fretta *to be in a hurry.*
    in fretta *hastily.*
friabile *crumble.*
friggere *to fry.*
frigorifero *refrigerator.*
frittata *omelette.*
fritto *fried.*
frittura *fry.*
    frittura di pesce *fish-fry.*
frivolo *frivolous.*
frizzante *sparkling.*
frode, f. *fraud.*
FRONTE, f *forehead.*
    a fronte alta *with head held high.*
fronte, m. *front.*
    di fronte a *facing, opposite.*
    fare fronte alle spese *to pay one's expenses.*
frontiera *border; frontier.*
frugare *to search; to poke.*
frusta *whip.*
frustare *to whip.*
frutta *fruit.*
frutto *sing, fruit;* pl. frutti.
frutteto *orchard.*
fucile, m. *gun.*
fucsia *fuchsia (color).*
fuga *flight, escape.*
    darsi alla fuga *to take flight.*
fuggire *to run away; to escape.*
fulmine, m. *thunderbolt.*
    un colpo di fulmine *love at first sight (a thunderbolt).*
    un fulmine a ciel sereno *a bolt out of the blue.*
fumare *to smoke.*
    Vietato fumare! *No smoking!*
fumetto *comics.*
fumo *smoke.*
fune, f. *rope, cable.*
funerale, m. *funeral.*
fungo *mushroom.*
    ai funghi *with mushrooms.*
funivia *cable car.*
funzionare *to work; to function.*
funzione, f. *function.*
fuoco *fire.*
    accendere il fuoco *to light the fire.*
    fuochi artificiali *fireworks.*
FUORCHÈ *except.*
    tutti fuorchè lui *all except him.*
FUORI *out, outside.*
    andar fuori *to go out.*
    essere fuori di se *to be beside oneself.*
    fuoribordo *outboard.*

fuori mano *out of the way.*
fuori pericolo *out of danger.*
fuori uso *out of use.*
furbo *sly, crafty.*
furia *fury, rage.*
  È andato su tutte le furie. *He fell into a rage.*
furibondo *raging, furious.*
furto *theft.*
  furto a mano armata *armed robbery.*
fusto *stem; barrel.*
futurismo *futurism.*
futuro *future,* noun & adj.
  in futuro *in the future.*

G

gabbia *cage.*
gabbiano *seagull.*
gabinetto *cabinet; toilet.*
gagliardo *vigorous.*
gaiezza *gaiety.*
gaio *gay.*
gala *gala.*
galateo *good manners.*
galla (a) *afloat.*
gallerìa *gallery.*
gallina *hen.*
gallo *cock.*
gamba *leg.*
gamberetto *shrimp.*
gambero *crayfish.*
gambo *stalk, stem.*
gancio *hook.*
garanzìa *guarantee, security.*
gara *competition.*
garofano *carnation.*
gas, m. *gas.*
gatto *cat.*
gelare *to freeze.*
gelo *frost.*
gelosìa *jealousy.*
gemello *twin, cuff-link.*
gemito *groan.*
gemma *gem.*
generale, m. *general;* (also adj.).
generalmente *generally; in general.*
generazione, f. *generation.*
GENERE, m. *gender, kind.*
  di genere maschile *of masculine gender.*
  di ogni genere *of all kinds.*
  generi alimentari *foodstuffs.*
genero *son-in-law.*
generoso *generous.*
genio *genius, taste.*
  Non mi va a genio. *It's not to my liking.*
genitori, m. pl. *parents.*

gennaio *January.*
gente, f. *people.*
genti, f. *peoples.*
gentile *kind.*
gentilezza *kindness.*
genuino *genuine.*
geografia *geography.*
geografico *geographical.*
  carta geografica *map.*
geologia *geology.*
gerente, m. *manager; agent.*
gergo *slang.*
germe, m. *germ, shoot.*
germogliare *to bud; to flower; to sprout.*
gessato *pinstriped.*
gesso *chalk; plaster.*
gesta, f. pl. *deeds.*
gestione, f *management.*
gestire *to manage.*
gesto *gesture.*
GETTARE *to throw; to fling.*
  gettare via *to throw away.*
  gettarsi *to fling oneself.*
gettone, m. *token.*
ghetto *ghetto.*
ghiaccio *ice.*
ghiaia *gravel.*
ghiandola *gland.*
ghiotto *gluttonous, greedy.*
ghirlanda *garland.*
GIÀ *already.*
  già fatto *already done.*
giacca *jacket.*
giacchè *as, since.*
giacere *to lie (to recline).*
giallo *yellow,* noun & adj.
  giallo d'uovo *egg yolk.*
giapponese *Japanese.*
giardiniere, m. *gardener.*
giardino *garden.*
gigante, m. *giant.*
giglio *lily.*
ginnasio *high school.*
ginnastica *gymnastics.*
ginocchio *knee.*
  in ginocchio *on one's knees.*
giocare *to play.*
  giocare a carte *to play cards.*
giocattolo *toy.*
gioco *game.*
giogo *yoke; summit.*
gioia *joy.*
gioiello *jewel.*
giornalaio *newspaper boy.*
GIORNALE, m. *newspaper.*
  giornale quotidiano *daily newspaper.*
giornaliero, adj. *daily.*
giornalismo *journalism.*

giornalista, m. *journalist, newspaperman.*
giornalmente, adv. *daily*
giornata *day.*
  giornata di festa *holiday.*
  giornata lavorativa *workday.*
GIORNO *day.*
  di giorno *in the daytime.*
  giorno per giorno *day by day.*
  il giorno seguente *the following day.*
  un giorno dopo l'altro *day after day.*
giostra *joust; merry-go-round.*
giovane, m. *a young man, a young woman; (as adj.) young.*
giovanile *youthful.*
giovanòtto *young man.*
giovare *to be useful, to help.*
giovedì *Thursday.*
gioventù, f. *youth.*
giovinezza *youth.*
giramento *turning, revolving.*
  giramento di testa *dizzy spell.*
girare *to turn; to travel.*
  fare girare la testa *to turn one's head.*
  girare intorno a se *to rotate.*
giro *turn, spin.*
  fare il giro del mondo *to go round the world.*
  fare un giro intorno al parco *to take a walk around the park.*
  in giro *in circulation.*
  un giro d'ispezione *an inspection tour.*
gita *trip, outing.*
GIÙ *down.*
  andare giù per le scale *to go down the stairs.*
  camminare su e giù *to pace; to walk up and down.*
  su per giù *more or less.*
giubbotto *jacket.*
giudicare *to judge.*
giudice, m. *judge.*
giudizio *judgment, sense.*
  dente del giudizio *wisdom tooth.*
  mettere giudizio *to get wise; to become wiser.*
  secondo il giudizio di *according to the judgement of.*
giugno *June.*
giungere *to arrive.*
  giungere in fondo *to reach the end.*
  Siamo appena giunti. *We have just arrived.*
giuoco *game.*
giuramento *oath.*
  prestar giuramento *to take an oath.*
  venir meno ad un giuramento *to break an oath.*
giurare *to swear.*
giurisdizionale *jurisdictional.*
giurisprudenza *jurisprudence, law.*
giustamente *justly.*
giustificare *to justify.*

giustificazione, f. *justification.*
giustizia *justice.*
  la mano della giustizia *the arm of justice.*
giusto *right, just.*
GLI 1. *the,* definite article (masc. pl.). 2. *to him.*
  Gli sono grato. *I am grateful to him.*
globo *globe.*
gloria *glory.*
glorioso *glorious.*
gobbo *hunchback.*
goccia *drop.*
gocciolare *to drip.*
GODERE *to enjoy.*
  godere buona salute *to enjoy good health*
  godersela *to have a good time.*
godimento *enjoyment.*
goffo *awkward.*
GOLA *throat.*
  aver la gola arsa *to be thirsty.*
  aver mal di gola *to have a sore throat.*
  Mi fa gola. *It tempts me.*
gomito *elbow.*
gomma *gum, rubber, tire.*
  una gomm a terra *a flat tire.*
gondola *gondola.*
gonfiare *to inflate.*
  gonfiarsi *to swell.*
gonfio *swollen, inflated.*
  avere il cuore gonfio *to be heavy-hearted.*
gonna *skirt.*
  gonna pantalone *divided skirt.*
governante, f. *governess.*
governante, m. *ruler.*
governare *to govern.*
governo *government.*
gradevole *agreeable, pleasant.*
  un gusto gradevole *a pleasant taste.*
gradino *step.*
GRADIRE *to accept; to find agreeable.*
  Gradisca i miei più cordiali saluti. *Accept my most cordial greeting.*
grado *degree, extent.*
  cinque gradi sotto zero *five degrees below zero.*
  essere in grado di *to be in a position to.*
graffiare *to scratch.*
granchio *crab.*
GRANDE *great, big.*
  a grandi passi *with long steps; swiftly.*
  a gran velocità *at great speed.*
  farsi grande *to get big; to grow tall.*
  in grande *on a large scale.*
grandezza *greatness.*
grandine, f. *hail.*
grandioso *grand.*
grano *grain, corn.*
  con un grano di sale *with a grain of salt.*
  un grano di sabbia *a grain of sand.*

un grano d'uva *a grape.*
granturco *corn.*
grappolo *bunch.*
grasso *fat, grease;* (as adj.) *greasy.*
grato *grateful.*
grattare *to scratch.*
grave *grave, serious, heavy.*
gratuito *free.*
gravemente *gravely, seriously.*
   Egli è gravemente ammalato. *He is seriously
     ill.*
grazia *grace, favor.*
   colpo di grazia *final stroke; coup de grace.*
   fare una grazia *to grant a favor.*
   grazie a *thanks to.*
GRAZIE *Thank you.*
grazioso *graceful, pretty.*
gridare *to cry out; to shout.*
   Non c'è bisogno di gridare. *There's no need to
     shout.*
grido *cry, shout.*
grigio *gray.*
grillo *cricket.*
grosso *big, bulky.*
gruccia *crutch.*
gruppo *group.*
GUADAGNARE *to earn; to gain.*
   guadagnare terreno *to gain ground.*
   guadagnarsi da vivere *to earn a livelihood.*
   guadagnarsi la stima di qualcuno *to earn
     someone's respect.*
   guadagnar tempo *to gain time.*
guadagno *profit, gain.*
   guadagno per dividendo *earnings per shore.*
guaio *misfortune, difficulty.*
guancia *cheek.*
   voltare l'altra guancia *to turn the other cheek.*
guanciale, m. *pillow.*
guanto *glove.*
   calzare come un guanto *to fit like a glove.*
   un paio di guanti *a pair of gloves.*
GUARDARE *to look.*
   guardarsi dal *to guard against; to refrain
     from.*
   guardarsi negli occhi *to stare into each
     other's eyes.*
   senza guardare nessuno in faccia *without
     looking.*
   Me ne guarderei bene! *I wouldn't dare!*
guardaroba, m. *wardrobe, cloakroom.*
guardia *guard.*
guardiano *watchman, keeper, guard.*
   guardiano notturno *night watchman.*
guarire *to recuperate; to get well; to cure.*
guarnire *to trim; to decorate.*
guarnito *trimmed.*
guarnizione, f. *trimming.*
guastare *to spoil.*

guerra *war.*
GUIDARE *to guide; to drive.*
   guidare un' automobile *to drive a car.*
   Si lasci guidare da me. *Allow me to guide
     you.*
guida *guide, guidebook.*
guscio *shell (egg).*
GUSTO *taste, relish, liking.*
   di buon gusto *in good taste.*
   gusto amaro *bitter taste.*
   provare gusto a *to take pleasure in.*
   una persona di buon gusto *a person of good
     taste.*
   Non è di suo gusto. *It's not to his liking.*
   avere un gusto fine *to have good taste.*

H

hotel, m. *hotel.*

I

i *the,* (m. pl.)
   i ragazzi *the boys.*
idea *idea.*
   cambiare idea *to change one's mind.*
ideale, m. *ideal* (also adj.).
idealismo *idealism.*
idealista, m. *idealist;* (as adj.) *idealistic.*
identico *identical.*
idiota, m. *idiot;* (as adj.) *idiotic.*
identificare *to identify.*
idoneo *fit, suitable.*
IERI, m. *yesterday.*
   ieri l'altro *the day before yesterday.*
   ieri mattina *yesterday morning.*
   ieri sera *last night.*
igiene, f. *hygiene.*
ignobile *ignoble.*
ignorante *ignorant.*
ignoranza *ignorance.*
ignorare *to ignore.*
ignoto *unknown.*
   di autore ignoto *by an unknown author.*
   Milite Ignoto *Unknown Soldier.*
il *the* (m. sing.).
illecito *illicit, forbidden.*
illegale *illegal.*
illegibile *illegible.*
illegittimità *illegitimacy.*
illegittimo *illegitimate, unlawful.*
illeso *uninjured, safe.*
illimitato *unlimited, endless.*
illudere *to deceive.*
   si illuse che il lavoro sarebbe stato facile *he*

*deluded himself into thinking the job
would be an easy one.*
illusione, f. *illusion.*
illuminare *to light up.*
illustrare *to illustrate.*
illustrazione, f. *illustration.*
illustre *eminent, renowned.*
imballare *to pack; to wrap.*
imbarazzante *embarrassing.*
una situazione imbarazzante *an
embarrassing situation.*
imbarazzare *to embarass.*
imbarazzo *embarrassment, difficulty.*
mettere in imbarazzo *to embarrass.*
imbarcare *to load.*
imbarcarsi *to embark.*
imbarcare acqua *to ship.*
imbattersi *to meet with.*
imbottire *to stuff; to pad.*
imbottito *quilted.*
imbrattato *dirty.*
imbrogliare *to cheat.*
imbroglio *complication, tangle, trick.*
imbronciato *sullen.*
imbucare *to mail a letter.*
imitare *to imitate.*
imitazione, f. *imitation.*
IMMAGINARE *to imagine.*
Non riesco ad immaginare. *I can't imagine.*
Si immagini che . . . ! *Just imagine if . . . !*
immaginario *imaginary.*
immaginazione, f. *imagination.*
immagine, f. *image.*
immedesimarsi *to identify oneself with.*
immediatamente *immediately.*
immediato *immediate.*
immensità *immensity; enormity.*
immenso *huge.*
imminente *imminent.*
immigrare *to immigrate.*
immigrante, m. & f. *immigrant.*
immobilità *immobility.*
immortale *immortal.*
immortalità *immortality.*
impacciare *to impede; to embarrass.*
impacciato *constrained, uneasy.*
impadronirsi *to seize; to take possession of.*
impallidire *to turn pale.*
imparare *to learn.*
imparare a memoria *to learn by heart.*
imparare una lingua *to learn to speak a
language.*
imparentato *related.*
imparziale *impartial.*
impassibile *impassive.*
impasto *mixture.*
IMPAZIENTE *impatient.*
impazienza *impatience.*

attendere con impazienza *to look forward to;
to await anxiously.*
impedimento *prevention.*
impedire *to hinder; to obstruct.*
impellente *urgent; pressing.*
impazzire *to go crazy.*
IMPEGNARE *to engage; to pawn.*
impegnare un anello *to pawn a ring.*
impegnarsi a fare qualcosa *to pledge oneself
to do something.*
Sono già impegnato per quella sera. *I am
already engaged for that evening.*
impegno *engagement, obligation.*
impensato *unexpected.*
imperativo *imperative.*
imperatore *emperor.*
imperfetto *imperfect.*
impero *empire.*
IMPERMEABILE, m. *raincoat;* (as adj.)
waterproof.
impersonale *impersonal.*
impertinente *insolent, impertinent.*
impeto *vehemence.*
impertinenza *impertinence.*
impetuosamente *impetuously.*
impetuoso *impetuous.*
carattere impetuoso *a violent character.*
impianto *installation, establishment.*
impiccare *to hang.*
impiegare *to employ.*
impiegato *employee;* (as adj.) *employed.*
impiego *employment.*
cercare impiego *to look for a job.*
implicare *to involve.*
impolverato *dusty.*
imporre *to impose.*
importante *important.*
importanza *importance.*
dare importanza a *to attach importance to.*
Non ti dare tanta importanza. *Don't give
yourself so many airs.*
importare *to matter; to be of consequence.*
impossibile *impossible.*
imposta *duty, tax.*
impreparato *unprepared.*
IMPRESA *enterprise, undertaking.*
impressionare *to impress.*
Non ti impressionare. *Don't be alarmed.*
impressione, f. *impression.*
fare una brutta impressione *to impress
unfavorably.*
Non mi ha fatto alcuna impressione. *It made
no impression on me.*
imprevisto (impreveduto) *unforeseen;* (also
noun).
se tutto procede senza imprevisti *if things
proceed without complications.*
imprigionare *to imprison.*

imprimere to impress; to stamp.
improbabile improbable, unlikely.
impronta impression, print.
improvvisamente suddenly.
imprudente imprudent.
imprudenza imprudence.
impulso impulse.
    seguire il proprio impulso to follow one's
        instinct.
impurità impurity.
imputare to impute; to accuse.
IN in, into.
    in casa at home; in the home.
    In che modo? In what way?
inabile unable.
inadatto unsuitable.
inalterato unchanged.
inamidare to starch.
inappuntabile irreproachable.
inaspettatamente unexpectedly.
inaspettato unexpected.
inavvertenza inadvertence.
inaudito unheard of.
inaugurare to inaugurate; to open.
incantevole charming.
incapacità inability, incapacity.
incarico task; job.
incendiare to set fire to.
INCENDIO fire.
    segnale d'incendio fire alarm.
incertezza uncertainty.
incerto uncertain.
inchiesta inquiry.
inchiostro ink.
incidente, m. incident, accident.
incitare to incite.
INCLUDERE to include.
incluso included.
    tutto incluso everything included.
incoerente inconsistent.
incolto uneducated, uncultivated.
INCOMINCIARE to begin; to start.
    incominciando da questo momento starting
        from this moment; from this moment on.
incomparabile incomparable.
incompatibile incompatible.
incompatibilità incompatibility.
incompetente, m. incompetent (also adj.).
incompleto incomplete.
inconscio unconscious.
inconsolabilmente unconsolably.
incontentabile unsatisfiable, exacting.
INCONTRARE to meet.
INCONTRO meeting, encounter, match.
    un incontro sportivo a sports match.
    incontro al vertice summit.
incontro a, adv. towards, against.
    Andiamogli incontro. Let's go to meet him.

    Mi venne incontro. He came towards me.
inconveniente, m. inconvenience; (as adj.)
    inconvenient.
inconvenienza inconvenience.
INCORAGGIARE to encourage.
    incoraggiarsi to take courage.
incorniciare to frame.
incorrere to incur.
incosciente unconscious.
INCREDIBILE incredible.
incrociare to cross; to cruise; to meet.
incrocio crossroads.
incubo nightmare.
incuriosire to make curious; to entice.
indebitato indebted.
indebolire to weaken.
    La malattia lo ha indebolito molto. His illness
        has made him very weak.
indecisione, f. indecision.
indeciso undecided.
indefinito undefined.
indegno unworthy.
INDICARE to indicate; to point out.
    indicare la strada to show the way.
indicativo indicative.
INDICE, m. index finger; index.
INDIETRO back.
    tornare indietro to go back.
    volgere lo sguardo indietro to look back; to
        look over one's shoulder.
    Quest' orologio va indietro. This clock is
        slow.
indifferente indifferent.
    Mi è del tutto indifferente. I am completely
        indifferent to it.
indifferenza indifference, unconcern.
indigeno domestic, indigenous; (as noun) native.
indigestione indigestion.
indignato indignant.
indignazione, f. indignation.
indimenticabile unforgettable.
indipendente independent.
indipendentemente independently.
indipendenza independence.
indirettamente indirectly.
indiretto indirect.
INDIRIZZARE to address; to direct.
    Le sue parole erano indirizzate a tutti. His
        words were directed to everyone.
    Questa lettera non è indirizzata a me. This
        letter is not addressed to me.
indirizzo address.
indiscreto indiscreet.
indiscrezione, f. indiscretion.
individuo individual (also adj.).
indivisibile indivisible.
indizio symptom.
indole nature; character.

indolente *indolent.*
indolore *painless.*
indossare *to put on; to wear.*
INDOVINARE *to guess; to imagine.*
    Indovina un po'. *Just guess.*
    Non riesco ad indovinare. *I can't imagine.*
indovinello *enigma, riddle.*
indubbiamente *undoubtedly.*
indugio *delay.*
    Bisogna farlo senza indugio. *It must be done*
      without delay.
indulgenza *indulgence.*
INDUSTRIA *industry.*
industriale, m. *industrialist;* (as adj.) *industrial.*
industrioso *industrious.*
inesauribile *inexhaustible.*
inesplicabile *inexplicable.*
inevitabile *unavoidable.*
inezia *trifle.*
infallibile *infallible, unfailing.*
infame *infamous.*
infanzia *infancy.*
INFATTI *in fact; in reality.*
infedele *unfaithful.*
infedeltà *infidelity.*
infelice *unhappy.*
infelicità *unhappiness.*
inferiore *inferior.*
inferiorità *inferiority.*
    complesso d'inferiorità *inferiority complex.*
infermiera *nurse.*
infilare *to thread.*
INFINE *at last; after all.*
infinito *infinity;* (as adj.) *infinite.*
inflazione *inflation.*
infliggere *to inflict.*
influenzare *to influence.*
influire *to exert influence over.*
    Ha influito sulla mia decisione. *It influenced*
      my decision.
infondato *unfounded, groundless.*
    una paura infondata *a groundless fear.*
informare *to inform.*
    Mi ha informato dell'accaduto. *He told me*
      what happened.
informazione, f. *information.*
infrangere *to shatter; to break.*
INFUORI *out; outwards; outside of.*
    all'infuori di *except for.*
ingannare *to deceive.*
    Inganno il tempo leggendo. *I kill time*
      reading.
    Mi sono ingannato. *I was mistaken.*
inganno *deceit.*
    Mi ha tratto in inganno. *He deceived me.*
ingegnere, m. *engineer.*
ingegno *talent, intelligence.*
    una persona d'ingegno *a talented person.*

inghiottire *to swallow.*
inginocchiarsi *to kneel.*
INGIÙ *downwards, down.*
    guardare ingiù *to look down.*
ingiustizia *injustice.*
ingiusto *unjust, unfair.*
inglese *English* (also noun).
ingranaggio *gear.*
ingrassare *to become fat; to grease.*
ingratitudine, f. *ingratitude.*
INGRESSO *entrance, admittance.*
    porta d'ingresso *entrance door.*
    Ingresso Libero. *No charge for admittance.*
    Vietato l'Ingresso! *No Admittance!*
INGROSSO *wholesale.*
    vendere all'ingrosso *to sell wholesale.*
INIZIALE, m. *initial* (also adj.).
    spesa iniziale *initial outlay.*
iniziare *to start; to initiate.*
iniziativa *initiative.*
inizio *beginning.*
    dare inizio allo spettacolo *to begin the*
      performance.
    sin dall'inizio *from the beginning.*
innalzare *to raise.*
innamorare *to charm.*
    fare innamorare *to cause to fall in love.*
    innamorarsi *to fall in love.*
INNANZI *before.*
    innanzi tutto *first of all.*
inno *hymn.*
innocente *innocent.*
innocenza *innocence.*
inoltre *besides.*
inosservato *unobserved.*
inquieto *agitated, restless.*
inquietudine, f. *agitation, restlessness.*
insalata *salad.*
    insalata condita *salad with dressing.*
insanguinato *bloody.*
insaponare *to soap; to lather.*
INSEGNA *signboard, flag.*
    insegna luminosa *neon sign.*
insegnante *teacher,* m. & f.
insegnare *to teach.*
inseguire *to chase.*
insensato *senseless.*
insensibile *insensible.*
inseparabile *inseparable.*
insidia *snare, trap.*
INSIEME *together.*
    mettere tutto insieme *to gather; to put*
      everything together.
    nell'insieme *on the whole.*
    uscire insieme *to go out together.*
insignificante *insignificant.*
INSINUARE *to insinuate.*
    insinuarsi *to insinuate oneself.*

insistenza *insistence.*
INSISTERE *to insist.*
insoddisfatto *dissatisfied.*
insofferente *impatient.*
insolito *unusual.*
insolubile *insoluble.*
INSOMMA *in conclusion; in short; well.*
   Ma insomma, che cosa facciamo ora? *Well, what are we going to do now?*
insormontabile *unsurmountable.*
insonne *sleepless.*
insonnia *insomnia.*
insopportabile *unbearable.*
insperato *unhoped for.*
   una gioia insperata *an unhoped for joy.*
installare *to install.*
   Si è installato in casa mia. *He installed himself in my home.*
instancabile *untiring.*
INSÙ *up, upwards.*
   guardare insù *to look upward.*
   all'insù *upward.*
   andare su e giú *to go up and down.*
insudiciarsi *to become dirty.*
insufficiente *insufficient.*
insufficienza *insufficiency.*
insulare *insular*
insulso *insipid.*
insuperabile *insuperable.*
intagliare *to carve.*
   legno intagliato *carved wood.*
INTANTO *in the meanwhile; meanwhile.*
intatto *intact.*
integrale *integral.*
intelletto *intellect.*
   di scarso intelletto *of poor intellect.*
   una persona di grande intelletto *a person of great intellect.*
intellettuale, m. & f. *intellectual (also adj.).*
intelligente *intelligent.*
intelligenza *intelligence.*
INTENDERE *to intend; to hear; to understand.*
   Cerchiamo di intenderci. *Let's try to understand one another.*
   Che cosa intende dire? *What do you mean?*
   Non ho inteso bene. *I did not hear well.*
   Non intendo partire. *I do not intend to leave.*
intenerirsi *to become tender; to be moved to tears.*
intenso *intense.*
intenzione, f. *intention.*
   senza intenzione *unintentionally.*
   Non ne ho la minima intenzione. *I don't have the slightest intention.*
interamente *entirely.*
   Non sono interamente convinto. *I am not entirely convinced.*
interdire *to prohibit.*

interessante *interesting.*
interessare *to interest.*
interesse *interest.*
   tassa d'interesse *interest rate.*
   Non è nel mio interesse farlo. *It is not to my advantage to do it.*
interiezione *interjection; exclamation.*
interiore, m. *interior; internal.*
intermedio *intermediate.*
intermezzo *interval; interlude.*
interminabile *endless; interminable.*
internazionale *international.*
interno *interior, inside, internal.*
INTERO *entire, whole.*
   il mondo intero *the whole world.*
   per intero *wholly, entirely.*
interporre *to interpose.*
interpretare *to interpret.*
   interpretare male *to misinterpret; to misunderstand.*
interpretazione, f. *interpretation.*
interprete, m. *interpreter.*
interrogare *to question; to ask.*
interruzione, f. *interruption.*
interrompere *to interrupt.*
intervallo *interval.*
   l'intervallo fra un'atto e l'altro *between acts; intermission.*
intervista *interview.*
   fare un'intervista a *to interview someone.*
intervistare *to interview.*
intesa *agreement, understanding.*
   secondo la nostra intesa *according to our agreement.*
INTIERO *whole, entire.*
intimazione, f. *order, injunction.*
intimidire *to intimidate; to frighten.*
intimità *intimacy.*
   nell'intimità della propria famiglia *in the intimacy of one's own family.*
intimo *intimate.*
   un'amico intimo *an intimate friend.*
intitolare *to entitle.*
intollerabile *intolerable.*
intollerante *intolerant.*
intolleranza *intolerance.*
intonazione, f. *intonation.*
intorno *around.*
intossicare *to poison.*
intossicazione *poisoning.*
intraprendere *to undertake.*
   intraprendere un viaggio *to embark on a voyage.*
intrattenere *to entertain; to maintain.*
intrigo *plot.*
INTRODURRE *to get in; to put in; to show someone in.*
   introdurre la chiave nella serratura *to put the*

key in the lock.
Si è introdotto in casa mia con una scusa. *He got into my home with an excuse.*
intromettere *to interpose; to interfere with.*
introverso *introverted.*
intùito *intuition.*
inumano *inhuman.*
inumidire *to dampen.*
inutile *useless, unnecessary.*
invadente *pushing.*
invadere *to invade.*
invaghirsi *to fall in love.*
invariàbile *invariable.*
invariabilmente *invariably.*
invasione, f. *invasion.*
invecchiare *to grow old; to age.*
invece *instead.*
inventare *to invent.*
    inventare una scusa *to invent an excuse.*
inventore, m. *inventor.*
invenzione, f. *invention.*
invernale *winter.*
inverno *winter.*
inverosìmile *unlikely; improbable.*
inverso *inverted, inverse.*
invertire *to invert.*
investigare *to investigate; to inquire.*
investimento *investment.*
investire *to invest; to collide with; to run down.*
    investire di una carica *to appoint.*
    Fui investito da un'automobile. *I was run down by a car.*
inviare *to send.*
invidiare *to envy.*
INVÌO *shipment, mailing.*
    invìo di merci *shipment of merchandise.*
    l'invìo di posta *the forwarding of mail.*
invisìbile *invisible.*
invitare *to invite; to ask.*
INVITO *invitation.*
invocare *to invoke.*
    invocare aiuto *to seek help.*
involontàrio *involuntary.*
involto *parcel, package.*
invòlucro *cover; wrapping.*
inzuppare *to soak.*
IO *I.*
iòdio *iodine.*
    tintura di iodio *tincture of iodine.*
ipertensione *high blood pressure; hypertension.*
ipocrisìa *hypocrisy.*
ipoteca *mortgage.*
IRA *anger, rage.*
    con grande ira *with great anger.*
    Non posso sfogare la mia ira con nessuno. *I can't give vent to my anger with anyone.*
ironìa *irony.*

l'ironia della sorte *the irony of fate.*
irragionévole *unreasonable.*
irreale *unreal.*
irregolare *irregular.*
irreparàbile *irreparable.*
irresistìbile *irresistible.*
irrestringìbile *unshrinkable.*
irrigidire *to stiffen.*
irritare *to irritate.*
    irritarsi per nulla *to get angry over nothing.*
irritazione, f. *irritation.*
ISOLA *island.*
isolare *to isolate.*
isolato *block of houses.*
ispettore, m. *inspector.*
ispezionare *to inspect.*
ispezione, f. *inspection.*
ispirare *to inspire.*
ispirazione, f. *inspiration.*
ISTANTANEA *snapshot.*
istantàneo *instantaneous.*
istante, m. *instant.*
istigare *to instigate.*
istintivo *instinctive.*
istinto *instinct.*
    per istinto *instinctively.*
istituto *institute, institution.*
istituzione, f. *institution, establishment.*
istruire *to instruct; to teach.*
istruito *educated, learned.*
istruttore, m. *instructor.*
istruzione, f. *education.*
italiano *Italian,* noun & adj.

L

LA 1. *the* (f. sing.).
    2. *her, it, you,* personal pronoun obj. (f. sing., and polite form, sing.).
    Io la vedo spesso. *I see her often.*
    Vediamo la ragazza sta sera? Sì, la vediamo. *Do we see the girl tonight? Yes, we see her.*
LÀ *there* (adv.).
LABBRO (labbra, f. pl) *lip.*
    labbro inferiore *lower lip.*
    labbro superiore *upper lip.*
    pendo dalle sue labbra. *I hang on her words.*
labirinto *labyrinth; maze.*
laboratòrio *laboratory.*
laborioso *laborous.*
laccio *string, knot.*
lacerare *to tear; to rend.*
lacrima *tear.*
    scoppiare in lacrime *to burst out into tears.*
ladro *thief.*

LAGGIÙ *down there; there below.*
LAGO *lake.*
laguna *lagoon.*
laico *layman; secular.*
lama (lametta) *blade.*
   lama di rasoio *razor blade.*
lamentare *to lament; to regret.*
LAMPADA *lamp.*
lampadario *chandelier.*
lampadina *small lamp.*
   lampadina elettrica *electric bulb:*
   lampadina tascabile *flashlight.*
lampeggiare *to lament; to regret.*
lampo *lightning flash.*
   in un lampo *in flash.*
lampone *raspberry.*
LANA *wool.*
   vestito di lana *woolen suit.*
lanciare *to hurl.*
languire *to languish.*
languore, m. *languor.*
lanterna *lantern.*
   lanterna magica *magic lantern.*
larghezza *width, breadth.*
   di questa larghezza *this wide.*
LARGO *wide, broad, large.*
   cercare in lungo ed in largo *to seek far and*
   wide.
   su larga scala *on a big scale.*
   Fate largo! *Make room!*
LASCIARE *to leave; to quit; to let.*
   Ho lasciato detto che sarei tornato alle tre. *I*
   left a message saying I would be back at
   three.
   Lasciami stare! *Leave me alone!*
   Mi ha lasciato una fortuna. *He left me a*
   fortune.
   Ti lascio per sempre. *I'm leaving you forever.*
LASSÙ *up; up there.*
   lassù in cima alla montagna *up there at the*
   top of the mountain.
   Guarda lassù. *Look up there.*
latino *Latin.*
latitante *fugitive.*
lato *side.*
latta *tin.*
lattaio *milkman.*
LATTE, m. *milk.*
latterìa *diary.*
lattuga *lettuce.*
laurea *degree.*
lavaggio *washing, cleansing.*
lavagna *slate, blackboard.*
LAVARE *to wash.*
   lavarsi *to wash oneself.*
lavastoviglie *dishwasher.*
lavatrice *washing machine.*
lavorare *to work.*

lavoratore, m. *workman, worker.*
lavoratrice,, f. *workwoman.*
lavorazione *manufacture; cultivation.*
   lavorazione a maglia *knitting.*
lavoro *work, job.*
   lavori domestici *housework.*
   lavori forzati *hard labor.*
   lavoro drammatico *play.*
   lavoro eccessivo *overwork.*
LE 1. *the* (f. pl.).
   2. *them; you* (pl. polite); *to you* (sing. polite);
   her, to her.
leale *loyal.*
lealtà *loyalty.*
leccare *to lick.*
lecito *lawful.*
lega *league.*
legale *legal, lawful.*
legare *to tie; to bind.*
   essere legato da un affetto profondo *to have a*
   deep affection.
legatura *binding.*
LEGGE, f. *law.*
   approvare una legge *to pass a law.*
   fuori legge *outlaw.*
   invocare una legge *to invoke a law.*
leggenda *legend.*
   La leggenda vuole ... *The legend is ...*
leggere *to read.*
LEGGERO *light.*
   un peso leggero *a lightweight (boxer).*
   Egli prende le cose alla leggera. *He takes*
   matters lightly.
legislazione, f. *legislation.*
legittimità *legitimacy.*
legittimo *legitimate.*
   legittima difesa *self-defense.*
legno *wood.*
   fatto di legno *made of wood.*
legume, m. *vegetable.*
LEI 1. *you* (sing. pol.).
   2. *her; to her.*
   Noi diamo il libro a lei. *We give her the book.*
lentamente *slowly.*
lentezza *slowness; tardiness.*
LENTO *slow.*
lenzuolo; lenzuola, f. pl. *sheet.*
   cambiare le lenzuola ai letti. *to change the*
   bed sheets.
leone, m. *lion.*
   la parte del leone *the lion's share.*
lepre, m. & f. *hare.*
lesbica *lesbian.*
lesto *nimble, quick.*
lesso *boiled meat.*
LETTERA *letter.*
   alla lettera *literally.*
   lettera di presentazione *letter of introduction.*

lettera maiuscola *capital letter.*
lettera minuscola *small letter.*
lettera raccomandata *registered letter.*

letterario *literary.*

letteratura *literature.*

LETTO *bed.*
letto a due piazze *double bed.*
stanza da letto *bedroom.*

lettura *reading.*

LEVARE *to remove; to take off.*
farsi levare un dente *to have a tooth pulled.*
levare l'incomodo *to take one's leave.*
levarsi al mattino *to rise in the morning.*

lezione, f. *lesson.*
dare lezioni di pianoforte *to give piano lessons.*
dare una lezione a *to give a lesson to.*

LÌ adv. *there.*
Lì per lì non ho saputo cosa rispondere. *At that very moment I didn't know what to answer.*
Metti tutto lì! *Put everything there.*
Stavo lì lì per farlo. *I was just about to do it.*
È lì sotto. *It is under there.*
Fermo lì! *Stop!*

LI *them.*
Li vedo benissimo. *I see them clearly.*

libbra *pound.*

liberale *liberal.*

liberare *to free; to liberate.*
liberarsi *to free oneself.*
Mi sono liberata da una seccatura. I *got rid of a nuisance.*

libero *free.*

libertà *freedom, liberty.*

libraio *bookseller.*

libreria *bookshop.*

libretto *booklet.*
libretto degli assegni *checkbook.*

libro *book.*

licenza *license.*
essere in licenza *to be on leave.*

licenziare *to dismiss; to fire (from a job).*
Mi sono licenziato. *I resigned. I quit my job.*

liceo *secondary school.*

lido *seashore, beach.*

lieto *happy.*
Molto lieto di conoscervi. *Pleased to meet you.*

lieve *light.*

lievito *yeast.*

lima *file.*

limitare *to limit.*
Se è limitato a un sol bicchiere di vino. *He limited himself to one glass of wine.*

limite, m. *limit, bound.*
giungere al limite delle proprie forze *to reach the end of one's rope.*

È arrivato al limite della sua pazienza. *He has reached the end of his patience.*

limonata *lemonade.*

limone, m. *lemon.*
succo di limone *lemon juice.*

limpido *clear, transparent; pure.*

linea *line.*
in linea diretta *in direct line.*
mettersi in linea *to get in line.*
Linea Aerea *Airline.*
Linea Ferroviaria *Railway Line.*

LINGUA *tongue; language; idiom.*
essere sulla lingua di tutti *to be a topic for gossip.*
lingua madre *native tongue.*
lingue straniere *foreign languages.*
parlare bene una lingua *to speak a language well.*
Il suo nome è sulla punta della mia lingua. *His name is on the tip of my tongue.*

linguaggio *language, speech.*

lino *linen.*
una tovaglia di lino *a linen towel.*

liquido *liquid.*
aver denaro liquido *to have ready cash.*

liquore, m. *liquor.*

lirica *lyric.*

lista *menu, list.*

litigare *to quarrel; to argue.*

litorale *coast.*

livello *level.*

LO 1. *the* (m. sing.).
2. *him, it,* direct obj. pronoun (m. sing.).
lo lo chiamo. *I call him.*
lo lo leggo. *I read it.*

locale *local.*

locazione *lease.*

locomotiva *locomotive.*

lodare *to praise.*
Sia lodato il cielo! *Heaven be praised!*

logica *logic.*

logico *logical.*
la soluzione logica *the logical solution.*

lontano *distant, far.*

lordo *dirty, gross.*
prodotto interno lordo (PIL)*domestic gross product.*

LORO 1. *they; you* (pl. polite), personal pronoun subj.
2. *them; to them; you; to you,* personal pronoun obj. Vi parlo loro francamente. *I am speaking to you frankly.*
3. *their, theirs; your, yours* (pl. polite) possessive (undeclinable).
Also, il loro; la loro; i loro; le loro.
la loro penna *their pen.*

lotta *struggle; wrestling, fight.*

LOTTARE *to struggle; to fight.*

lottare contro le avversità *to struggle against adversity.*
lucidare *to shine; to sparkle.*
LUCE, f. *light.*
    accendere la luce *to turn on the light.*
    alla luce del sole *in the sunlight.*
    luce elettrica *electric light.*
    spegnere la luce *to turn off the light.*
    venire alla luce *to come to light.*
luglio *July.*
lui *he.*
lume, m. *light, lamp.*
luminoso *luminous.*
luna *moon.*
lunedì *Monday.*
lunghezza *length.*
LUNGO *long, along.*
    a lungo *for a long time.*
    a lungo andare *in the long run.*
    girare in lungo ed in largo *to wander far and wide.*
    lungo la riva del fiume *along the riverbank.*
    lungo un piede *one foot long.*
    lungo un metro *one meter long.*
    La cosa va per le lunghe. *This matter is taking a long time.*
luogo *place.*
lupo *wolf.*
lusinga *enticement, flattery.*
lusso *luxury.*
    di lusso *luxurious, deluxe.*
    Non mi posso permettere il lusso di comprarlo. *I can't permit myself the luxury of buying it.*
lussuoso *luxurious.*
lustrare *to polish.*
    farsi lustrare le scarpe *get one's shoes shined.*
lutto *mourning.*

M

MA *but, still, however.*
macchia *spot, stain.*
macchiare *to spot; to stain.*
MACCHINA *machine, engine.*
    macchina da cucire *sewing machine.*
    macchina da scrivere *typewriter.*
    macchina fotografica *camera.*
macedonia *fruit salad.*
macellaio *butcher.*
macelleria *butchershop.*
macello *slaughter.*
macinare *to grind.*
MADRE, f. *mother.*
madrelingua *native language.*
madreperla *mother of pearl, nacre.*

maestà *majesty.*
maestro *teacher.*
magazzino *warehouse.*
maggio *May.*
maggioranza *majority.*
MAGGIORE *greater, larger, major.*
    di maggior importanza *of greater importance.*
    fratello maggiore *older brother.*
    la maggior parte *the major part.*
    maggiore d'età *majority (age).*
    stato maggiore *general staff.*
    causa di forza maggiore *a case of absolute necessity.*
maggiorenne, m. & f. *of full age.*
magistrato *magistrate, judge.*
maglia *stitch, underwear, sweater.*
    lavoro a maglia *knitting.*
magnetòfono *tape recorder.*
magnificenza *magnificence.*
magnifico *magnificent.*
MAGRO *thin, lean.*
MAI *never.*
    caso mai *in case.*
    mai e poi mai *never never.*
    mai più *never again.*
    quando mai *not at all.*
    Non si sa mai. *You never can tell.*
    Come mai? *How come?*
    Meglio tardi che mai. *Better late than never.*
maiale, m. *pig, pork.*
maiuscola *capital.*
    lettera maiuscola *capital letter.*
malamente *badly.*
MALATO *ill.*
MALATTÌA *illness.*
    essere colto da malattia improvvisa *to become suddenly ill.*
MALE m. *evil, harm.*
    andare a male *to spoil.*
    di male in peggio *from bad to worse.*
    far male *to harm; to hurt.*
    il minore di due mali *the lesser of two evils.*
    mal d'orecchio *earache.*
    mal d'amore *love sickness.*
    mal di mare *seasickness.*
    non c'è male *not too bad.*
    Che male fa? *What harm does it do? What harm is there?*
MALE adv. *badly.*
    capir male *to misunderstand.*
    meno male *so much the better.*
    parlar male di *to speak ill of.*
    star male di salute *to be in poor health.*
    comportarsi male *to behave badly.*
    rimanere male *to feel hurt.*
    trattar male *to mistreat.*
    È rimasto male. *He was disappointed.*

Gli affari vanno male. *Business is poor.*
maledetto *cursed, damned.*
maleducato *ill-bred.*
malessere *malaise; uneasiness.*
MALGRADO *in spite of; notwithstanding.*
    mio malgrado *against my will.*
    Malgrado la pioggia siamo usciti. *We went out, the rain notwithstanding.*
    Si è alzato malgrado il divieto del dottore. *He got up in spite of the doctor's wishes.*
mafia *charm, enchantment.*
malinconia *melancholy.*
malincuore *unwillingly, reluctantly.*
malinteso *misunderstanding.*
malizia *malice, cunning.*
malizioso *malicious, cunning.*
malsano *unhealthy.*
MALTEMPO *bad weather.*
maltrattare *to ill-treat.*
malvagio *wicked.*
malumore *ill-humor.*
mamma *mother.*
MANCANZA *want, lack.*
    in mancanza di meglio *for lack of something better.*
    sentire la mancanza *to miss.*
    una grave mancanza *a serious fault.*
MANCARE *to want; to lack; to be absent.*
    Egli manca da casa. *He is away from home.*
    Essi hanno mancato *They did wrong.*
    Manca del denaro dalla cassaforte. *Some money is missing from the safe.*
    Mancano cinque minuti alle nove. *It is five minutes to nine.*
    Mancano di tutto. *They lack everything.*
    È mancato all'improviso. *He passed away suddenly.*
mancia *tip.*
mancino *left-handed.*
mandare *to send.*
mandorla *almond.*
mandria *herd.*
maneggiare *to handle; to manage.*
MANGIARE *to eat.*
    mangiare con gusto *to eat heartily.*
    mangiarsi il cuore *to eat one's heart out.*
mangiare fuori *to dine out.*
mania *mania; fad; hobby.*
MANICA *sleeve.*
    in maniche di camicia *in shirt sleeves.*
    essere di manica larga *to be generous.*
manico *handle.*
    aver il coltello dalla parte del manico *to hold the knife by the handle.*
maniera *manner, way.*
    in questa maniera *this way.*
    in una maniera o nell'altra *in one way or the other.*

manifattura *manufacture.*
manifatturiero *manufacturer.*
manifestare *to manifest.*
maniglia *handle.*
    maniglia della porta *door handle.*
MANO, f. *hand.*
    a portata di mano *handy.*
    cambiar di mano *to change hands.*
    dare una mano *to lend a hand.*
    fatto a mano *handmade.*
    fuori mano *out of the way.*
    lavarsi le mani *to wash one's hands.*
    star con le mani in mano *to idle.*
    stretta di mano *handshake.*
    venire alle mani *to come to blows.*
manovra *maneuver.*
mantello *coat, robe.*
MANTENERE *to keep; to maintain.*
    mantenere la parola *to keep one's word.*
    mantenere una famiglia *to support a family.*
    mantenersi calmo *to keep calm.*
    mantenersi in contatto con *to keep in contact with.*
    mantenersi in vita *to stay alive.*
manuale *manual, handbook.*
manutenzione *maintenance.*
manzo *steer.*
    bollito di manzo *boiled beef.*
mappa *map; plan.*
marca *mark, sign; brand.*
marcia *march.*
marciapiede *sidewalk.*
marciare *to march.*
marcire *to rot; to decay.*
MARE, m. *sea.*
    in alto mare *on the high seas.*
    mal di mare *seasickness.*
marèa *tide.*
    alta marèa *high tide.*
    bassa marèa *low tide.*
margherita *daisy.*
margine, m. *margin.*
marina *navy.*
marinaio *sailor.*
marino *marine.*
marionetta *puppet, marionette.*
marito *husband.*
marmellata *marmalade, jam.*
marmo *marble.*
marrone *brown, chestnut.*
martedì *Tuesday.*
    martedì prossimo *next Tuesday.*
    martedì scorso *last Tuesday.*
martello *hammer.*
marzo *March.*
mascella *jaw.*
maschera *mask.*
mascherare *to mask.*

mascherarsi *to disguise oneself.*
maschile *masculine, male.*
   di genere maschile *of masculine gender.*
   di sesso maschile *of male sex.*
maschio, noun *male, boy.*
MASCHIO *manly, virile.*
massa *mass, heap.*
massacro *massacre.*
massaggio *massage.*
massaia *housewife.*
massiccio *massive; solid.*
MASSIMO *greatest.*
   al massimo *at best.*
   arrivare al massimo della gioia *to reach a peak of happiness.*
   peso massimo *heavyweight (boxer).*
masticare *to chew.*
   masticare le parole *to mumble.*
matematica *mathematics.*
materasso *mattress.*
materia *matter, substance.*
materiale, m. *material (also adj.).*
materno *maternal.*
matita *pencil.*
MATRIMONIO *marriage.*
MATTINA *morning.*
matto *mad, crazy.*
   È diventato matto. *He went mad.*
   Questo bambino mi fa diventare matta. *This child drives me crazy.*
   Vado matto per la musica. *I'm crazy about music.*
   Ho una voglia matta di... *I am dying for...*
mattone, m. *brick.*
mattonella *tile.*
maturazione *ripening.*
maturità *maturity.*
maturo *mature, ripe.*
   una mela matura *a ripe apple.*
   un'uomo maturo *an aged man.*
mausoleo *mausoleum.*
mazzo *bunch.*
   mazzo di chiavi *bunch of keys.*
   mazzo di fiori *bunch of flowers.*
   mazzo di carte *pack of cards.*
ME *me.*
meccanico *mechanic; (as adj.) mechanical.*
medaglia *medal.*
   il rovescio della medaglia *the reverse of the medal.*
medesimo *same, alike.*
   Portiamo la medesima misura. *We wear the same size.*
   Siamo del medisimo parere. *We have the same opinion.*
media *average.*
   una media di *an average of.*
mediante *by means of.*

medicare *to medicate.*
medicina *medicine.*
MEDICO *physician.*
   medico chirurgo *surgeon.*
medievale *medieval.*
MEDIO *middle, medium.*
   di media età *middle-aged.*
   dito medio *middle finger.*
   Appartiene alla classe media. *He belongs to the middle class.*
   Medio Evo *Middle Ages.*
mediocre *mediocre.*
meditare *to meditate.*
meditazione, f. *meditation.*
MEGLIO *better.*
   di bene in meglio *better and better.*
   quanto c'è di meglio *the best there is.*
   sentirsi meglio *to feel better.*
   Ci ho pensato meglio. *I thought it over.*
   Sarebbe meglio partire ora. *It would be better to leave now.*
MELA *apple.*
melanzana *eggplant.*
melodia *melody.*
melodramma *opera; melodrama.*
membro *limb, member;* **membra,** f. pl. *limbs.*
   aver le membra stanche *to be tired.*
   membro onorario *honorary member.*
membri, m. pl. *members.*
memorabile *memorable.*
memoria *memory.*
   imparare a memoria *to memorize.*
   Ho buona memoria. *I have a good memory.*
menare *to lead.*
MENO *less.*
   a meno che *unless.*
   fare a meno di *to do without.*
   meno gente *fewer people.*
   più o meno *more or less.*
   venir meno ad una promessa *to break a promise.*
   Cinque meno tre fanno due. *Five minus three makes two.*
   In men che non si dica, tornato. *He came back in no time at all.*
   Sono le sette meno dieci. *It's ten minutes to seven.*
   Sono meno stanca di te. *I am less tired than you.*
mensile, m. *monthly wage; (as adj.) monthly.*
mensilmente *once a month.*
menta *mint, peppermint.*
mentale *mental.*
   alienazione mentale *insanity.*
MENTE, f. *mind.*
   aver in mente di *to intend.*
   malato di mente *mentally ill.*
   mente sana in corpo sano *sound mind in*

sound body.

tenere a mente *to remember.*

Ho un progetto in mente. *I have a project in mind.*

Un pensiero mi è venuto in mente. *A thought occurred to me.*

passare uscire di mente *to forget.*

mentire *to lie.*

mento *chin.*

MENTRE *while, instead.*

Mi ha detto che sarebbe venuto qui, mentre invece è andato da Maria. *He said he was coming here, but instead he went to Mary's.*

Non m'interrompere mentre sto parlando. *Don't interrupt while I'm speaking.*

menu m. *menu.*

menzionare *to mention.*

menzogna *falsehood, untruth, lie.*

meraviglia *wonder, amazement.*

mercante, m. *merchant.*

fare orecchio da mercante *to turn deaf ears.*

mercato *market.*

merce, f. *goods, merchandise.*

mercoledì *Wednesday.*

meridione *south.*

meridionale *southern.*

meritare *to deserve.*

merito *merit, worth.*

rendere merito a *to give credit to.*

una persona di grandi meriti *a person of great merit.*

merletto *lace.*

mescolare *to mix.*

MESE *month.*

il mese in corso *the current month.*

il mese passato *last month.*

il mese scorso *last month.*

il mese che viene *next month.*

il mese entrante *next month.*

il mese prossimo *next month.*

messa *mass.*

messa solenne *solemn mass.*

messaggero *messenger.*

messaggio *message.*

mestiere, m. *trade.*

ognuno al suo mestiere *each to his own trade.*

Non faccio questo mestiere. *This is not my trade.*

Qual'è il suo mestiere? *What is your trade?*

meta *goal.*

METÀ *half.*

a metà paga *at half pay.*

a metà prezzo *at half price.*

a metà strada *halfway.*

dividere a metà *to divide in half.*

fare metà per uno *to give each half.*

metodicamente *methodically.*

mètodo *method.*

metro *meter* = 39.37 in.

metropolitana *subway.*

METTERE *to put; to place.*

mettere fine a *to put an end to.*

mettere le cose a posto *to put things in order.*

mettere in libertà *to set free.*

mettere in moto *to set in motion.*

mettere in ordine *to tidy.*

mettersi a *to put oneself to; to begin.*

mezzanotte *midnight.*

mezzo, noun *means.*

con mezzi limitati *with limited means.*

per mezzo di *by means of.*

MEZZO *half.*

in mezzo a *in the midst of.*

mezz'ora *half an hour.*

un'ora e mezza *one hour and a half.*

mezzogiorno *noon.*

MI *me; to me.*

Mi dai quel libro per piacere? *Will you please give me that book?*

Mi scrivono. *They write to me.*

Mi senti? *Do you hear me?*

mica *not at all.*

microbe *microbe.*

micròfono *microphone.*

miele, m. *honey.*

migliaio *thousand.*

migliàia di persone *thousands of people.*

miglio *mile.*

migliorare *to better; to improve.*

migliore *better.*

milionario *millionaire.*

milione, m. *million.*

militare, m. *soldier.*

MILLE *thousand.*

duemila *two thousand.*

minacciare *to threaten.*

minaccioso *menacing, threatening.*

minerale *mineral.*

minestra *soup.*

miniera *mine.*

minimo *minimum.*

il minimo che si possa fare *the least that can be done.*

paga minima *lowest pay.*

ridurre ai minimi termini *to reduce to the lowest terms.*

un minimo di *a minimum of.*

ministero *ministry.*

ministro *minister.*

minoranza *minority.*

minore *less, lesser, minor.*

minore d'età *younger.*

sorella minore *younger sister.*

minorenne, m. & f. *minor;* (as adj.) *underage.*

minuscolo *small, tiny.*

minuto *minute.*
  Attenda un minuto. *Wait a minute.*
  Sono le cinque e dieci minuti. *It's ten minutes past five.*
MIO, mia; miei m. pl.; **mie** f. pl;
  il mio; la mia; i miei; le mie *my, mine.*
  Questo è il mio libro. *This is my book.*
  Mia zia è arrivata. *My aunt has arrived.*
miope *nearsighted.*
mira *sight.*
  prendere di mira *to aim at.*
miracolo *miracle.*
mirare *to stare at; to aim at.*
miscuglio *mixture.*
miserabile *miserable.*
miserabilmente *miserably.*
misèria *misery, poverty.*
misericordia *mercy.*
mistero *mystery.*
mistura *mixture.*
misura *measure.*
  prendere delle misure *to take measures.*
  predere le misure *to take measurements.*
  passare la misure *to exceed the limit.*
misurare *to measure.*
mite *mild.*
  clima mite *temperate climate.*
  un carattere mite *a mild character.*
mitragliatrice, f. *machine gun.*
mobile *movable, mobile.*
mobilia *furniture.*
mobilità *mobility.*
mobilitazione, f. *mobilization.*
moda *fashion.*
  essere di moda *to be in fashion.*
  sfilata di moda *fashion show.*
  alta moda *haute couture.*
modella *model.*
modello *pattern, model.*
  essere un modello di virtù *to be a model of virtue.*
moderare *to moderate.*
  moderare i termini *to keep a civil tongue.*
  moderarsi *to moderate oneself.*
moderazione, f. *moderation.*
moderno *modern.*
modèstia *modesty.*
modesto *modest.*
MODO *way, manner.*
  a mio modo di vedere *according to my way of thinking.*
  in qualche modo *somehow.*
  a modo mio *my way.*
  per modo di dire *for example.*
  in ogni modo *in any case.*
  in questo modo *this way; in this manner.*
  Non è modo d'agire. *That's no way to act.*
modulo *form, blank.*

  riempire un modulo *to fill out a form.*
MOGLIE *wife.*
  chiedere in moglie *to ask in marriage.*
mole, f. *bulk.*
molle *soft.*
mollette, f. pl. *tongs.*
mollica *crumb.*
  molliche di pane *crumbs of bread.*
moltiplicare *to multiply.*
MOLTO *much;* **molti** *many.*
  molte persone *many people.*
  molti amici *many friends.*
molto, adv. *very.*
  Ho molto lavoro da fare. *I have much work to do.*
  Molto bene! *Very good!*
  Sono molto stanco. *I am very tired.*
momento *moment.*
  da un momento all'altro *any minute.*
  in questo momento *right now.*
  qualche momento fa *a moment ago.*
monaca *nun.*
monarca, m. *monarch.*
monastero *monastery.*
mondano *worldly.*
mondiale *worldwide.*
MONDO *world.*
  andare all'altro mondo *to die.*
  caschi il mondo *come what may.*
  mettere al mondo *to give birth to.*
  venire al mondo *to be born.*
  in capo al mondo *to the ends of the world.*
moneta *coin.*
  moneta d'argento *silver coin.*
  moneta d'oro *gold coin.*
  L'ho pagato colla stessa moneta. *paid him in his own coin.*
  Non ha moneta. *She (he) has no change.*
monologo *monologue.*
monotonìa *monotony.*
monotono *monotonous.*
montagna *mountain.*
montare *to go up; to ascend.*
monte, m. *mount, mountain.*
  Il matrimonio è andato a monte. *The wedding was called off.*
monte di pietà *pawnbroker.*
monumento *monument, memorial.*
morale *moral.*
morale, m. *morale.*
  Sono un po' giù di morale. *I'm low in spirits.*
morale, f *moral, morals.*
morbido *soft.*
mordere *to bite.*
morente *dying.*
morire *to die.*
mormorare *to murmur.*
mormorìo *murmur, murmuring.*

morsicare to bite.
morso bite.
mortale mortal.
mortalità mortality.
mortalmente mortally.
    ferito mortalmente mortally wounded.
morte, f. death.
morto dead.
mosca fly.
mossa movement, gesture.
mostra exhibition.
MOSTRARE to show; to display.
    mostrare coraggio to display courage.
    mostrare i denti to bare one's teeth.
    Cerca di mostrarti più allegra. Try to appear
       more cheerful.
    Mi devi mostrare come si fa. You must show
       me how it's done.
motivare to motivate.
motivo motive, reason, tune.
    Non c'è motivo di farlo. There is no reason to
       do it.
moto motion, impulse.
    di moto proprio of one's own volition,
       spontaneously.
    essere sempre in moto to be constantly on the
       move.
    mettere in moto l'automobile to start the car.
motocicletta motorcycle.
motore, m. motor, engine.
movimento movement.
mucca cow.
mucchio heap, pile.
    Ho un mucchio di corrispondenza da
       sbrigare. I've a heap of correspondence to
       attend to.
muffa mold, mustiness.
mulino mill.
mulo mule.
multa fine (penalty).
municipale muncipal.
municipalità municipality.
municipio municipality.
    palazzo del municipio town hall.
muovere to move.
mura, f. pl. walls.
muscolare muscular.
muscolo muscle.
musèo museum.
muratore mason, bricklayer.
muro wall.
musica music.
musicale musical.
musicista musician.
mutande, f. pl. shorts (men's), briefs.
mutandine, f. pl. panties.
mutare to change.
muto mute.

    sordo-muto deaf-mute.
mutuo mutual.

N

nanna sleep (of child)
    fare la nanna to sleep
napoletano Neapolitan (also noun).
narice, f. nostril.
narrare to narrate; to tell.
NASCERE to be born; to originate.
    far nascere dei sospetti to give rise to
       suspicion.
    nascere con la camicia to be born with a
       silver spoon in one's mouth.
    nascere morto to be stillborn.
    Non so come sia nato questo malinteso. I
       don't know how this misunderstanding
       originated.
nàscita birth.
    certificato di nascita birth certificate.
    controllo delle nascite birth control.
NASCONDERE to hide; to conceal.
    nascondere la verità to conceal the truth.
    nascondersi to hide oneself.
    Il gattino si è nascosto sotto il letto. The
       pussycat hid under the bed.
nascosto hidden.
NASO nose.
    arricciare il naso to turn one's nose up at.
    soffiarsi il naso to blow one's nose.
nastro ribbon.
    nastro adesivo adhesive tape.
    nastro dottilografico typewriter ribbon.
natale native.
    città natale native city.
NATALE Christmas.
    la vigilia di Natale Christmas Eve.
    Buon Natale! Merry Christmas.
nativo native, noun & adj.
nato child.
    primo nato firstborn.
natura nature.
naturale natural.
naturalezza naturalness.
    con naturalezza without affectation.
naturalmente naturally; of course.
    Naturalmente! Naturally!
navale naval.
navata aisle, nave.
NAVE, f. ship.
    a mezzo nave by ship.
    nave a vapore steamship.
    nave da carico cargo ship.
    nave da guerra warship.
    nave mercantile merchant ship.

navigare *to navigate.*
navigazione, f. *navigation.*
nazionale *national.*
nazionalità *nationality.*
nazionalizzare *to nationalize.*
nazione, f. *nation.*
    Nazioni Unite. *United Nations.*
NE 1. *of him; about him; of her; about her; of it;*
    about it; of them; about them.
    2. *from there.*
    Noi ne parliamo spesso. *We often speak of*
        him (of her, of them, of it).
    Ne siamo felici. *We are glad of it.*
    Ne sono appena tornato. *I've just returned*
        from there.
NE, conj. *neither, nor.*
    Non desidero ne l'uno ne l'altro. *I wish*
        neither one nor the other.
NEANCHE *not even; not either.*
    Non l'ho neanche visto. *I didn't even see him.*
    Se tu non esci, non esco neanch'io. *If you*
        don't go out, I won't go out either.
nebbia *fog.*
necessariamente *necessarily.*
necessario *necessary.*
negare *to deny.*
negativa *negative* (snapshot).
    dare una negativa a qualcuno *to deny.*
negativo *negative.*
negazione, f. *negation.*
negligenza *negligence.*
negoziante *merchant; dealer.*
negoziare *to negotiate; to transact business.*
negoziazione, f. *negotiation.*
negozio *shop.*
negro *Black.*
nemico *enemy.*
nemmeno *not even.* See neanche.
neonato *infant, newborn.*
NEPPURE *see* neanche.
nero *black.*
    Mar Nero *Black Sea.*
    d'umore nero *in a dark humor.*
nervo *nerve.*
nervoso *nervous.*
    sistema nervoso *nervous system.*
NESSUNO *nobody; no one; no; anyone.*
    in nessun modo *in no way.*
    È venuto nessuno? *Did anyone come?*
    Non c'è nessuno. *There is no one here.*
neutrale *neutral.*
neutro *neutral.*
neve, f. *snow.*
nevicare *to snow.*
    Nevica. *It's snowing.*
nevrotico *neurotic.*
nido *nest.*
NIENTE *nothing.*

Non c'è niente da fare. *Nothing can be done*
    about it.
Di niente, si figuri. *You're welcome.*
Non posso farci niente. *I can do nothing*
    about it.
Non fa niente. *It doesn't matter.*
nipote, m. *nephew, grandson.*
nipote, f. *niece, granddaughter.*
nitidezza *clearness.*
nitido *neat, clear.*
NO *no.*
    rispondere di no *to answer no.*
    Non sa dir no. *He can't refuse.*
nobile *noble.*
nobiltà *nobility.*
nocciola *hazelnut.*
nocciolo *stone, pit.*
    il nocciolo della questione *the very point in*
        question.
noce, f. *walnut.*
nocivo *harmful; noxious.*
nodo *knot.*
    avere un nodo alla gola *to have a lump in*
        one's throat.
    fare un nodo *to make a knot.*
NOI *we.*
    noi stessi *ourselves.*
noia *weariness, boredom.*
noioso *tedious, boring.*
noleggiare *to hire.*
NOME, m. *name, noun.*
    chiamare per nome *to call by name.*
    nome comune *common noun.*
    nome di famiglia *family name.*
nomina *appointment.*
nominare *to mention; to appoint.*
    Fu nominato ambasciatore. *He was*
        appointed ambassador.
    Ti nominiamo spesso. *We mention you often.*
NON *not.*
    Non ne voglio. *I don't want any.*
    Non ti sento. *I don't hear you.*
nonna *grandmother.*
nonno *grandfather.*
nono *ninth.*
nonostante *nevertheless.*
NORD, m. *north.*
    nord-est *northeast.*
    nord-ovest *northwest.*
    viaggiare verso nord *to travel north.*
    America del Nord *North America.*
norma *rule; norm.*
    a norma di legge *according to law.*
normale *normal.*
normalmente *normally.*
nostalgia *nostalgia; homesickness.*
NOSTRO, -a, -i, -e (il nostro; la nostra; i
    nostri; le nostre) *our, ours.*

il nostro amico *our friend.*
la nostra casa *our home.*
i nostri genitori *our parents.*
le nostre camere *our rooms.*

nota *note.*
   degno di nota *noteworthy.*
   prendere nota di *to take note of.*

NOTARE *to note; to notice.*
   farsi notare *to make oneself conspicuous.*
   far notare *to point out.*
   Hai notato come Maria si è invecchiata? *Did you notice how Mary has aged?*

notevole *remarkable, considerable.*
notificare *to notify.*
NOTIZIA *news.*
   le ultime notizie *the latest news.*
   Fammi avere tue notizie. *Let me have news of you.*
   Non ho notizie di te da molto tempo. *I haven't heard from you in a long time.*

noto *known; well known.*
   Il suo nome è noto a tutti. *Everyone knows his name.*
   Egli è una figura nota nel mondo politico. *He is a well known figure in political circles.*

notorietà *notoriety; fame.*
NOTTE, f. *night.*
   a notte inoltrata *in the middle of the night.*
   camicia da notte *nightgown.*
   di notte *at night.*
   mezzanotte *midnight.*

notturno *nocturnal.*
novanta *ninety.*
novantesimo *ninetieth.*
nove *nine.*
   nove volte su dieci *nine times out of ten.*
novecento *nine hundred.*
novella *short story; tale.*
novembre *November.*
novità *novelty; latest news.*
   una novità assoluta *an absolute novelty.*
   Avete sentito la novità? *Have you heard the latest?*

nozione, f. *notion.*
nozze, f. pl. *wedding.*
nube, f. *cloud.*
nubile *unmarried; single (of a woman).*
nucleare *nuclear.*
   energia nucleare *nuclear energy.*
   reactor nucleare *nuclear reactor.*
nudo *naked, bare.*
   a piedi nudi *barefooted.*
   grande abbastanza da vedersi a occhio nudo *large enough to see with the naked eye.*
nulla see *niente.*
nullo *null, void.*
numerare *to number.*
numero *number.*

numero dispari *odd number.*
numero pari *even number.*

numeroso *numerous.*
nuocere *to harm.*
nuora *daughter-in-law.*
nuotare *to swim.*
   nuotare nell'abbondanza *to be well off.*
nuoto *swimming.*
   gara di nuoto *swim race.*
nuovo *new.*
   di nuovo *again.*
nutrimento *nourishment.*
nutrire *to nourish.*
   nutrire un grande affetto per qualcuno *to feel affectionate towards someone.*
   nutrire rancore *to bear a grudge.*
   Non nutro fiducia in questa impresa. *I have no faith in this enterprise.*
   Si dovrebbe nutrire meglio. *He should have better nourishment.*
nutrizione, f. *nutrition, nourishment.*
nuvola *cloud.*
   una nuvola di fumo *a cloud of smoke.*
   È sempre fra le nuvole. *He's always in the clouds.*
nuvoloso *cloudy.*
nuziale *nuptial.*
   marcia nuziale *wedding march.*
   velo nuziale *bridal veil.*

O

o, od *or.*
   o uno o l'altro *either one or the other.*
   Mi sei amico o nemico? *Are you friend or foe?*
   Scegli questo o quello. *Choose one or the other.*
obbediente *obedient.*
obbedienza *obedience.*
obbedire *to obey.*
obbiettivo *aim, purpose, goal; objective.*
obbligare *to obligate; to compel.*
   Nessuno ti obbliga a pagare. *No one compels you to pay.*
   Sono obbligato a licenziarti. *I am compelled to fire you.*
obbligato *obliged, indebted.*
   Le sono molto obbligato. *I am much obliged to you.*
obbligazione, f. *obligation, bond.*
obbligo *obligation.*
obiettare *to object.*
obiettivo *objective.*
obiezione, f. *objection.*
oblìo *forgetfulness.*

obliquo *oblique, indirect.*
obsolèto *obsolete.*
oca *goose.*
occasionale *occasional.*
occasionalmente *occasionally; by chance.*
occasione, f. *occasion, opportunity.*
    cogliere l'occasione *to take the opportunity.*
occhiali, m. pl. *eyeglasses.*
occhiata *glance.*
    dare un'occhiata a *to give a glance to.*
occhiello *buttonhole.*
OCCHIO *eye.*
    agli occhi del mondo *in the eyes of the world.*
    strizzar l'occhio *to wink.*
    a perdita d'occhio *as far as the eye can see.*
    dare nell'occhio *to attract attention.*
    guardare con occhio benigno *to look kindly on.*
    tener d'occhio *to keep one's eye on.*
    a occhio nudo *with the naked eye.*
    fare gli occhi dolci a qualcuno *to make eyes at someone.*
occidentale *western;* (as noun) *westerner.*
occidente, m. *west.*
occorrenza *occurrence.*
occorrere *to happen; to be necessary; to occur.*
occupare *to occupy.*
    Il mio tempo è occupato in altre cose. *My time is taken up by other things.*
    Lei ha occupato il mio posto. *You have occupied my seat.*
    Me ne occupo io. *I'll take care of it.*
    Occupo il mio tempo studiando l'italiano. *I spend my time studying Italian.*
occupato *engaged, occupied, busy.*
    Sono molto occupato questa sera. *I'm very busy this evening.*
    La linea telefonica é occupata. *The phone line is busy.*
occupazione, f. *occupation, employment.*
ocèano *ocean.*
odiare *to hate.*
odierno *of today.*
odio *hatred.*
odioso *hateful.*
odorare *to smell.*
odore, m. *smell.*
offendere *to offend.*
offensivo *offensive.*
offensore, m. *offender.*
offerta *offer, offering.*
    Ha respinto la mia offerta di denaro. *He refused my offer of money.*
offesa *offense.*
    recare offesa a *to give offense to.*
officina *workshop.*
offrire *to offer.*
offuscare *to obscure; to darken.*

oggettivo *objective.*
oggettivamente *objectively.*
oggetto *object.*
OGGI *today.*
    da oggi in poi *from today on.*
    in data d'oggi *bearing today's date.*
    rimandare dall'oggi al domani *to put off from day to day.*
OGNI *every, each.*
    ogni settimana *every week.*
    Danne uno ad ogni persona presente. *Give one to each person present.*
OGNUNO *everyone, each one.*
    Ognuno di noi è libero di fare ciò che vuole. *Each of us is free to do as he wishes.*
olio *oil.*
    olio d'oliva *olive oil.*
    olio di fegato di merluzzo *cod-liver oil.*
oliva *olive.*
olocausto *holocaust, sacrifice.*
oltraggio *outrage.*
oltraggiosamente *outrageously.*
oltraggioso *opprobrious.*
OLTRE *beside, beyond.*
    andare oltre i limiti *to go beyond the limits.*
    oltre mare *overseas.*
    Gli ho dato dieci dollari, oltre i cinque che gli avevo già dato. *I gave him ten dollars, besides the five I had already given him.*
omaggio *homage, presentation.*
OMBRA *shadow, shade.*
    all'ombra di un' albero *in the shade of a tree.*
    senza l'ombra di dubbio *without a shadow of a doubt.*
omicidio *murder.*
ombrello *umbrella.*
omettere *to omit.*
    Il mio nome è stato omesso dalla lista degli invitati. *My name was omitted from the guest list.*
omosessuale *homosexual.*
oncia *ounce.*
oncologia *oncology.*
onda *wave.*
    andare in onda *to be broadcasted.*
ondata *a wave, surge.*
    un'ondata di freddo *a cold spell.*
ondulare *to wave.*
    farsi ondulare i capelli *to have one's hair waved.*
ondulazione, f. *waving, undulation.*
onere *burden.*
onesto *honest.*
onorabilità *honorability.*
onorabilmente *honorably.*
onorare *to honor.*
onorario *honorary;* (as noun, pl.) *wages, fee.*
onorato *honored.*

onore, m. *honor.*

    aver l'onore di chiedere *to have the honor to request.*

    fare onore ai propri impegni *to meet one's obligations.*

    in onore di *in honor of.*

    parola d'onore *word of honor.*

    a onor del vero *to tell the truth.*

onorevole *honorable.*

opaco *opaque.*

opera *opera, work.*

    fare un'opera buona *to do a kind deed.*

    mano d'opera *labor.*

    teatro d'opera *opera house.*

    cantante d'opera *opera singer.*

    un'opera d'arte *a work of art.*

    opera letteraria *literary work.*

operàio *laborer.*

operare *to work.*

    farsi operare *to undergo surgery.*

    Egli opera per il bene di tutti. *He is working for the good of all.*

operazione, f. *operation.*

opinione, f. *opinion.*

    cambiare opinione *to change one's mind.*

    opinione pubblica *public opinion.*

opponente, m. *opponent;* (as adj.) *opposing.*

opporre *to oppose.*

    opporre resistenza *to resist.*

    opporre un rifiuto *to refuse.*

    opporsi ad un'idea *to oppose an idea; to declare oneself against an idea.*

opportunista *opportunist.*

opportunità *opportunity, opportuneness.*

    Non mi diede l'opportunità di vederlo. *He didn't give me the opportunity of seeing him.*

    Non ne vedo l'opportunità *I can't see that it is opportune.*

    cogliere l'opportunità *to seize the opportunity.*

opportuno *opportune.*

    Questo é il momento opportuno. *This is the right time.*

opposizione, f. *opposition.*

opposto *opposite, facing.*

oppressione, f. *oppression.*

oppressivo *oppressive, overwhelming.*

oppressore *oppressor.*

opprimere *to oppress.*

OPPURE *or else.*

opuscolo *pamphlet.*

opzione *option, choice.*

ORA *hour.*

    fra un'ora *in an hour.*

    le ore lavorative *working hours.*

    ogni ora del giorno *every hour of the day.*

    Che ora è? *What time is it?*

    È ora d'andare a casa. *It's time to go home.*

ORA *now.*

    d' ora in poi *from now on.*

    fino ad ora *up until now.*

    ora e per sempre *once and for all.*

    per ora *for the moment.*

    ora di punta *rush hour.*

orafo *goldsmith.*

orale *oral.*

orario *timetable.*

    arrivare in orario *to arrive on time.*

orario, adj. *per hour.*

    una velocità oraria di trenta chilometri *a speed of thirty kilometers per hour.*

oratore, m. *orator.*

orchestra *orchestra.*

    direttore d'orchestra *conductor.*

ordinamento *regulation.*

    ordinamento giuridico *legal sytem.*

ordinare *to order.*

    Ha altro da ordinare? *Have you any further orders?*

    Mi ha ordinato di fare questo lavoro. *He ordered me to do this work.*

    Vuole ordinare la colazione? *Do you wish to order breakfast?*

ordinario *ordinary.*

ordinato *orderly.*

ordinazione *order; arrangement; prescription (medicine).*

ordine, m. *order.*

    di prim'ordine *first-rate.*

    fino a nuovo ordine *till a change in orders occurs.*

    mettere in ordine alfabetico *to put in alphabetical order.*

    mettere in ordine una camera *to set a room to rights.*

    ordini e contr'ordini *orders and counter-orders.*

    per ordine cronologico *in chronological order.*

orecchino *earring.*

ORECCHIO *ear.*

    entrare da un orecchio e uscire dall'altro *to go in one ear and out the other.*

    essere tutto orecchi *to be all ears.*

    fare orecchio da mercante *to make believe one doesn't hear.*

    mal d'orecchi *earache.*

    prestare orecchio *to lend an ear.*

    Non ha orecchio per la musica. *He has no ear for music.*

orefice *jeweler.*

oreficeria *goldsmith's, or jeweler's shop.*

organismo *organism.*

organizzare *to organize.*

organo *organ.*

orgoglio *pride.*

orgoglioso *proud.*

orientale *Eastern, Oriental.*

oriente, m. *orient, east.*
  l'estremo Oriente *the Far East.*
  il Medio Oriente *the Middle East.*

orientar(si) *to orient oneself.*

originale *original.*

originalità *originality.*

origine, f. *origin.*
  dare origine a *to give rise to.*
  di dubbia origine *of dubious origin.*
  di origine italiana *of Italian descent.*
  di umile origine *of humble origin.*
  Come ebbe origine il dissidio? *How did the
    dissension originate?*
  di origine incerta *of uncertain orgin.*

orizzontale *horizontal.*

orizzonte, m. *horizon.*

orlo *border, edge, hem.*

orma *footprint, footmark.*
  Egli segue le orme di suo padre. *He is
    following in his father's footsteps.*

ORMAI *now; by now; by this time.*
  Ormai tutto è a posto. *Now everything is in
    order.*
  Sarà già partito ormai. *He has probably
    already left by this time.*

ornamento *ornament.*

ornare *to adorn; to decorate.*

ORO *gold.*
  oro a diciotto carati *eighteen-carat gold.*
  oro zecchino *pure gold.*
  riccioli d'oro *golden ringlets.*
  Vale tant'oro quanto pesa. *Ii is worth its
    weight in gold.*
  Non è tutt' oro quel che luccica. *All that
    glitters is not gold.*
  Non lo farei per tutto l'oro del mondo. *I would
    not do it for all the money in the world.*

orologiàio *watchmaker.*

orologio *watch.*
  caricare l'orologio *to wind the watch.*
  Che ora fa il tuo orologio? *What time is it by
    your watch?*
  Il mio orologio fa le quattro e dieci.
    *According to my watch, it is ten minutes
    past four.*
  Quest' orologio va avanti venti minuti al
    giorno. *This watch gains twenty minutes
    a day.*

orribile *horrible.*

orribilmente *horribly.*

orrore, m. *horror.*
  Mi fa orrore. *It horrifies me.*
  Quel vestito é un orrore. *That dress is awful.*

orso *bear.*

ortaggio *vegetable.*

orto *vegetable garden.*

ortodosso *orthodox.*

ortografia *spelling.*

ortopedico. *orthopedics.*

OSARE *to dare.*
  Come osi fare una cosa simile? *How dare you
    do such a thing?*
  Non oso chiederlo. *I don't dare ask.*
  Sarebbe osare troppo. *That would be going
    too far.*

osceno *obscene, indecent.*

OSCURARE *to darken; to obscure.*
  Il cielo si è improvvisamente oscurato. *The
    sky darkened suddenly.*
  Mi si sta oscurando la vista. *My sight is
    growing dim.*

oscurità *darkness, obscurity.*
  l'oscurità di una notte senza stelle *the
    darkness of a starless night.*

ospedale, m. *hospital.*

ospitale *hospitable.*

ospitalità *hospitality.*

ospite, m. & f. *guest, host, hostess.*
  È stata mia ospite per le vacanze estive. *She
    was my guest during the summer
    holidays.*
  È un'ospite gradito. *He is a welcome guest.*
  I miei ospiti mi hanno gentilmente invitato a
    tornare a casa loro la settimana prossima.
    *My hosts have very kindly invited me to
    return to their home next week.*

osservare *to observe; to notice.*

osservazione, f. *observation, remark.*
  Egli ha fatto un'osservazione fuori posto. *He
    made an uncalled-for remark.*

ossigeno *oxygen.*

OSSO (ossa f. pl.) *bone.*
  in carne e ossa *in the flesh.*
  Ho freddo fino alle ossa. *I'm frozen to the
    bone.*
  Mi sento tutte le ossa rotte. *I'm all aches and
    pains.*
  Si è rotto l'osso del collo. *He broke his neck.*

ostacolare *to hinder.*
  ostacolare il cammino di qualcuno *to hinder
    someone's progress.*

ostacolo *obstacle.*
  un ostacolo insormontabile *an
    insurmountable obstacle.*

oste, m. *host, tavern-keeper.*

osteria *tavern; inn.*

ostile *hostile.*
  forze ostili *hostile forces.*
  assumere un atteggiamento ostile *to have a
    hostile attitude.*

ostilità *hostility.*

ostinato *obstinate.*

ostinazione, f. *obstinacy.*

ostrica *oyster.*
ostruire *to obstruct; to hinder.*
ostruzione, f. *obstruction.*
ottanta *eighty.*
ottantesimo *eightieth.*
ottavo *eighth.*
ottenere *to obtain.*
    ottenere il permesso *to obtain permission.*
ottico *optician.*
    fibre ottiche *fiber optics.*
ottimismo *optimism;* (as adj.) *optimistic.*
ottimista, m. *optimist.*
ottimo *excellent.*
otto *eight.*
    oggi a otto *a week from today.*
ottobre *October.*
ottocento *eight hundred.*
    nell' Ottocento *in the nineteenth century.*
ottone, m. *brass.*
    ottoni *brass instruments.*
ovale, m *oval* (also adj.).
ovatta *wadding.*
ovazione, f. *ovation.*
OVEST, m. *west.*
    ad ovest *to the west.*
OVUNQUE *anywhere, everywhere.*
    Stiamo cercando ovunque. *We are looking everywhere.*
    Ti seguirò ovunque. *I'll follow you anywhere.*
ovviamente *obviously.*
ovvio *obvious.*
ozio *idleness.*
    Verrò a trovarti durante le mie ore d'ozio. *I'll come to see you during my leisure hours.*
ozioso *idle, lazy.*

P

pacchetto *packet.*
    un pacchetto di sigarette *a pack of cigarettes.*
PACCO *package, parcel.*
    spedire come pacco postale *to send by parcel post.*
PACE, f. *peace.*
    fare la pace col nemico *to make peace with the enemy.*
    giudice di pace *justice of the peace.*
    lasciare in pace *to leave alone.*
    mettere il cuore in pace *to set one's mind at rest.*
    trattato di pace *peace treaty.*
    Voglio stare in pace. *I want to live in peace.*
pacificare *to pacify; to appease.*
pacifico *peaceful, pacific.*
Pacifico *Pacific.*
pacifista *pacifist.*

padella *frying pan.*
    cadere dalla padella alla brace *to fall out of the frying pan into the fire.*
PADRE *father.*
    il Santo Padre *the Holy Father.*
padrona *owner, mistress.*
    padrona di casa *landlady.*
PADRONE, m. *landlord, owner.*
    essere padrone della situazione *to have the situation well in hand.*
    essere padrone di se *to have self-control.*
    Sono padrone di fare quello che mi pare e piace. *I am free to do as I choose.*
paesaggio *landscape.*
PAESE, m. *country; land; small town.*
    gente di paese *countryfolk.*
    il paese dell' abbondanza *the land of plenty.*
    paese di montagna *mountain village.*
    paese natìo *native land; native town.*
    Mi ha mandato a quel paese. *He sent me to the devil.*
    Paese che vai, usanza che trovi. *To each country its own customs.*
    Siamo del medesimo paese. *We are from the same country.*
paga *pay.*
    riscuotere la paga *to collect one's pay.*
pagamento *payment.*
    pagamento a rate *payment in installments.*
    pagamento in contanti *cash payment.*
PAGARE *to pay.*
    da pagarsi alla consegna *C.O.D.*
    Quanto mi fa pagare? *How much will you charge me?*
pagato *paid.*
PAGINA *page.*
    a piè di pagina *at the foot of the page.*
paglia *straw.*
pagliaccio *clown.*
PAIO (PAIA, f. pl.) *pair.*
    tre paia di guanti *three pairs of gloves.*
    un paio di scarpe *a pair of shoes.*
palato *palate.*
palazzo *palace.*
    palazzo municipale *City Hall.*
palco *scaffold, platform, box (theater).*
palcoscenico *stage.*
palesare *to disclose; to reveal.*
palestra *gymnasium.*
palla *ball.*
pallidezza *paleness; pallor.*
pallido *pale.*
pallone, m. *balloon.*
pallore *paleness, pallor.*
palma *palm.*
    Domenica delle Palme *Palm Sunday.*
palmo *palm (of the hand).*
palo *pole.*

palo telegrafico *telegraph pole.*
saltare di palo in frasca *to stray from the point.*

palpebra *eyelid.*

palpitare *to throb.*

palude, f. *marsh.*

panca *bench; long seat.*

panchina *garden bench; low platform.*

pancia *stomach, belly.*

PANE, m *bread.*
pane fresco *fresh bread.*
pane quotidiano *daily bread.*
pane integrale *wholegrain bread.*
rendere pan per focaccia *to give tit for tat.*

panetterìa *bakery shop.*

panettiere, m. *baker.*

panettone *"pane Hone" (Milanese cake).*

panificio *bakery.*

pànfilo *yacht.*

panforte *gingerbread. (Sienese cake).*

pànico *panic.*

paniere, m. *basket.*
rompere le uova nel paniere *to upset one's applecart.*

panificio *bakery.*

panino *roll.*
panino imbottito (panino ripieno) *sandwich.*

panna *cream.*

pannello *panel.*

PANNO *cloth, clothes.*
panno di lana *woolen cloth.*
Non vorrei essere nei tuoi panni. *I wouldn't want to be in your shoes.*

pannocchia *spike; corn-cob.*

pannolino *diaper.*

panorama, m *panorama.*

PANTALONI, m. pl. *trousers.*
pantaloni rigati *striped trousers.*
pantaloni alla zuava *knickerbockers.*

pantofola *slipper.*

papà *dad, father.*

Papa *Pope.*

papavero *poppy.*

pappagallo *parrot.*

parabrezza *windshield.*

paracadute, m *parachute.*

paradiso *paradise; heaven.*

parafulmine, m. *lightning rod.*

paraggì *vicinity; neighborhood.*

paragonare *to compare.*

paragone, m. *comparison.*
Non c'è paragone. *There's no comparison.*

paragrafo *paragraph.*

paralisi, f. *paralysis.*

paralizzare *to paralyze.*
Mi si è paralizzato il braccio. *My arm has become paralyzed.*

parallelo *parallel (also adj.).*

parata *parade.*

paraurti *bumper.*

paravento *screen, wind-screen.*

parcheggiare *to park.*

PARCHEGGIO *parking lot.*
Vietato il parcheggio! *No Parking.*

parco *park.*

parecchio *a good deal of; a good many; several.*
essere in parecchi *to be several.*
C'erano parecchie persone. *There were a good many people.*
L'ho visto parecchio tempo fa. *I saw him a long time ago.*

pareggiare *to equalize; to balance (budget).*

PARENTE, m. & f. *relative, kinsman.*
Parenti più stretti *next of kin.*
Egli è senza parenti. *He is without kin.*
parenti acquisiti *in-laws.*

parentela *relationship, relatives.*

parentesi, f. *parenthesis.*
fra parentesi *in parenthesis;* (fig.) *by the way.*

PARERE *to seem.*
A quanto pare ... *It seems ...*
Mi pare di sì. *I think so.*
Mi pare di no. *I think not.*
Pare che sia una buona donna. *She seems to be a good woman.*
Ti pare? *Do you think so?*

Parere, m. *opinion, advice, judgment.*
cambiar parere *to change one's opinion.*
Il mio parere è giusto. *My judgment is correct.*
Sono del parere che ... *I am of the opinion that ...*
a parere mio *in my opinion.*

PARETE, f. *wall.*
Questo quadro va appeso alla parete. *This picture is to be hung on the wall.*

PARI *equal, even, same.*
numeri pari *even numbers.*
Cammina di pari passo con me. *He walks with even pace with me.*
È arrivato in pari tempo. *He arrived at the same time.*
Siamo pari. *We are even.*

PARI, noun, m. & f. *peer, equal, par.*
sotto la pari *below par.*
Roma non ha pari. *Rome has no equal.*
Sono i pari del Regno Unito. *They are the peers of the United Kingdom.*
a pari condizioni; *under the same condition.*

parità *parity, equality.*
a parità di fatti *all things being equal.*

parlamento *Parliament.*
Egli è membro del parlamento. *He is a member of Parliament.*

PARLARE *to speak.*
parlare bene *to speak well.*

parlar male di *to speak ill of.*

Di che parlate? *What are you speaking of?*

La signora ha fatto parlare di se. *The lady has caused much talk.*

Non se ne parli più. *Let us talk no more about it.*

Parliamo di politica! *Let us talk of politics!*

Qui si parla francese. *French is spoken here.*

parmigiano *Parmesan.*

   parmigiano reggiano *Parmesan cheese.*

PAROLA *word.*

   Chiedo la parola. *I ask to speak.*

   Do la mia parola. *I give my word.*

   È venuto meno alla parola data. *He broke his word.*

   S'è rimangiato le parole. *He ate his words.*

   È un gioco di parole. *It is a pun.*

   Mi fu tolta la parola. *I was not permitted to speak.*

   Non ho parole. *I have no words.*

   Rivolgo la parola ti. *I am addressing you.*

parrucca *wig.*

parrucchiere, m. *hairdresser, barber.*

PARTE, f. *part, side, place.*

   d'altra parte *on the other hand; on the other side.*

   da parte mia *from my point of view; from me.*

   da questa parte *on this side; this way.*

   la parte del leone *the lion's share.*

   parte per parte *bit by bit.*

   questa parte del corpo *this part of the body.*

   È un caso a parte. *It is a particular case (a thing apart).*

   Ha recitato la parte di Otello. *He played the part of Othello.*

   Ha messo i libri da parte. *He put the books aside.*

   Ha preso la mia parte. *He took my part.*

   Ognuno avrà la sua parte. *Each will have his share.*

partecipare *to participate.*

PARTENZA *departure, starting, sailing.*

   Ecco il segnale di partenza. *Here is the starting signal.*

   La mia partenza fu ritardata. *My departure was delayed.*

   La partenza del piroscafo è fissata per le tre. *The sailing of the ship is set for three.*

particolare *particular, peculiar, special;* (also m. noun) *detail.*

   Ogni particolare è corretto. *It is correct in every detail.*

particolarmente *particularly, in particular.*

PARTIRE *to depart; to set sail; to leave.*

   a partire da *beginning from.*

   A che ora bisogna partire? *At what time must we leave?*

PARTITA *game, match.*

una partita a scacchi *a game of chess.*

La partita è chiusa. *The question is settled.*

Questa è la partita decisiva. *This is the deciding game.*

PARTITO *party (political).*

   il partito del lavoro *the labor party.*

   Appartiene al partito d'opposizione. *He belongs to the opposition party.*

   prendere un partito *to make up one's mind.*

parto *childbirth.*

partorire *to give birth to; to deliver; to produce.*

parziale *partial.*

parzialità *partiality.*

parzialmente *partially.*

pascolo *meadow; pasture.*

Pasqua *Easter.*

   giorno di Pasqua *Easter day.*

   vacanze di Pasqua *Easter holidays.*

   vigilia di Pasqua *Easter eve.*

passaggio *passage.*

passaporto *passport.*

   Mettete il visto sul vostro passaporto. *Have your passport stamped.*

PASSARE *to pass.*

   passare attraverso *to pass through.*

   passare il peso *to be overweight.*

   passare per la biblioteca *to stop by the library.*

   passare un esame *to pass an exam.*

   È passato per italiano. *They mistook him for an Italian.*

   M'è passato di mente. *It slipped my mind.*

   Non passate i limiti. *Do not overstep the bounds.*

   Passate, per favore! *Pass through, please.*

   Passiamoci sopra. *Let us dismiss it.*

PASSATO *past; a past time.*

   Conosco il suo passato. *I know his (her) past.*

   Ha messo una pietra sopra il passato. *He let bygones be bygones.*

   Il passato non si può cancellare.*The past cannot be erased.*

PASSEGGERO *passenger, traveler.*

PASSEGGERO, adj. *transient, passing.*

   È un malessere passeggero. *It is a passing discomfort.*

PASSEGGIARE *to walk.*

passeggiata *walk, ride.*

passeggio *walk.*

   Andiamo a passeggio. *Let's go for a walk.*

passerella *gangway; runway.*

passero *sparrow.*

passione, f. *passion.*

passivo *passive.*

PASSO *step.*

   passo per passo *step by step.*

   Bisogna fare passi lunghi. *We must take long steps.*

Essi camminano di pari passo. *They walk at the same pace.*

Non bisogna fare il passo più lungo della gamba. *We must not be overambitious.*

Rallentiamo il passo. *Let us slacken our pace.*

Torniamo sui nostri passi. *Let us retrace our steps.*

PASTA *dough, pasta, pastry.*

pasticceria *pastry shop; candy store.*

pasticcino *cookie.*

pasticcio *pie; bungling piece of work; difficulty.*

Non voglio mettermi in un pasticcio. *I don't wish to put myself in a difficult position.*

Questo è un pasticcio. *This is a mess.*

PASTO *meal.*

pasti compresi *meals included.*

È un buon vino da pasto. *It is a good table wine.*

Ho fatto un buon pasto. *I had a good meal.*

PATATA *potato.*

patate lesse *boiled potatoes.*

spirito di patata *poor humor* (colloq.).

patente, f. *patent, diploma, driver's license.*

Ha preso la patente. *He got his license.*

paternità *paternity; fatherhood.*

paterno *paternal, fatherly.*

Son tornato alla mia casa paterna. *I returned to my father's home.*

patetico *pathetic.*

patire *to suffer.*

PATRIA *native country.*

amor di patria *love of mother country.*

ritornare in patria *to go back to one's country.*

patrimonio *heritage; estate.*

patriota, m. *patriot.*

patriottismo *patriotism.*

pattinaggio *skating.*

pattinare *to skate.*

pattino *skate.*

pattino a rotelle *roller-skate.*

PATTO *agreement, term.*

a nessun patto *on no condition; by no means.*

a patto che *on condition that.*

il Patto Atlantico *the Atlantic Pact.*

Facciamo patti chiari. *Let us make clear terms.*

Sono venuti a patti. *They came to terms.*

pattumiera *garbage can, dust-bin.*

PAURA *fear, dread, terror, fright.*

aver paura *to be afraid of.*

pausa *pause, rest.*

PAVIMENTO *pavement, floor.*

paziente (adj.) *patient, forbearing;* (noun) *patient in hospital.*

PAZIENZA *patience.*

mettere a prova la pazienza *to try the patience.*

Abbia pazienza! *Have patience!*

Non perdere la pazienza. *Do not lose your patience.*

Santa Pazienza! *God give me patience!*

pazzo *insane, crazy;* (as noun) *madman.*

peccato *sin.*

Che peccato! *What a pity!*

pecora *sheep.*

peculiare *peculiar.*

pedale, m. *pedal.*

pedata *kick.*

pedone, m. *pedestrian.*

PEGGIO *worse, worst.*

alla peggio *at the worst.*

Il peggio è che ... *The worst of it is ...*

Va di male in peggio. *It goes from bad to worse.*

peggiore *worse, worst.*

È il peggiore di tutti. *It is the worst of all.*

pelare *to peel; to strip; to fleece.*

S'è fatto pelare. *He allowed himself to be fleeced.*

PELLE, f. *skin, rind, leather.*

rischiare la pelle *to risk one's skin.*

salvarsi la pelle *to save one's skin.*

Gli hanno fatto la pelle. *They killed (skinned,* colloq.) *him.*

È pelle lucida. *It is patent leather.*

Ha la pelle dura. *He has a thick skin.*

Sono guanti di pelle. *They are kid gloves.*

pelliccia *fur.*

foderato di pelliccia *lined with fur.*

pellicola *film.*

pelo *hair, nap.*

PENA *penalty, punishment; anxiety, pity.*

a mala pena *hardly, scarcely.*

Mi fa pena. *I pity him.*

Vale la pena. *It is worth the trouble.*

pendere *to hang; to hang down; to lean.*

Pende dalle sue labbra. *He hangs on her words.*

pendìo *the slant; the slope.*

Scende il pendìo. *He goes down the slope.*

PENETRARE *to penetrate; to get into; to enter.*

penisola *peninsula.*

penitenza *penance, penitence.*

Fa penitenza per i suoi peccati. *He is doing penance for his sins.*

PENNA *pen, feather, quill.*

Non sa tenere la penna in mano. *He does not know how to write.*

Mette le penne. *He is growing his feathers.*

pennello *paint brush.*

penoso *painful, difficult.*

PENSARE *to think.*

Pensa agli affari tuoi. *Mind your own business.*

Ripensaci. *Think it over.*

PENSIERO *thought, care.*

È sopra pensiero. *He is worried.*

Ha molti pensieri. *He has many worries.*

Muta pensiero facilmente. *He changes his mind easily.*

Non ti dar pensiero. *Don't worry about it.*

Sta in pensiero per qualche cosa. *He is worrying about something.*

pensionato *retired.*

PENSIONE, f. *pension; boarding house.*

Quanto si paga per la pensione completa? *How much does one pay for room and board?*

pensoso *thoughtful; pensive.*

pentimento *repentance.*

pentir(si) *to repent; to regret.*

pentola *pot, kettle.*

penultimo *penultimate; last but one.*

pepe, m. *pepper.*

È pieno di pepe. *He is full of ginger.*

peperone *pepper.*

PER *for; by; through; on account of; owing to; to.*

cinque per cento. *five per cent.*

per piacere *please.*

per lettera *by correspondence.*

una volta e per sempre *once and for all.*

È partita per Roma. *She left for Rome.*

L'ho fatto per te. *I did it for you.*

Lo mando per posta. *I send it by mail.*

Sarò lì per la fine del mese. *I will be there by the end of the month.*

pera *pear.*

percentuale, f. *percentage.*

percepire *to receive; to get.*

PERCHÈ *why; because; for; as; that; in order that; (as noun) reason.*

Non sa il perchè. *He doesn't know the reason.*

Perchè no? *Why not?*

Senza un perchè *without any reason.*

perciò *therefore, so.*

percorrere *to travel.*

percorso *route.*

PERDERE *to lose; to miss.*

perdere il treno *to miss the train.*

perdere terreno *to lose ground.*

perdersi *to lose one's self; to be spoiled; to go to ruin.*

perdita *loss, waste.*

PERDONARE *to forgive; to pardon; to excuse.*

È un male che non perdona. *It's an incurable disease.*

Perdonate il disturbo. *Excuse the trouble I'm giving.*

PERDONO *forgiveness, pardon.*

Le chiedo perdono. *I ask your forgiveness.*

perduto *lost, ruined, undone.*

perenne *perennial.*

perfetto *perfect.*

PERFEZIONE, f. *perfection, faultlessness.*

Ha raggiunto la perfezione. *He has reached perfection.*

perfino *even.*

PERICOLO *danger.*

Si trova in pericolo di vita. *He is in danger of losing his life.*

pericoloso *dangerous.*

periodico *magazine, periodical.*

periodo *period.*

perla *pearl.*

È una perla di marito. *He is the best of husbands.*

grigioperla *pearl-gray.*

permanenza, f. *permanence, stay.*

in permanenza *permanently.*

una lunga permanenza *a long stay.*

PERMESSO *permission, leave, permit, license.*

col vostro permesso *with your permission.*

È permesso. *May I come in?*

permesso di lavoro *work permit.*

permettere *to permit; to allow; to suffer.*

permettersi *to allow oneself; to take the liberty.*

pernottare *to stay overnight.*

PERÒ *but, nevertheless, yet, still.*

perossido *peroxide.*

perseguire *to pursue; to continue.*

perseguitare *to persecute; to harass.*

persistere *to persist.*

PERSONA *person.*

La signora è l'eleganza in persona. *The lady is the personification of elegance.*

Lo conosco di persona. *I know him personally.*

personaggio *character (in a play).*

personale *personal; (as noun, masc.) the staff.*

opinione personale *personal opinion.*

ufficio del personale *personnel department.*

personalità *personality.*

PERSUADERE *to persuade.*

pertinente *pertinent.*

pervenire *to reach*

perversione *perversion*

pesante *heavy.*

PESARE *to weigh.*

Mi pesa sulla coscienza. *It weighs on my conscience.*

Peso le mie parole. *I weigh my words.*

pesca *fishing.*

pesca della balena *whale-fishing.*

andare a pesca *to go fishing.*

pesca *peach.*

pescare *to fish; to find out.*

Cerco di pescare il significato. *I am trying to find the meaning.*

pescatore, m. *fisherman.*

PESCE, m. *fish.*

Non è nè carne nè pesce. *He is neither fish*

nor fowl.

Non so che pesce pigliare. *I don't know which way to turn.*

peso *weight.*

pessimo *awful.*

petalo *petal.*

petrolio *oil.*

pettegolare *to gossip.*

pettegolo *gossip, tattler.*

pettinare *to comb.*

pettine, m. *comb.*

petto *breast, chest.*

Ha un bimbo al petto. *She has a child at her breast.*

giacca a doppio-petto *double-breasted jacket.*

PEZZO *piece.*

È tutto di un pezzo. *It's all in one piece.*

L'aspetto da un pezzo. *I've been awaiting him for some time.*

Lo faccio a pezzi. *I'll break it to pieces.*

PIACERE, m. *pleasure.*

a piacere vostro *as you like it.*

Fammi il piacere ... *Do me the kindness ...*

Per piacere. *Please.*

Non ho il piacere di conoscerlo. *I don't have the pleasure of his acquaintance.*

PIACERE *to like; to be agreeable.*

Non mi piace. *I do not like it.*

Piace alle masse. *It is liked by the masses.*

pianeta *planet.*

PIANGERE *to cry; to weep.*

Mi piange il cuore. *My heart cries.*

Piange la morte del suo amico. *He mourns the death of his friend.*

PIANO, noun *piano, plane, plan, floor.*

È un piano orizzontale. *It is an horizontal plane.*

Questo è il mio piano. *This is my plan.*

Sono al secondo piano. *I am on the third floor.*

PIANO, adj. *flat, slow.*

PIANO, adv. *slowly; in a low voice, softly.*

pianoforte, m. *piano.*

pianta *plant.*

piantare *to plant; to place; to leave, quit, or abandon.*

Ci piantò *He left us.*

pianterreno *ground-floor.*

pianto *weeping, crying.*

pianura *plain.*

piastrella *tile.*

piattaforma *platform.*

piattino *saucer.*

piatto *plate;* (as adj.) *flat.*

PIAZZA *square.*

piazza del mercato *marketplace.*

Ha fatto piazza pulita. *He cleared everything*

away.

Ha messo tutto in piazza. *He made everything public.*

picche, f. *spade (playing cards).*

picchiare *to beat; to strike.*

PICCOLO *little, small;* (as noun) *little boy.*

da piccolo *as a child.*

PIEDE, m. *foot.*

prendere piede *to gain ground.*

Sto in piedi. *I will stand.*

Tiene il piede in due staffe. *He keeps in with both sides.*

Vado a piedi. *I will walk there.*

Vado a piedi nudi. *I go barefoot.*

piega *fold; crease.*

piegare *to fold; to bow; to bend.*

piego *folder.*

pieno *full.*

in pieno inverno *in the heart of winter.*

pieno fino all' orlo *full to the brim.*

PIETÀ *mercy, pity, piety, devotion.*

pietanza *dish of food; course.*

pietra *stone.*

pigione, f. *rent.*

pigliare *to take; to catch.*

pigrizia *laziness.*

pigro *lazy.*

pila *pile, battery.*

pillola *pill.*

pilota *pilot.*

pineta *pinewood.*

pinze, f. pl. *tongs.*

pioggia *rain.*

piombatura *filling.*

piombo *lead.*

PIOVERE *to rain.*

Piove a dirotto. *It is raining heavily.*

Sta per piovere. *It is about to rain.*

pipa *pipe.*

piroscafo *steamer.*

piscina *swimming pool.*

pisello *green pea.*

pisolino *nap.*

pista *track.*

pittore, m. *painter.*

pittura *painting.*

PIÙ *more, most.*

a più non posso *to the utmost.*

mai più *never again.*

molto di più *much more.*

per lo più *for the most part.*

sempre più *more and more.*

tutt'al più *at the most; at most.*

La vidi più volte. *I saw her several times.*

piuma *feather.*

piuttosto *rather.*

pizzicare *to pinch; to prick.*

pizzo *lace.*

platea *orchestra seats.*

plurale, m. *plural.*

pneumatico *tire.*

pochino *rather little; very little; short time; little while.*

POCO *little; a short time; a little while.*
 fra poco *in a little while.*
 poco a poco *little by little.*
 poco fa *a short while ago.*

podere, m. *farm.*

poema, m. *poem.*

poesìa *poetry; short poem.*

poeta, m. *poet.*

POI *then, afterwards.*
 da ora in poi *from now on.*
 prima o poi *now or later.*
 E poi? *and then?*

POICHÈ *for, as, since, because.*

polare *polar.*

polenta *pudding; corn meal.*

policromo *polychrome.*

politica *politics.*

politico *political, politic.*

polizìa *police.*

poliziotto *policeman.*

pòlizza *policy.*
 pòlizza d'assicurazione contro gl'incendi *fire insurance.*

pòllice *thumb; big toe.*

POLLO *fowl, chicken.*
 pollo arrosto *roast chicken.*
 brodo di pollo *chicken broth.*

polmonite, f. *pneumonia.*

polso *wrist.*

polsino *cuff, wrist-band.*

poltrona *armchair; (theater) orchestra seat.*

PÒLVERE, f. *dust, powder.*
 caffè in pòlvere *ground coffee.*
 pòlvere da sparo *gun powder.*
 zucchero in pòlvere *powdered sugar.*
 Gettano la pòlvere negli occhi della gente. *They throw dust into the eyes of the people.*
 Quando parti l'automobile si alzò una nube di polvera. *A cloud of dust went up as the automobile left.*

pomeriggio *afternoon.*

pomodoro *tomato.*
 salsa di pomodoro *tomato sauce.*

pompelmo *grapefruit.*

pompiere, m. *fireman.*

ponente *west.*

PONTE, m. *bridge.*
 ponte di barche *bridge of boats.*
 ponte ferroviario *railway bridge.*
 ponte levatoio *drawbridge.*

popolare adj. *popular;* (v.) *to inhabit.*

popolazione, f. *population, people.*

POPOLO *people, mob.*

porcellana *porcelain.*

porcheria *dirt; filth.*

porcino *edible mushroom.*

porco *pig.*

PORGERE *to give; to offer; to hand.*
 Mi porge la sua mano. *He offers me his hand.*
 Porgimi ascolto. *Listen to me.* (Lend me your ears.)
 Porgo il mio braccio alla signora. *I offer the lady my arm.*

porpora *purple.*

porre *to place; to put.*

PORTA *door.*
 Accompagnalo alla porta! *See him to the door.*
 È entrato dalla porta principale ed è uscito dalla porta secondaria. *He entered by the front door and left by the back door.*
 Si chiude una porta, se ne apre un'altra. *One opportunity is lost, but another presents itself.*

portabagagli *porter.*

portacenere, m. *ashtray.*

portamonete, m. *purse.*

PORTARE *to carry; to bring; to wear; to bear.*
 Il passaporto porta la mia firma. *The passport bears my signature.*
 Il vecchio porta bene gli anni. *The old man carries his years very well.*
 La signora porta bene quel cappotto. *The lady wears that coat well.*
 Porta il documento con te. *Carry the document with you.*
 Porta quest' anello alla signora. *Take (carry) this ring to the lady.*

portata *range.*
 a portata di braccio *within arm's length.*

portatile *portable.*

portatore *carrier.*

portavoce *spokesperson.*

portico *porch.*

portinaio *doorman.*

PORTO *harbor, refuge, port, haven.*
 porto affrancato *postage prepaid.*
 È il Capitano di porto. *He is the harbor-master.*
 Condusse in porto la sua missione. *He accomplished his mission.*

portone, m. *gate.*

porzione *portion; share.*

posare *to place.*

posate *silverware.*

POSITIVO *positive.*
 Ciò è positivo. *That is for sure.*

POSIZIONE, f. *position, situation.*
 La casa è in una posizione meravigliosa. *The house is in a wonderful setting.*

Mi trovo nella posizione di reclamare i miei diritti. *I am in a position to demand my rights.*

posologia *directions.*

POSSEDERE *to own; to possess; to have.*
Possiede molto denaro e molte buone qualità. *He has much money and many fine qualities.*

possessione, f. *possession, ownership.*

possesso *possession; estate; occupation.*

possessore *owner, proprietor.*

POSSIBILE *possible.*
Al più presto possibile me ne andrò. *At the earliest possible I will go.*

possibilità *possibility, power, opportunity.*
Si presentano diverse possibilità eppur non abbiamo la possibilità di farlo. *Many possibilities present themselves and yet we don't have the power to carry them out.*

POSTA *post, mail, stall, stake.*
È partito a bella posta. *He left purposely.*
L'ho ricevuto per posta aerea. *I received it by air mail.*
Mandalo per posta. *Send it by mail.*
Parla al direttore delle poste. *Speak to the postmaster.*
Raddoppiate la posta su questa corsa. *Double your stake on this race.*

POSTALE *postal; of the post.*
casella postale *post-office box.*
pacco postale *parcel.*
spese postali *postage.*
timbro postale *postmark.*
ufficio postale *post office.*
vaglia postale *money order.*

posteriore *posterior; subsequent, back.*

posterità *posterity.*

posticipare *to postpone.*

postino *postman.*

POSTO *place, spot, space, situation, post, seat.*
Cambiamo posto. *Let's change seats.*
Ecco un posto libero. *Here is a vacant spot.*
Ho un posto riservato. *I have a reserved seat.*
Mi sento fuori posto qui. *I feel out of place here.*
Non c'è posto per tutti e due. *There is no room for both.*
Prendete i vostri posti. *Take your places (seats).*
Ha trovato un ottimo posto a Milano. *He found a fine position (job) in Milan.*

potabile *drinkable, potable.*

potente *powerful, mighty, influential.*

potenza *power, might.*

POTERE, m. *power.*
Gli hanno accordato pieni poteri. *They have accorded him full powers.*

Ha il potere di un re. *He has the power of a king.*
Il partito che ora è al potere cercherà di restarci. *The party that is now in power will seek to remain in power.*

POTERE *to be able; to be permitted; could; may; might.*
Ho tentato a più non posso. *I tried to my utmost.*
Non ne posso più. *I can't stand it anymore.*
Non posso farci nulla. *I can't help it.*
Non potei salvarlo perchè non potei parlare. *I could not save him because I was not permitted to speak.*
può darsi; può essere; potrebbe succedere. *It could happen; it might be; it could occur.*
Spero ch'egli possa arrivare, ma potrebbe aver perso il treno. *I hope he may arrive, but he might have missed the train.*

POVERO *poor, unfortunate, unhappy, humble, late (deceased).*
il mio povero parere *my humble opinion.*
la mia povera sorella *my late sister.*
La nazione è povera di materie prime. *The nation is poor in raw materials.*

povertà *poverty.*

pozzanghera *puddle, pool.*

pozzo *well, tank.*

PRANZO *dinner, meal.*
Ho fatto un buon pranzo. *I had a good meal.*

prassi *use, practice.*

pratica *practice, experience, training.*
Devo fare le pratiche per poter partire. *I must take the necessary steps in order to leave.*
Ha fatto una lunga pratica per diventare avvocato. *He had a long training to become a lawyer.*
Ha molta pratica del suo mestiere. *He knows his job.*
Ho messo in pratica i suoi consigli. *I put your advice into practice.*
La pratica è la migliore maestra. *Practice is the best teacher.*
Mettiamo in pratica le nostre idee. *Let us put our ideas into practice.*
Preferisco la pratica alla teoria. *I prefer practice to theory.*

pratiche *negotiations, dealings.*

pratico *practical, experienced.*
Non sono pràtica di quel luogo. *I do not know that place.*

prato *meadow, grassland.*

precauzione, f. *precaution, care, caution.*
Procedi con molta precauzione. *Proceed with great caution.*
Usa le Dovute Precauzioni! *Use Due Caution!*

precedente, adj. *preceding, previous, former;*
(as m. noun) *precedent.*
La sua azione è senza precedenti. *His action
is without precedent.*
durante un incontro precedente *during a
previous meeting.*
precedenza *priority, yield.*
precedere *to precede; to go before.*
precipizio *precipice.*
Corre a precipizio. *He runs headlong.*
Si troverà sull'orlo del precipizio. *He will find
himself on the edge of a precipice.*
preciso *precise, punctual, accurate, exact.*
Bisogna trovare il momento preciso. *We must
find the precise moment.*
Egli è preciso nei pagamenti. *He is punctual
in his payments.*
prèdica *sermon, lecture.*
predicare *to preach; to lecture.*
Egli prèdica bene e razzola male. *He does not
practice what he preaches.*
prefazione *preface.*
preferenza *preference.*
È chiara la sua preferenza per te. *It's obvious
that he prefers you.*
preferire *to prefer.*
prefisso *area code; prefix.*
PREGARE *to pray; to request; to beg; to ask; to
invite.*
Pregate Iddio! *Pray to God!*
Prego! *Please! (or) You are welcome!*
Sono pregati di entrare. *Please enter.*
La prego di considerare. *I beg you to
consider.*
preghiera *prayer, entreaty, request.*
Dice le preghiere. *She says her prayers.*
Dopo le mie preghiere, accettò l'invito. *After
my requests, he accepted the invitation.*
Ho una preghiera da farle. *I have a request to
make of you.*
pregio *merit, worth, value.*
pregiudizio *prejudice.*
prego *You're welcome.*
preistorico *prehistoric.*
prelevare *to withdraw (money).*
prelibato *exquisite.*
PREMERE *to press; to be urgent (or pressing).*
Mi preme molto. *It is of urgent importance to
me.*
Non mi preme. *It is of no importance to me.*
preminente *pre-eminent.*
PREMIO *prize, premium.*
Gli conferirono il primo premio. *They
conferred the first prize on him.*
PREMURA *care; careful attention; kindness;
hurry.*
Ho molta premura. *I am in a great hurry.*
Ti circonda di premure. *He surrounds you*

with care.
Non c'è premura! *There is no hurry.*
Una madre ha molte premure per il suo
bambino. *A mother has many cares for
her child.*
La ringrazio delle sue premure. *I thank you
for your kindnesses.*
PRENDERE *to take; to catch; to take lodgings;
to seize.*
prendere il volo *to take off.*
Che cosa ti prende? *What is the matter with
you?*
Fu preso dal rimorso. *He was overtaken with
remorse.*
L'ha preso in parola. *He took him at his word.*
Lo prese per il collo e poi per i capelli. *He
seized him by the neck and then by the
hair.*
Non mi prendo questa libertà. *I will not take
this liberty.*
Prende fuoco! *It is catching fire!*
Prendo il treno delle tre. *I am taking the three
o'clock train.*
Prese tutto in considerazione. *He took
everything into consideration.*
Se la prese col portabagagli. *He put the blame
on the porter.*
Se ti prendo! *If I catch you!* (colloq.).
Sto prendendo un raffreddore. *I am catching
a cold.*
prenotare *to reserve; to book.*
PREPARARE *to prepare.*
preparare un pasto, un discorso, un viaggio *to
prepare a meal, a speech, a trip.*
Preparati o farai tardi! *Get ready or you'll be
late!*
preparazione *preparation.*
preposizione *preposition.*
prepotente *tyrannical, domineering.*
PRESENTARE *to present; to introduce.*
Egli si presenta bene. *He makes a good
impression* (presents himself well).
Il viaggio presenta delle difficoltà. *The trip
presents some difficulties.*
Mi fu già presentato. *He has already been
introduced to me.*
Presentategli i miei ossequi. *Give him my best
regards.*
Quando si presenta l'occasione, bisogna
prenderla. *When the opportunity presents
itself, one must take it.*
Questi problemi si presentano più volte.
These problems occur often.
presente *present.*
tempo presente *present time; present tense.*
tener presente *to bear in mind.*
presenza *presence.*
fare atto di presenza *to put in an appearance.*

Non parlò in presenza del presidente. *He did not speak in the presence of the president.*
presidente *president.*
presidenza *presidency.*
pressappoco *approximately.*
pressione *pressure.*
PRESSO *near, by, beside, with.*
   presso la fontana *near the fountain.*
   qui presso *nearby.*
   Indirizza la lettera al Signor Berti, presso il Signor Augusti. *Address the letter to Mr. Berti, in care of Mr. Augusti.*
   Vivo presso mio zio. *I live with my uncle.*
   Lavoro presso una ditta italiana. *I work for an Italian firm.*
PRESTARE *to lend; to give; to offer.*
   prestare attenzione *to pay attention.*
   Egli si presta volentieri. *He offers himself willingly.*
   Non mi presto all'inganno. *I will not consent to this fraud.*
prestito *loan.*
   prendere in (or, a) prestito *to borrow.*
PRESTO *soon, early.*
   al più presto possibile *as soon as possible.*
   Fa presto! *Hurry up!*
   M'alzo presto. *I get up early.*
   Presto o tardi lo sapremo. *We'll know sooner or later.*
   Si fa presto a dire. *It is easy to say.*
prete *priest.*
pretendere *to pretend; to claim; to exact.*
   Cosa pretendete? *What do you want (claim, or exact)?*
   Non bisogna pretendere l'impossibile. *One must not exact the impossible.*
   Pretende d'aver detto il vero. *He claims to have told the truth.*
pretesa *pretension; claim to.*
   Non bisogna considerare la sua pretesa. *We must not consider his claim.*
pretesto *pretext.*
prevedere *to foresee.*
preventivo *estimate.*
prevenzione *prevention.*
previsione *forecast.*
   previsioni metereologiche *weather forecast.*
prezioso *precious.*
PREZZO *price.*
   Il listino dei prezzi da il prezzo all' ingrosso, il prezzo al minuto ed il prezzo netto. *The price list gives the wholesale price, the retail and the net price.*
   Quella lezione l'ho pagata a caro prezzo. *I learned that lesson the hard way (at a high price).*
prigione, f. *prison.*
PRIMA, noun *first class (in travel); first grade*

(*in school); first performance.*
PRIMA *before, once, formerly, earlier, first.*
   per prima cosa. *first.*
   prima di tutto *first of all.*
   Alzati prima. *Get up earlier.*
   Avvisatelo prima di arrivare. *Warn him before arriving.*
   Non sono più quella di prima. *I am no longer my former self.*
   Prima o poi ci arriveremo. *Sooner or later we'll get there.*
   Questa era prima una chiesa e poi una cattedrale. *This was first a church and then a cathedral.*
   Siamo più nemici di prima. *We are more enemies than we were.*
primavera *spring, springtime.*
   È nella primavera della sua vita. *He is in the springtime (prime) of his life.*
PRIMO *first.*
   Arrivò primo. *He arrived first.*
   È il primo della classe. *He is the best in the class.*
   È il primo della fila. *He is the first in line.*
   Fu il primo a partire. *He was the first to leave.*
   Ritornerà al primo del mese. *He will return the first of the month.*
principale, adj. *principal, chief, main;* (as noun, m.) *principal, employer, master.*
principalmente *chiefly, mainly.*
principe, m. *prince.*
principiante *beginner.*
PRINCIPIO *beginning, principle.*
   dal principio alla fine *from beginning to end.*
   È questione di principio. *It's a matter of principle.*
privare *to deprive.*
   Mi sono privato di tutto. *I deprived myself of everything.*
   Non mi privi del piacere. *Don't deprive me of the pleasure.*
PRIVATO *private.*
privo *devoid; lacking in.*
   privo di mezzi finanziari *lacking financial means.*
   privo di senso comune *devoid of common sense.*
   Sono privo di sue notizie da due mesi. *I haven't heard from him in two months.*
pro *profit, advantage, benefit.*
   a pro di *for the benefit of.*
   A che pro? *What for?*
   il pro ed il contro *the pros and cons.*
probabile *probable, likely.*
   Non è probabile ch' io venga questa sera. *I am not likely to come tonight.*
probabilmente *probably.*
   Probabilmente verrò. *I'll probably come.*

problema, m. *problem.*

   un problema di carattere personale *a personal problem.*

PROCEDERE *to proceed; to go on.*

   Il lavoro procede molto lentamente. *The work is going on very slowly.*

   La neve ci impedisce di procedere. *The snow makes it impossible for us to proceed.*

   Procediamo con calma. *Let us proceed calmly.*

procedere, m. *conduct, passing.*

   col procedere degli anni *with the passing years.*

procedura *procedure.*

   procedura legale *legal procedure.*

processo *process, trial.*

   processo per assassinio *murder trial.*

prodigare *to lavish.*

   Mi ha prodigato le sue cure con affetto. *He lavished his cares on me affectionately.*

prodigioso *prodigious.*

PRODOTTO *product.*

   prodotti agricoli *agricultural products.*

PRODURRE *to produce; to cause.*

   produrre una reazione *to cause a reaction.*

   Egli produce articoli di lusso. *He produces luxury items.*

produzione, f. *production.*

professionale *professional.*

professione, f. *profession.*

professore, m. *professor.*

profilo *profile; sketch, outline.*

profitto *profit, benefit.*

profondo *deep, profound.*

   a notte profonda *in the deep of night.*

   cadere in sonno profondo *to fall into a deep sleep.*

   profondo rispetto *profound respect.*

profugo *refugee.*

profumare *to perfume.*

   profumarsi *to put perfume on.*

profumato *scented, sweet-smelling.*

profumo *perfume.*

progettare *to project; to make plans.*

progetto *plan.*

   aver in mente un progetto *to have a plan in mind.*

   fare progetti *to make plans.*

programma, m. *program.*

   in programma *on the program.*

progredire *to make progress.*

progresso *progress.*

   Egli sta facendo grandi progressi negli studi. *He is making great progress in his studies.*

proibire *to forbid; to prohibit.*

   È proibito l'ingresso. *No admittance.*

   Mia madre mi ha proibito di uscire questa sera. *My mother has forbidden me to go out tonight.*

proiettare *to project.*

proiezione *projection.*

prole, f. *descent, offspring.*

prolungare *to prolong.*

promessa *promise.*

   fare una promessa *to make a promise.*

   venire meno ad una promessa *to break a promise.*

promettere *to promise.*

   prometto di scriverti spesso. *I promise I'll write often.*

prominente *prominent.*

   Egli è una figura prominente nel mondo scientifico. *He is a prominent figure in the world of science.*

prominenza *prominence.*

promotore, *promoter, organizer.*

promozione *promotion.*

promuovere *to promote; to further.*

pronipote *great-grandchild,* m. & f.

pronome, m. *pronoun.*

prontezza *readiness, promptness.*

   prontezza di spirito *presence of mind.*

pronto *Hello! (answering phone).*

pronto *ready, prompt.*

   in attesa di una sua pronta risposta *awaiting your prompt reply.*

   Siamo pronti! *We are ready!*

pronuncia *pronunciation.*

pronunciare *to pronounce; to utter.*

   Rimase lì senza pronunciare parola. *He just stayed there without saying a word.*

   pronunciare bene *to pronounce well; to have good diction.*

propaganda *advertising.*

   far molta propaganda *to advertise well.*

proporre *to propose.*

proporzionale *proportional.*

proporzione, f. *proportion.*

   fuori proporzione *out of proportion.*

PROPOSITO *purpose, intention.*

   a proposito *by the way.*

   cattivi propositi *with bad intentions.*

   di proposito *on purpose.*

   A che proposito te ne ha parlato? *In connection with what did he speak to you about it?*

proposta *proposal, proposition.*

proprietà *property, ownership.*

   La casa è di sua proprietà. *The house is hers.*

   Questo libro è proprietà mia. *This book is my property.*

proprietario *proprietor, owner.*

PROPRIO *own; one's own.*

   la propria casa *one's own home.*

   nome proprio *proper noun.*

Veste con un gusto che le è proprio. *She dresses with a taste that is all her own.*

PROPRIO, adv. *just, exactly.*
proprio in questo momento *in this very moment.*
proprio mentre *just as.*
proprio ora *just now.*
È proprio come dico io. *It is exactly as I say.*
Proprio! *Exactly!*

proroga *extension.*
prosa *prose.*
prosciutto *ham.*
proseguire *to go on; to continue.*
Da Napoli proseguimmo per Roma. *From Naples we went on to Rome.*

prosperità *prosperity.*
prospero *prosperous.*
prospettiva *perspective, prospect.*
prossimità *proximity.*
in prossimità *in the vicinity of.*

PROSSIMO *next, near.*
in un prossimo futuro *in the near future.*
la settimana prossima *next week.*
Siamo prossimi a partire. *We are about to go.*

protagonista *protagonist; main character.*
PROTEGGERE *to protect; to safeguard.*
Ognuno cerca di proteggere i propri interessi. *Everyone tries to protect his own interests.*
Ti protegga Iddio! *May God protect you!*

protesta *protest, protestation.*
fare protesta *to protest; to make a protest.*
protestare *to protest.*
protestare contro *to protest against.*
protettivo *protective.*
protetto *protected.*
protezione, f. *protection.*
PROVA *proof, rehearsal, trial.*
fare una prova *to try; to rehearse.*
fino a prova contraria *till there is proof to the contrary.*
fornire le prove *to furnish evidence.*
Ha dato prova di coraggio. *He gave proof of courage.*
prova generale *dress rehearsal (theater).*

provare *to prove; to try; to rehearse.*
provare la verità *to prove the truth.*
Vogliamo provare questa scena? *Shall we rehearse this scene?*
Voglio provare a farlo. *I want to try to do it.*

provenienza *origin, source.*
provenire *to originate; to come from.*
proverbio *proverb, saying.*
come dice il proverbio *as the saying goes.*
provincia *province.*
provinciale *provincial.*
provocare *to provoke.*
provvedere *to provide; to supply.*

Bisogna provvedere ai bisognosi. *We must provide for the needy.*
Siamo provvisti di tutto il necessario. *We have provided ourselves with all the necessities.*

provvidenza *providence.*
Divina Provvidenza *Divine Providence.*
provvidenziale *providential.*
provvisoriamente *temporarily.*
provvisorio *temporary.*
condizioni provvisorie *temporary conditions.*
in via provvisoria *temporarily.*

provvista *supply.*
Abbiamo un' ottima provvista di viveri in casa. *We have ample supply of foodstuffs in the house.*

prudente *prudent, wise.*
Non credo sia prudente uscire di casa con questo temporale. *I don't think it is wise to go out in this storm.*

prudenza *prudence, wisdom.*
dimostrare prudenza *to display prudence.*
PUBBLICARE *to publish.*
pubblicazione *publication.*
pubblicità *advertising.*
pubblico, noun *audience, public.*
esibirsi in pubblico *to appear in public.*
Il pubblico lo applaudì calorosamente. *The audience applauded him warmly.*

PUBBLICO, adj. *public.*
giardino pubblico *park; public garden.*
pugno *fist, punch.*
dare un pugno *to punch.*
di proprio pugno *in one's own handwriting.*
fare a pugni *to fight.*
stringere i pugni *to clench one's fists.*

pulce, f. *flea.*
pulcino *chick.*
PULIRE *to clean.*
pulirsi *to clean oneself.*
pulito *clean.*
con la coscienza pulita *with a clear conscience.*
pulizìa *cleanliness.*
fare la pulizìa *to do the cleaning.*
pulsante *buzzer.*
PUNGERE *to prick; to sting.*
Mi ha punto un' ape. *A bee stung me.*
Mi sono punta un dito con una spilla. *I pricked my finger with a pin.*

punire *to punish.*
punizione, f. *punishment.*
subire una punizione *to endure punishment.*
PUNTA *point, tip.*
fare la punta ad una matita *to sharpen a pencil.*
Cammino in punta di piedi per non fare rumore. *I'm tiptoeing not to make noise.*

Il suo nome è sulla punta della mia lingua.
His name is on the tip of my tongue.

punteggiatura *punctuation.*

punteggio *score.*

puntino *dot, point.*

mettere i puntini sulle i *to get things straight.*

punto *stitch, point.*

alle tre in punto *at three o'clock sharp.*

due punti *colon.*

di punto in bianco *all of a sudden.*

fino a un certo punto *to a certain extent.*

punto di partenza *point of departure.*

punto di vista *point of view.*

punto e virgola *semicolon.*

punto fermo *period.*

venire al punto *to come to the point.*

puntuale *punctual.*

puntualità *punctuality.*

puntura *injection; insect bite.*

purchè *provided that.*

PURE *also, too.*

Andiamo pure noi. *We are going too.*

Venga pure! *Do come!*

puro *pure, mere.*

acqua pura *pure water.*

per puro caso *by mere chance.*

PURTROPPO *unfortunately.*

Q

QUÀ *here.*

Vieni quà! *Come here!*

quaderno *notebook.*

quadrato, adj. *square.*

quadri, m. *diamond (playing cards).*

quadro, noun *square picture, painting.*

A quale parete vuole che appenda questo quadro? *On which wall do you want this picture hung?*

QUAGGIÙ *here below; down here*

Guarda quaggiù, in fondo alla pagina. *Look down here, at the bottom of the page.*

Ti aspetto quaggiù, ai piedi della scala. *I'll wait for you here below, at the foot of the stairs.*

qualche *some, any.*

qualcheduno *someone, somebody.*

qualcuno *somebody, someone, anybody.*

QUALE *which, who, whom.*

Quale scegli? *Which do you choose?*

Le persone alle quali hai esteso l'invito sono arrivate. *The people to whom you have extended an invitation have arrived.*

qualificare *to qualify.*

qualificato *qualified.*

qualità *quality.*

qualsìasi *any.*

qualunque *whatever, any.*

QUANDO *when, while.*

da quando *since.*

di quando in quando *from time to time.*

quando mai *whenever.*

Quando sei arrivato? *When did you arrive?*

Ti scrissi quand'ero in Italia. *I wrote you while I was in Italy.*

quantità *quantity.*

QUANTO,-A,-I,-E *how much; how many; as many as.*

quanto prima *in a short while.*

Quanti ne abbiamo oggi? *What is today's date?*

Quanti ne vuole? *How many do you want?*

Quanto mi fa pagare? *How much will you charge me?*

Quanto tempo? *How long?*

quaranta *forty.*

quarantesimo *fortieth.*

quaresima *Lent.*

quartiere, m. *quarter, lodging, neighborhood.*

quartier generale *headquarters.*

quarto *fourth, quarter, half-pint.*

trequarti *three-fourths.*

un quarto di vino *half a pint of wine.*

un quarto d'ora *a quarter of an hour.*

QUASI *almost.*

QUASSÙ *up here.*

quattordicesimo *fourteenth.*

quattordici *fourteen.*

quattro *four.*

quattrocento *four hundred.*

nel Quattrocento *in the fifteenth century*

quattromila *four thousand.*

quello *that one; that.*

Mi dia quello. *Give me that one.*

Quel libro mi appartiene. *That book belongs to me.*

questione, f. *question, argument.*

questo *this; this one.*

Questo non è affare mio. *This is none of my business.*

questura *police station.*

QUI *here; in this place.*

Qui non c'è nessuno. *There is no one here.*

Vieni qui! *Come here!*

quietare *to calm, to quiet.*

quietarsi *to become calm; to become quiet.*

quiete, f. *quiet, tranquillity, stillness.*

quieto *quiet, calm, still.*

star quieto *to be still; to be quiet.*

QUINDI *therefore.*

quindicesimo *fifteenth.*

quindici *fifteen.*

quindicimila *fifteen thousand.*

quintale, m. *one hundred kilograms in weight.*

Ho un quintale di lavoro da fare.
I have a tremendous amount of work to do.
quinte *backstage; (theater) wings.*
quinto *fifth; (as noun) one fifth.*
quota *share.*
quotare *to assess; to quote* (prices).
quotazione *quotation* (of prices).
quotidiano *daily.*
   giornale quotidiano *daily paper.*

R

rabbia *rage, ire.*
rabbino *rabbi.*
rabbioso *irate, wrathful.*
racchetta *racket.*
racchiudere *to contain; to enclose.*
raccogliere *to gather; to collect.*
raccolta *collection.*
raccolto *harvest.*
raccomandare *to recommend.*
   lettera raccomandata *registered letter.*
   raccomandarsi a *to appeal to.*
raccomandazione *recommendation.*
raccontare *to tell; to narrate.*
   Mi ha raccontato la storia della sua vita. *He
      told me the story of his life.*
racconto *story, tale.*
raddolcire *to sweeten.*
raddoppiare *to double.*
   Gli hanno raddoppiato lo stipendio. *They
      doubled his salary.*
raddrizzare *to straighten.*
radere *to shave.*
   farsi radere la barba *to get a shave.*
radice, f. *root, origin.*
radio, f. *radio;* m. *radium.*
radiografia *X ray.*
rado *rare.*
   di rado *seldom.*
raffinare *to refine.*
   una persona raffinata *a refined person.*
raffinatezza *refinement.*
raffreddare *to cool; to chill.*
   raffreddarsi *to catch cold.*
raffreddore, m. *cold.*
ragazza *girl*
   nome da ragazza *maiden name.*
RAGAZZO *boy; young man.*
raggiante *radiant.*
   La sposa era raggiante. *The bride was
      radiant.*
raggio *ray.*
   un raggio di sole *a ray of sunshine.*
raggiungere *to reach; to arrive; to catch up
   with.*

raggiungere una destinazione *to reach a
   destination.*
raggiungere una meta *to reach a goal.*
Era partito prima di me ma l'ho raggiunto. *He
   had left before me but I caught up with
   him.*
ragionare *to reason; to discuss logically.*
   Ognuno ragiona a modo proprio. *Each
      person reasons in his own way.*
   Egli non ragiona. *He is not logical; he has
      lost his reason.*
RAGIONE, f. *reason.*
   a ragione del vero *in truth.*
   a torto o a ragione *right or wrong.*
   aver ragione *to be right.*
   senza ragione *without reason.*
   Ho le mie buone ragioni. *I have my good
      reasons.*
   Non ha nessuna ragione di farlo. *He has no
      reason to do it.*
   ragionevole *reasonable.*
ragionevolmente *reasonably.*
ragioniere, m. *bookkeeper.*
ragno *spider.*
RAGÙ *meat sauce.*
rallegrare *to cheer; to make gay.*
   Me ne rallegro! *I am happy about it!*
   Si è rallegrato con me. *He extended his
      felicitations to me. He congratulated me.*
rallentare *to loosen; to slow down.*
   rallentare la stretta *to lessen the grip.*
   rallentare la velocità *to reduce speed.*
rame, m. *copper.*
rammaricar(si) *to grieve.*
rammentare *to remember.*
   Me ne rammento perfettamente. *I remember
      perfectly well.*
ramo *branch.*
   in ogni ramo della scienza *in every branch of
      science.*
   ramo d'albero *branch of a tree.*
rana *frog.*
rancore, m. *resentment.*
   serbar rancore a *to bear a grudge against.*
rannuvolarsi *to cloud over; to darken.*
   Il cielo si rannuvola. *The sky is clouding.*
   Si è rannuvolato in viso. *His expression
      darkened.*
RAPIDO *rapid, speedy.*
   dare uno sguardo rapido *to give a quick
      glance.*
   treno rapido *express train.*
rapportare *to report; to repeat.*
   Non è bello rapportare tutto ciò che si vede e
      si sente. *It is not nice to repeat everything
      one sees and hears.*
rapporto *report.*
   Mi ha mandato un rapporto sul lavoro

compiuto. *He sent me a report on the completed work.*

rappresentante, m. *representative.*

rappresentare *to represent.*

rappresentazione, f. *representation, performance.*

È la prima rappresentazione di questa commedia. *This is the first performance of this play.*

raramente *rarely.*

raro *rare; uncommon.*

raso *satin.*

rasòio *razor.*

lametta da rasòio *razor blade.*

rassegna *exhibit; show.*

rassegnazione, f. *self-resignation, resignation.*

rasserenarsi *to clear up (weather).*

rassicurare *to reassure.*

rassicurarsi *to reassure oneself.*

rassicurazione, f. *reassurance.*

rassomiglianza *resemblance.*

rastrello *rake.*

rata *installment.*

ratificare *to ratify.*

rattristare *to sadden.*

rauco *hoarse.*

ravioli *ravioli.*

razionale *rational.*

razione, f. *ration.*

razza *race.*

razziale *racial.*

razzismo *racism.*

razzista *racist.*

razzo *rocket.*

re *king.*

reagire *to react.*

reale *royal, real.*

nella vita reale *in real life.*

in casa reale *the Royal House.*

un avvenimento reale *a true happening.*

REALIZZARE *to fulfill, to carryout.*

realizzare un progetto *to carry out a project.*

realizzazione *fulfillment.*

realizzazione personale *personal gratification.*

realmente *really.*

reato *crime.*

reazionario *reactionary.*

reazione, f. *reaction.*

recapitare *to deliver.*

recapito *address.*

recare *to bring.*

recensione *review.*

recensire *to review (a play, a book, a performance).*

recente *recent.*

recinto *enclosure.*

recipiente, m. *receptacle.*

reciproco *reciprocal.*

recitare *to recite; to play.*

recitare la parte di Amleto *to play the part of Hamlet.*

reclamo *complain.*

recluta *recruit.*

redattore *reporter.*

redazione, f. *editor's office.*

reddito *revenue; income.*

redigere *to draft; to compose.*

redigere un contratto *to draw up a contract.*

redimere *to redeem.*

reduce, m. *veteran.*

referenza *reference, information.*

regalare *to make a present.*

regalo *gift, present.*

fare un regalo a *to give a present to.*

regata *regatta, boat race.*

reggere *to support, to hold.*

reggiseno *brassiere, bra.*

regia *directory (movie, TV).*

regime *regime, regimen.*

regina *queen.*

regionale *regional.*

regione, f. *region.*

regista *director (movie, theater).*

registrare *to register; to record.*

registratore magnètico, m. *tape recorder.*

registrazione, f. *registration, recording.*

registro *book, register.*

regno *realm, kingdom.*

regola *rule, regulation.*

secondo la regola *according to regulations.*

L'eccezione conferma la regola. *The exception proves the rule.*

regolamento *rule, regulation.*

regolare *regular.*

regolare *to regulate.*

regolare un conto *to pay a bill.*

regolarsi *to behave.*

regolarmente *regularly.*

relativamente *relatively.*

relativo *relative.*

relazione, f. *report, relationship.*

fare una relazione *to make a report.*

Non c'è relazione fra una cosa e l'altra. *There's no relation between one thing and the other.*

religione, f. *religion.*

religioso *religious.*

remare *to row.*

remo *oar.*

remoto *remote.*

rendere *to render; to make; to return.*

rendere bene per male *to render good for evil.*

rendere grazie *to thank.*

rendere infelice *to make unhappy.*

Mi ha reso il libro. *He returned the book to me.*

Questo lavoro non rende molto. *There is little return for this work.*

rene, m. *kidney.*

reparto *department.*

capo reparto *department head.*

repressione, f. *repression.*

reprimere *to repress.*

reprimere uno sbadiglio *to stifle a yawn.*

Non riesco a reprimere le lacrime. *I can't hold back the tears.*

repubblica *republic.*

reputazione, f. *reputation.*

godere di un'ottima reputazione *to have a good reputation.*

resa *surrender.*

residente *resident (also noun, m.).*

residenza *residence.*

cambiamento di residenza *change of address.*

resistente *resistant.*

resistenza *resistance, endurance.*

resistere *to resist; to withstand*

resistere alla prova *to withstand the test.*

resistere all'av avversità *to resist against adversity.*

respingere *to drive back; to reject.*

essere respinto ad un esame *to fail an exam.*

Ha respinto la mia domanda. *He rejected my application.*

respirare *to breathe; to take a breath.*

respirare a pieni polmoni *to take a deep breath*

respiro *breath.*

avere il respiro corto *to be out of breath.*

trattenere il respiro *to hold one's breath.*

responsabile *responsible.*

responsabilità *responsibility.*

RESTARE *to remain; to stay.*

restare a pranzo *to stay to dinner.*

restare indietro *to lag behind.*

Non restano che due giorni alla partenza. *There are only two days left before our departure.*

restaurare *to restore.*

restauro *restoration.*

il restauro della Cappella Sistina *the Sistine Chapel restoration.*

restituire *to give back; to return.*

Devo restituire questo libro. *I must return this book.*

RESTO *remainder, rest, change.*

Il resto del lavoro lo finisco io. *I will finish the remainder of the work.*

Il resto non conta. *The rest is of no matter.*

Potete tenere il resto. *You may keep the change.*

restringere *to contract; to shrink.*

rete f. *net.*

cadere in una rete *to fall into a trap.*

rete da tennis *tennis net.*

retro *back.*

retrocedere *to go back; to retreat.*

retta *straight line; attention.*

dare retta a *to listen to.*

rettangolo *rectangle.*

rettificare *to rectify.*

revisionare *to revise.*

revisione *revision.*

rialzare *to lift up again; to rise.*

rialzare i prezzi *to raise the prices.*

riassunto *summary.*

ribalta *footlight.*

ribasso *decline, reduction.*

ribelle, m. *rebel.*

ribellione, f. *rebellion.*

ricambiare *to reciprocate; to return.*

ricamo *embroidery.*

ricavo *revenue.*

ricavi netti consolidati *consolidated net revenues.*

ricchezza *wealth.*

riccio *curl, lock (of hair).*

ricco *rich, wealthy.*

ricerca *research, demand.*

andare alla ricerca di *to go in search of.*

ricercare *to search for; to investigate.*

RICETTA *prescription, recipe.*

Porta questa ricetta al farmacista. *Take this prescription to the druggist.*

Questa è la ricetta per fare il ragù. *This is the recipe for making sauce.*

RICEVERE *to receive.*

ricevere ospiti *to receive guests.*

ricevere posta *to receive mail.*

ricevimento *reception.*

ricevitore, m. *receiver.*

staccare il ricevitore *to lift the receiver.*

ricevuta *receipt.*

richiedente, m. *applicant.*

RICHIEDERE *to request; to ask again; to require.*

Ho richiesto i soldi che mi deve. *I asked for the money he owes me.*

Il signor Alberti richiede l'onore ... *Mr. Alberti requests the honor ...*

Questo lavoro richiede tutto il mio tempo. *This work requires all of my time.*

RICHIESTA *request, application.*

dietro richiesta di ... *at the request of ...*

fare richiesta d'ammissione *to apply for admission.*

riciclaggio *recycling.*

riciclare *to recycle.*

ricominciare *to recommence; to start again.*

RICOMPENSA *reward, recompense.*

ricompensare *to reward; to recompense.*

È stato ampiamente ricompensato. *He was amply rewarded.*

riconciliare *to reconcile.*

riconciliazione, f. *reconciliation.*

riconoscente *grateful, thankful.*

riconoscere *to recognize; to admit.*
riconoscere i propri torti *to admit one's fault.*
L'ho riconosciuto subito. *I recognized him immediately.*

ricoprire *to cover.*
ricoprire un carica *to hold an office.*

RICORDARE *to remember.*
Mi ricordi a sua moglie. *Remember me to your wife.*
Non me ne ricordo. *I don't remember it.*
Per quanto ricordo. *As far as I remember.*

RICORDO *memory, remembrance, recollection.*
Ho un vago ricordo dei miei primi anni. *I have a vague recollection of my first years.*
Lo terrò per ricordo. *I'll keep it as a remembrance.*

ricorrente *recurrent.*

ricorrere *to apply to; to report.*

ricostruire *to rebuild.*

ricoverare *to shelter; to give shelter.*
ricoverare in ospedale *to admit to the hospital.*
ricoverarsi *to take shelter; to take refuge.*

ricovero *shelter.*

ricreare *to create again; to entertain.*

RICUPERO *recovery, salvage.*
capacità di ricupero *power of recovery.*

RIDERE *to laugh.*

ridicolo *ridiculous.*

ridotto *reduced.*
mal ridotto *in poor shape.*
prezzo ridotto *reduced price.*

RIDURRE *to reduce.*
ridurre le spese *to cut down expenses.*

riduzione, f. *reduction.*

RIEMPIRE *to fill.*
riempire una bottiglia *to fill a bottle.*
riempire un modulo *to fill out a blank.*
riempirsi *to fill up; to stuff oneself.*
vederti mi riempie di gioia *to see you fills me with joy.*

rientrare *to come in again; to be included.*

rifare *to remake; to restore.*

riferimento *reference.*

riferire *to report; to relate.*
Mi ha riferito quanto è accaduto. *He told me what happened.*
Non mi riferivo a lui. *I was not referring to him.*

RIFIUTARE *to refuse; to decline.*
Ha rifiutato d'accompagnarmi. *He refused to accompany me.*
Sono costretto a rifiutare l'invito. *I am obliged to decline the invitation.*

rifiuto *refusal, waste.*

riflessione, f. *reflection, consideration.*
dopo matura riflessione *upon further consideration.*

riflessivo *thoughtful; reflective.*

riflesso *reflection.*
Ho visto il mio riflesso nello specchio. *I saw my reflection in the mirror.*

riflettere *to reflect; to think.*
La luna riflette i raggi del sole. *The moon reflects the sun's rays.*
Ho riflettuto bene prima di decidere. *I thought at length before making up my mind.*

riforma *reform.*

rifornimento di benzina *to get gas.*

rifugio *refuge, shelter.*

RIGA *line, row, ruler.*
farsi la riga nei capelli *to make a part in one's hair.*
in riga in a row.
scrivere poche righe *to write a few lines.*
stoffa a righe *striped material.*

rigido *rigid.*

rigoroso *rigorous.*

RIGUARDO *regard, respect.*
per riguardo a *out of respect for.*
senza riguardo *without regard.*
Sotto questo riguardo ha perfettamente ragione. *In this respect he is perfectly right.*

rilasciare *to leave; to issue; to free.*

rilassare *to slacken.*

rilassarsi *to relax; to become lax.*

rilegare *to bind (a book).*
rilegato in pelle *a leather-bound book.*

rileggere *to re-read.*

rilevare *to point out; to perceive; to learn.*

RILIEVO *relief.*
basso rilievo *bas-relief.*
mettere in rilievo *to point out; to emphasize.*

riluttante *reluctant.*

riluttanza *reluctance.*
con riluttanza *reluctantly.*

rimandare *to send back; to postpone.*
Bisogna rimandare questo appuntamento. *We must postpone this appointment.*
Gli ho rimandato il libro che mi aveva prestato. *I sent back the book he lent me.*

RIMANERE *to remain; to stay.*
Rimane poco tempo. *Little time remains.*
rimanere male *to be disappointed.*
Siamo rimasti fuori casa per due giorni. *We stayed away from home for two days.*

rimborsare *to repay.*

rimedio *remedy.*

  Non c'è rimedio. *There is nothing to be done about it.*

RIMETTERE *to put back; to put again; to remit; to lose.*

  Favorite rimettere la somma di ... *Please remit the sum of ...*

  Ho rimesso parecchio in questo affare. *I lost quite a good deal in this business affair.*

  Ho rimesso tutto a posto. *I put everything back in place.*

rimodernare *to modernize.*

rimorso *remorse.*

rimpiangere *to regret.*

rimproverare *to reproach; to scold.*

rimprovero *reproach, reprimand.*

RIMUOVERE *to remove; to dismiss.*

rinascimento *rebirth.*

  Rinascimento *Renaissance.*

rinascita *rebirth; Renaissance.*

rincarare *to raise.*

  rincarare i prezzi *to raise prices.*

rincorrere *to pursue.*

rincrescimento *regret.*

rinforzo *reinforcement.*

rinfrescare *to cool; to refresh.*

  rinfrescarsi *to refresh oneself.*

rinfresco *refreshment.*

ringraziamento *thanks, thanksgiving.*

RINGRAZIARE *to thank.*

RIPARARE *to repair; to mend.*

riparazione, f. *repair, reparation.*

RIPARO *shelter.*

  a riparo da *sheltered from.*

ripartire *to divide; to share.*

ripassare *to look over again.*

ripetere *to repeat.*

ripetizione, f. *repetition.*

ripieno *stuffed; stuffing.*

  tacchino ripieno *stuffed turkey.*

RIPOSARE *to rest.*

riposo *rest.*

riprodurre *to reproduce.*

riproduzione *reproduction.*

  Riproduzione vietata. *All rights reserved.*

risata *laugh, laughter.*

riscaldamento *heater.*

riscaldare *to warm; to heat.*

rischiare *to risk.*

rischio *risk.*

riscontrare *to check; to find.*

riserbo *discretion, secrecy.*

RISO *rice, laughter.*

  riso amaro *bitter laughter.*

  riso con piselli *rice with peas.*

risoluto *determined, resolute.*

risoluzione, f. *resolution.*

  prendere una risoluzione *to resolve, to*
  decide.

risorgere *to rise again.*

RISPARMIARE *to save.*

  risparmiare tempo *to save time.*

risparmio *saving.*

  cassa di risparmio *savings bank.*

RISPETTARE *to respect.*

  rispettare le leggi *to respect the laws.*

rispetto *respect.*

RISPETTOSO *respectful.*

RISPONDERE *to answer.*

  rispondere ad una lettera *to answer a letter.*

  rispondere al telefono *to answer the telephone.*

RISPOSTA *answer, reply.*

ristorante, m. *restaurant.*

ristretto *contracted, narrow, limited.*

risultare *to result.*

  risultarne *to result from.*

risultato *result.*

RISVEGLIARE *to awaken; to reawaken.*

risvolto *lapel.*

RITARDARE *to delay; to be late.*

ritardo *delay.*

  essere in ritardo *to be late.*

ritegno *discretion, reservedness.*

ritirare *to withdraw.*

  andare a ritirare un pacco *to go and pick up a package.*

ritmo *rhythm.*

RITORNARE *to return; to go back to.*

  tornare a casa *to come back home.*

  Non ritornerò più. *I will never go back.*

RITORNO *return.*

  Attendo con ansia il tuo ritorno. *I anxiously await your return.*

  Sarò di ritorno alle cinque. *I will be back at five.*

RITRATTO *portrait.*

  Questo è un mio ritratto fatto due anni fa. *This is a portrait of me, taken two years ago.*

ritrovare *to find.*

ritrovo *club.*

ritto *straight.*

riunione *meeting.*

riunire *to reunite.*

RIUSCIRE *to succeed; to be able.*

  Non riesco a farlo. *I am not able to do it.*

  È riuscito a far fortuna. *He succeeded in making a fortune.*

rivale, m. *rival (also adj.).*

rivedere *to see again; to review.*

rivelare *to reveal.*

rivenditore, m. *merchant.*

rivolgere *to turn; to address.*

rivoluzionare *to revolutionize.*

rivoluzione, f. *revolution.*

roba *thing, goods, stuff.*
robusto *robust.*
rocca *fortress.*
roccia *rock.*
romanico *Romanesque; Romance (language).*
romano *Roman (also noun).*
romanticismo *romanticism.*
romantico *romantic.*
romanzo *novel*
    lingue romanze *Romance languages.*
ROMPERE *to break.*
    rompere relazioni con *to break off with.*
    Ho rotto un bicchiere. *I broke a glass.*
rondine, f. *swallow.*
ronzare *to hum; to buzz.*
rosa *rose (noun & adj.).*
roseo *rosy; pink.*
rosone *rose-window.*
rossetto *lipstick.*
rosso *red.*
    veder rosso *to see red.*
rossore, m. *redness.*
    Il rossore le salì alle guance. *She blushed.*
rotaie *railroad track.*
ròtolo *roll, scroll.*
ROTONDO *round.*
rotta *course, rout.*
rotto *broken.*
rottura *break; fracture.*
rovescio *reverse (noun & adj.).*
    il rovescio della medaglia *the other side of
        the medal.*
    Si è messo il vestito a rovescio. *He put his
        suit on wrong side out.*
rovesciare *to overthrow; to pour.*
rovina *ruin.*
ROVINARE *to ruin.*
rozzo *rough, coarse.*
rubare *to steal.*
    Ha rubato un orologio. *He stole a watch.*
rubinetto *faucet.*
ruga *wrinkle.*
ruggine, f. *rust.*
rugiada *dew.*
RUMORE, m. *noise.*
    far rumore *to make noise.*
rumoroso *noisy.*
ruolo *role.*
RUOTA *wheel.*
rurale *rural.*
ruscello *stream.*
russare *to snore.*
russo *Russian (also noun).*
rustico *rustic.*
rùvido *rough.*

S

sabato *Saturday.*
sabbia *sand.*
sabbioso *sandy.*
sacco *bag, sack.*
sacrificare *to sacrifice.*
sacrilegio *sacrilege.*
sacro *sacred.*
    l'osso sacro *sacrum.*
saggezza *wisdom.*
saggio *wise.*
SALA *hall.*
    sala da ballo *ballroom.*
    sala da pranzo *dining room.*
    sala d'aspetto *waiting room.*
    sala operatoria *operating room.*
salame *salami.*
salare *to salt.*
salario *wage.*
salato *salty.*
saldo *firm, balanced.*
SALE, m. *salt.*
    aver sale in zucca *to have good sense
        (colloq.).*
salire *to go up.*
    salire le scale *to go up the stairs.*
    salir su per la montagna *to climb up the hill.*
salita *ascent, ascension, slope.*
    Questa strada è in salita. *This street is on an
        incline.*
salotto *parlor.*
salsa *sauce.*
salsiccia *sausage.*
SALTARE *to jump; to jump over; to skip.*
    saltare di palo in frasca *to stray from the
        subject.*
    saltare fuori *to pop up.*
    saltare giù dal letto *to jump out of bed.*
    Bisogna saltare questo fosso. *We have to
        jump over this hurdle (ditch).*
    Ha saltato una pagina intera. *He skipped a
        whole page.*
    Non ti far saltare la mosca al naso. *Don't get
        angry (colloq.).*
SALTO *jump.*
    fare un salto nel buio *to take a risk.*
    Faccio un salto a casa di mia madre. *I'll take
        a quick run over to my mother's house.*
salumeria *butcher's shop; delicatessen.*
SALUTARE *to salute; to greet.*
    Ci siamo salutati alla stazione. *We said good-
        bye at the station.*
    Mi ha salutato con un cenno della mano. *He
        waved to me.*
    Mi ha salutato freddamente. *He greeted me
        coldly.*
salute, f. *health.*

saluto greetings.

salvagente, m. *life preserver.*

SALVARE *to save.*

salvare le apparenze *to keep up appearances.*

Mi ha salvato dalla rovina. *He saved me from ruin.*

salvezza *salvation, safety.*

SALVO *safe; save for; except for.*

sano e salvo *safe and sound.*

trarre in salvo *to conduct to safety; to save.*

Salvo possibile cambiamenti, tutto rimane come stabilito. *Save for possible changes, everything remains as planned.*

sanabile *curable.*

sanare *to cure; to make well.*

sandalo *sandal.*

sangue, m. *blood.*

a sangue freddo *in cold blood.*

dare il proprio sangue *to give one's life.*

dello stesso sangue *related; of the same family.*

versare sangue *to shed blood.*

Il riso fa buon sangue. *Laughter is the best medicine.*

sanguinare *to bleed.*

Mi sanguina il cuore al pensiero. *My heart bleeds at the thought.*

sanitario *sanitary.*

leggi sanitarie *sanitary laws.*

SANO *sound, healthy, whole.*

di principi sani *of sound principles.*

di sana pianta *entirely.*

sano di corpo e di mente *sound in mind and body.*

un'uomo sano *a healthy man.*

santo *saint; (as adj.) saintly.*

santuario *sanctuary.*

sapere, m. *learning, erudition.*

SAPERE *to know.*

saperla lunga *to be clever.*

Sa il fatto suo. *He knows his trade.*

sapienza *knowledge.*

sapone, m. *soap.*

saponetta *face soap.*

SAPORE, m. *flavor, taste; relish.*

saporito *flavorful.*

sardina *sardine.*

sarta *dressmaker.*

sarto *tailor.*

sartoria *tailor shop; boutique.*

sasso *small stone; pebble.*

Egli ha un cuore di sasso. *He is hard-hearted.*

Siamo rimasti di sasso. *We stood amazed.*

sassolino *pebble.*

satellite, m. *satellite.*

SAZIARE *to satisfy; to satisfy.*

saziare la fame *to satisfy hunger.*

saziare la sete *to quench thirst.*

saziarsi di *to fill oneself with.*

sazio *satiated, satisfied.*

sbadato *needless, inadvertent.*

sbadigliare *to yawn.*

sbadiglio *yawn.*

sbagliare *to mistake; to miscalculate.*

SBAGLIO *error.*

sbalordire *to amaze; to astonish.*

sbalzare *to thrust; to bounce.*

sbalzo (balzo) *bounce.*

cogliere la palla al balzo *to catch a ball on the bounce; to take advantage of an opportunity.*

sbarazzar(si) *to get rid of.*

sbarcare *to disembark; to go ashore.*

sbarcare il lunario *to make ends meet.*

sbarrare *to bar; to obstruct.*

sbattere *to slam; to toss.*

Ha sbattuto la porta e se n' è andato. *He slammed the door and left.*

sbiadito *faded.*

sbilanciare *to put off balance.*

sbottonare *to unbutton.*

sbrigare *to dispatch; to expedite.*

sbucciare *to peel; to skin.*

scacchiera *chessboard.*

scadere *to expire.*

scala *stairway, stairs.*

scala a chiocciola *spiral staircase.*

scala mobile *escalator.*

su vasta scala *on a large scale.*

scalare *to climb.*

scaldare *to warm; to heat.*

scaldarsi *to warm oneself; to get excited.*

scalo *call, landing place.*

scaltro *astute, clever.*

scalzo *barefooted.*

scambiare *to exchange.*

scambio *exchange.*

scamiciato *jumper.*

scamosciato *suede.*

scampagnata *picnic.*

scampare *to escape from danger.*

Dio ce ne scampi e liberi! *Heaven preserve us!*

scamparla bella *to have a narrow escape.*

scappare *to run away; to escape.*

SCARICARE *to unload.*

scaricare una nave *to unload a ship.*

scaricare un fucile *to unload a gun; to fire all the rounds of a gun.*

scarico *unloaded.*

SCARPA *shoe.*

scarpa da tennis *tennis shoe.*

scarso *scarce, lacking.*

di scarso valore *of little value.*

scartare *to reject; to discard; to unwrap.*

scarto *reject.*

SCATOLA *box.*
   cibo in scatola *canned food.*
scavare *to dig; to dig up; to excavate.*
   andare a scavare *to try and find out.*
   scavare la propria fossa *to be the cause of one's own ruin.*
SCEGLIERE *to choose.*
scelto *chosen.*
scena *scene.*
   andare in scena *to be performed.*
SCENDERE *to descend.*
   Scendo subito! *I'll be right down!*
scheda *card.*
scheletro *skeleton.*
schema *scheme; outline.*
scherzare *to jest; to joke.*
scherzo *joke, jest.*
   fare un brutto scherzo *to pull a prank.*
   uno scherzo di cattivo gusto *a joke in poor taste.*
schiena *back.*
   Ho un dolore alla schiena. *I have a pain in my back.*
schiaffo *slap, box.*
   Le ha presso a schiaffi *He boxed his ears.*
schiuma *froth, foam.*
schizzo *sketch, splash.*
sci *ski.*
sciagura *misfortune, ill-luck.*
sciare *to ski.*
sciarpa *scarf.*
scienza *science.*
scimmia *monkey.*
sciocchezza *nonsense.*
   fare una sciocchezza *to do something silly.*
sciocco *silly, stupid.*
SCIOGLIERE *to untie; to melt; to release.*
   sciogliere da una promessa *to release from a promise.*
   sciogliere la neve *to melt snow.*
   sciogliere un nodo *to untie a knot.*
   sciogliere il Parlamento *to dissolve the Parliament.*
sciolto *loose, untied.*
sciopero *strike.*
sciroppo *syrup.*
SCIUPARE *to spoil; to damage; to waste.*
   sciupare il tempo inutilmente *to waste time.*
   Mi ha sciupato tutto il vestito. *He spoiled my dress completely.*
scivolare *to slip; to glide.*
scogliera *cliff.*
scoglio *rock.*
scoiattolo *squirrel.*
scolaro *pupil, student.*
scollato *low-necked.*
scollatura *neckline.*
   scollatura a V *V-neck.*

scollatura rotonda *round-neck.*
scolorire *to fade; to lose color.*
scomodare *to inconvenience.*
scomodo *uncomfortable, inconvenient.*
SCOMPARIRE *to disappear; to vanish.*
scompartimento *division, compartment.*
sconfiggere *to defeat.*
sconfitta *defeat.*
sconosciuto *unknown;* (as noun) *stranger.*
scontento *dissatisfied.*
sconto *discount.*
scontrino *check, ticket.*
scontro *collision.*
sconvolgere *to upset.*
sconvolto *upset.*
SCOPA *broom.*
scopare *to sweep.*
scoperta *discovery.*
scoperto *uncovered.*
SCOPO *aim, intent, scope.*
   lo scopo della mia vita *my aim in life.*
   A che scopo? *To what intent?*
scoppiare *to burst; to explode.*
SCOPRIRE *to discover; to uncover.*
scoraggiare *to discourage.*
scorcio *end, finale.*
scordare *to forget.*
   scordarsi di fare qualcosa *to forget to do something.*
scorrere *to flow.*
scorretto *incorrect, improper.*
scorrevole *fluent.*
scorso *last, past.*
scortese *impolite, rude.*
scorza *peel.*
   scorza d'arancia *orange peel.*
scossa *shake, shock.*
scottare *to burn; to scald.*
scrittore, m.; **scrittrice,** f. *writer.*
scrittura *writing.*
scrivania *desk.*
SCRIVERE *to write; to spell.*
scucire *to rip (a seam).*
SCUOLA *school.*
   frequentare la scuola *to go to school; to attend school.*
scuotere *to shake.*
scuro *dark (in color)*
   verde scuro *dark green.*
scusa *excuse.*
   far le scuse *to excuse oneself.*
scusare *to excuse.*
   Scusi (or mi scusi). *Excuse me.*
sdegno *indignation.*
sdraiare *to lay.*
   sdraiarsi *to lie; to lie down.*
SE *if.*
   anche se *even if.*

come se *as if.*
se posso *if I can.*
se vuoi *if you wish.*
SÈ *her, him, them, herself, himself, themselves.*
   Egli è fuori di sè. *He has no control of himself.*
   Essi pensano solo a sè. *They think only of themselves.*
   un uomo che si è fatto da sè *a self-made man.*
   Maria non sta in sè dalla gioia. *Mary is beside herself with joy.*
SE *of it; from it; for it.*
   Se ne liberò. *He got rid of it.*
   Se ne pentì. *She was sorry for it.*
seccare *to dry, to bother.*
seccato *bored, angry.*
secchio *pail.*
secco *dry.*
sècolo *century.*
secondo *second, noun & adj.*
secondo, adv. *according to.*
   secondo me *in my opinion.*
sedano *celery.*
SEDERE *to sit.*
   sedersi a tavola *to sit at table.*
SEDIA *chair.*
sedici *sixteen.*
sedicesimo *sixteenth.*
sedile *seat.*
seducente *seductive; attractive; charming.*
seduto *seated.*
sega *saw.*
SEGNO *sign, indication.*
   dare segni di vita *to give signs of life.*
   perdere il segno *to lose one's place in a book.*
   È buon segno. *It's a good sign.*
segretaria *secretary, f.*
segretario *secretary, m.*
segreteria *secretary's office.*
   segreteria telefonica *answering machine.*
segreto *secret, noun & adj.*
seguente *following, ensuing.*
   Egli ha fatto la seguente dichiarazione. *He made the following statement.*
seguire *to follow.*
sei *six.*
seicento *six hundred.*
seimila *six thousand.*
selezione *selection.*
selvaggio *wild.*
selvatichezza *wildness; unsociableness.*
semaforo *traffic lights.*
SEMBRARE *to seem.*
   Egli sembra impazzito. *He seems to be insane.*
   Mi sembra strano. *It seems strange to me.*
   Sembra impossibile! *It seems impossible!*
seme, m. *seed.*

semi- (prefix) *half-, semi-* semicerchio *semicircle.*
   semifinale *semifinal.*
seminare *to sow.*
semolino *semolina.*
semplice *simple, easy.*
semplicità *simplicity, easiness.*
SEMPRE *always.*
   per sempre *forever.*
senno *sense.*
sensibile *sensitive, impressionable.*
SENSO *sense, meaning.*
   espressione a doppio senso *an ambiguous expression.*
   senso unico *one-way (street).*
   usare un po'di buon senso *to use common sense.*
sentimentale *sentimental.*
sentenza *judgment.*
SENTIRE *to hear; to feel.*
   non sentire dolore *to feel no pain.*
   sentire freddo *to feel cold.*
   sentire odore *to smell.*
   sentire rimorso *to feel remorse.*
   Come si sente? *How do you feel?*
   Con tutto questo rumore non riesco a sentire niente. *With all this noise, I can't hear a thing.*
   Mi sento bene. *I feel well.*
   Sentite! *Hear!*
SENZA *without.*
   senza considerazione *inconsiderately, inconsiderate.*
   senza dire nulla *without saying a word.*
   senza di me *without me.*
   senza dar fastidio a nessuno *without bothering anyone.*
   senz'altro *right away; of course.*
SEPARARE *to separate; to part.*
   la distanza che ci separa *the distance that separates us.*
   separarsi da *to separate from.*
   Ci siamo separati a malincuore. *We parted reluctantly.*
SEPARATO *separate.*
separazione, f. *separation, parting.*
seppellire *to bury.*
sepolto *buried.*
SERA *evening, night.*
   Buona sera. *Good evening.*
SERATA *evening.*
   Passeremo una serata in compagnia. *We will spend the evening in company.*
serenamente *serenely.*
sereno *serene, clear.*
   una giornata serena *a clear day.*
serie, f. *series.*
   una serie di articoli *a series of articles.*

serio *serious, grave.*
> sul serio *seriously.*

serpente, m. *snake, serpent.*
> serpente a sonagli *rattlesnake.*

serra *greenhouse, hothouse.*

SERRARE *to close; to shut.*
> con i pugni serrati *with clenched fists.*
> serrare le file *to close ranks.*

serrature *lock.*

SERVIRE *to serve.*
> A che serve? *What is it used for?*
> In che cosa la posso servire? *What can I do for you?*
> Non mi serve nulla. *I don't need anything.*
> Non serve! *It's of no use!*
> Potete servire il pranzo. *You may serve dinner.*
> Vuole che le serva la carne? *Shall I serve you the meat?*

SERVIZIO *service, set.*
> Servizio compreso *Service included.*
> fuori servizio *off duty.*
> in servizio *on duty.*
> rendere un servizio a *to render a service.*
> servizio da tavola *dinner set; dinner service.*
> servizio militare *military service.*
> Il servizio è pessimo in quest'albergo. *The service is very poor in this hotel.*
> servizio compreso *service included.*

sessanta *sixty.*

sessantesimo *sixtieth.*

sesto *sixth.*

seta *silk.*
> seta cruda *pongee.*
> seta greggia *raw silk.*
> seta lavata *washed silk.*

SETE, f. *thirst.*
> aver sete *to be thirsty.*

settanta *seventy.*

settantesimo *seventieth.*

sette *seven.*

settecento *seven hundred.*
> nel Settecento *in the eighteenth century.*

settembre, m. *September.*

settentrionale *northern; (as noun, m.) northerner.*
> Italia settentrionale *northern Italy.*

SETTIMANA *week.*
> di settimana in settimana *from week to week.*
> fra una settimana *in a week.*
> la settimana prossima (entrante) *next week.*
> una settimana fà *a week ago.*
> due settimane *a fortnight.*

settimanale *weekly (also noun, m.).*
> un settimanale *a weekly publication.*

settimo *seventh.*

settore, m. *sector.*

severamente *severely.*

severo *severe, strict.*

sezione, f. *section.*

sfacciato *saucy; impudent; glaring.*

sfarzo *pomp, magnificence.*
> fare le cose con sfarzo *to do things in grand style.*

sfarzoso *gorgeous, magnificent.*

sfasciare *to remove the bandages; to break into pieces.*

sfavorevole *unfavorable.*

sfavorevolmente *unfavorably.*

sfera *sphere.*
> la sfera dell'orologio *the face of the clock.*

sfida *challenge.*

sfidare *to challenge; to dare.*
> sfidare le intemperie *to face (to challenge) the inclemency of the weather (the storms).*
> Sfido io! *Of course!*
> Ti sfido a farlo. *I dare you to do it.*

sfiducia *distrust.*
> Nutro una grande sfiducia verso di lui. *I distrust him very much.*

sfilare *to unthread; to unstring (beads); to slip off.*
> sfilare le scarpe *to slip off shoes.*

sfilata *parade.*
> sfilata di moda *fashion show.*

sfinire *to exhaust; to wear down.*
> Mi sento sfinito. *I feel exhausted.*
> Questo lavoro mi ha sfinito. *This work has exhausted me.*

sfogare *to vent; to give vent to.*
> sfogarsi con *to confide in.*
> Ha sfogato la sua ira su di me. *He vented his wrath on me.*

sfoggiare *to show off; to make a display.*

sfondo *background.*

sfortuna *bad luck; misfortune.*
> per mia sfortuna *unfortunately for me.*
> La sfortuna lo perseguita. *Misfortune dogs his footsteps.*

sfortunatamente *unfortunately.*

sfortunato *unfortunate.*
> sfortunato al giuoco *unlucky at cards (at games).*
> sfortunato in amore *unlucky in love.*

sforzare *to strain; to force.*
> sforzarsi *to strain oneself; to try hard.*

SFORZO *effort.*
> fare uno sforzo *to make an effort.*
> senza sforzo *without effort.*
> Non mi costa sforzo. *It is no effort to me.*

sfrattare *to dispossess; to evict.*

sfratto *eviction.*

sfrontato *shameless, bold.*

sfruttamento *exploitation.*

sfruttare *to exploit.*

sfruttare al massimo *to exploit fully; to get the most out of.*

sfuggire *to run away; to escape.*

sgabello *stool.*

sganciare *to unfasten; to release.*

sgarbatamente *rudely.*

sgarbato *rude.*

Mi ha trattato in maniera molto sgarbata. *He treated me with great rudeness.*

sgarbo *rudeness; act of rudeness.*

fare uno sgarbo a qualcuno *to be rude towards someone; to commit an act of rudeness towards someone.*

sgelare *to melt; to thaw.*

sgocciolare *to trickle.*

sgombrare *to clear; to clear out of.*

sgombro *clear. free.*

La stanza è sgombra. *The room is free.*

sgomento *dismay.*

sgonfiare *to deflate.*

Si è sgonfiata una gomma dell' automobile. *The car has a flat tire.*

sgonfio *deflated; not swollen.*

sgorgare *to gush out; to overflow.*

sgradevole *unpleasant, disagreeable.*

sgradito *unpleasant, disagreeable, unwelcome.*

sgranchire *to stretch.*

sgranchirsi le gambe *to stretch one's legs.*

SGRIDARE *to scold; to reprimand.*

sgridata *scolding.*

Mi ha fatto una sgridata per nulla. *He gave me a scolding over nothing.*

sgualcire *to rumple.*

Questa veste è tutta sgualcita. *This dress is all wrinkled.*

SGUARDO *look, glance.*

con sguardo severo *with a stern look.*

dare uno sguardo a *to glance at.*

Mi ha lanciato uno sguardo di sottecchi. *He glanced at me furtively.*

sgusciare *to shell; to slip away.*

sgusciare dalle mani *to slip out of one's hands; to slip away.*

sgusciare i piselli *to shell the peas.*

SI *oneself, himself, herself, itself, themselves, we, they, one; one another; each other.*

Non si è sempre contenti. *We are not always glad.*

Si dice che ... *They (one says) say that ...*

Si è messo a piovere. *It has started to rain.*

Si è messo a sedere. *He sat (himself) down.*

Si sono divertiti. *They enjoyed themselves.*

Si sono finalmente rivisti. *They finally saw each other again.*

SÌ, adv. *yes.*

dire di sì *to say yes.*

Mi pare di sì. *I think so.*

Sì davvero! *Yes indeed!*

sia ... sia *whether ... or ...*

sia che ti piaccia, sia che non ti piaccia *whether you like it or not.*

sibilare *to hiss.*

sibilo *hiss, hissing.*

il sibilo del vento *the hissing of the wind.*

sicchè *so; so that.*

Sicchè hai deciso di venire? *So you've decided to come?*

siccome *as; inasmuch as.*

Siccome era già partito, non ho potuto dargli il tuo messaggio. *Inasmuch as he had already left, I wasn't able to give him your message.*

siciliano *Sicilian (also noun).*

sicuramente *certainly, surely.*

Verrà sicuramente. *He will surely come.*

sicurezza *safety, security.*

per maggior sicurezza *for greater safety.*

rasòio di sicurezza *safety-razor.*

spilla di sicurezza *safety-pin.*

sicuro *safe, secure, sure.*

essere sicuro di *to be sure of.*

mettersi al sicuro *to place oneself in safety.*

Sicuro! *Certainly!*

siepe, f. *hedge.*

sigaretta *cigarette.*

sigaro *cigar.*

sigillare *to seal.*

sigillo *seal.*

significante *significant.*

significare *to mean; to signify.*

Che cosa intendeva significare con quel gesto? *What did you wish to signify with that gesture?*

Che cosa significa questa parola? *What does this word mean?*

Che significa tutto ciò? *What is the meaning of all this?*

significato *meaning, significance,*

SIGNORA *Mrs.; lady.*

È una vera signora. *She is a real lady.*

SIGNORE, m. *Mr.; gentleman.*

Questo signore desidera vederla. *This gentleman wishes to see you.*

Signor Rossi *Mr. Rossi.*

signorile *gentlemanly, ladylike.*

signorilità *distinction.*

signorilmente *refinedly.*

SIGNORINA *Miss; young lady.*

SILENZIO *silence.*

silenziosamente *silently.*

silenzioso *silent.*

sillaba *syllable.*

simboleggiare *to symbolize.*

simbolico *symbolic.*

simbolo *symbol.*

similarità *similarity.*

SIMILE *like, similar, such.*
  il tuo simile *thy neighbor; thy fellow creature.*
  Non ho mai visto una cosa simile. *I've never seen such a thing.*
  Questa borsetta è simile alla mia. *This handbag is like mine.*
simmetrìa *symmetry.*
simmetrico *symmetrical.*
simpatìa *liking.*
  aver simpatìa per *to have a liking for.*
simpatico *nice, pleasant.*
  riuscire simpatico *to be liked.*
simposio *symposium.*
simulare *to feign; to pretend.*
simultaneamente *simultaneously.*
simultaneo *simultaneous.*
sinagoga *synagogue.*
sinceramente *sincerely, truly.*
SINCERO *sincere, candid.*
  un amicizia sincera *a sincere friendship.*
  Dammi la tua sincera opinione. *Give me your candid opinion.*
sindacato *labor union.*
sindaco *mayor.*
sinfonìa *symphony*
singhiozzare *to sob.*
  Si è messa a singhiozzare. *She started to sob; she burst into sobs.*
singhiozzo *sob, hiccup.*
  Ho il singhiozzo. *I have the hiccups.*
singolare *singular, peculiar.*
singolo *single; individual.*
SINISTRA *left hand, left.*
  voltare a sinistra *to turn to the left.*
sinistro *left, sinister.*
  lato sinistro *left side.*
  Quell'uomo ha un'aspetto sinistro. *That man has a sinister look.*
sinonimo *synonymous; (as noun) synonym.*
sintassi *syntax.*
sintesi *synthesis.*
sintetico *synthetic; concise.*
sìntomo *symptom.*
sipario *curtain.*
siringa *syringe.*
SISTEMA, m. *system.*
  sistema nervoso *nervous system.*
  sistema solare *solar system.*
sistemare *to arrange; to settle.*
  sistemarsi *to settle; to settle down.*
sistematico *systematic.*
sistemazione *accommodation.*
situazione, f. *situation, position.*
slacciare *to unfasten.*
sleale *disloyal, unfair.*
slealmente *unfairly; disloyally.*
slealtà *disloyalty.*

slegare *to unbind.*
slitta *sleigh, sled.*
slogare *to dislocate.*
  slogarsi una caviglia *to sprain an ankle.*
smacchiare *to remove stains from; to clean.*
smacchiatura *cleaning.*
smagliante *shining, dazzling.*
smalto *enamel.*
SMARRIRE *to lose.*
  smarrirsi *to lose one's way.*
smarrito *lost, bewildered.*
smemorato *forgetful.*
smentire *to belie; to deny.*
smeraldo *emerald.*
SMETTERE *to stop.*
  Smettila! *Stop it!*
  Smetto di lavorare alle sei. *I stop working at six.*
SMONTARE *to dismount; to get out; to take apart.*
  È smontato da cavallo. *He dismounted from his horse.*
  Ho dovuto smontare l'orologio. *I had to take the clock apart.*
smorto *pale, dull.*
snello *slender.*
sobborgo *suburb.*
soccorrere *to help.*
SOCCORSO *help, aid, succor.*
  chiedere soccorso *to ask for help.*
  prestare i primi soccorsi *to render first aid.*
  pronto soccorso *first aid.*
  società di mutuo soccorso *mutual aid society.*
sociale *social.*
socialismo *socialism.*
sòcietà *society, company.*
  in società con *in partnership with.*
  società anonima *joint-stock company.*
  società per azioni *limited company.*
socievole *sociable, companionable.*
SOCIO *associate, partner, member.*
  socio in affari *business associate.*
  Siamo tutti e due soci del medesimo circolo. *We are both members of the same club.*
soddisfacente *satisfactory.*
soddisfacentemente *satisfactorily.*
soddisfare *to satisfy.*
soddisfatto *satisfied.*
soddisfazione, f. *satisfaction.*
  con mia grande soddisfazione *to my great satisfaction.*
sodo *solid, substantial.*
  dormir sodo *to sleep soundly.*
  uovo sodo *hard-boiled egg.*
sofà m. *sofa.*
sofferente *suffering, unwell.*
sofferenza *suffering, pain.*
sofferto *suffered, endured.*

SOFFIARE *to blow.*
    soffiarsi il naso *to blow one's nose.*
SOFFICE *soft.*
soffio *puff, breath.*
    in un soffio *in a moment.*
    senza un soffio d'aria *without a breath of air.*
    un soffio di vapore *a puff of steam.*
    un soffio di vento *a breeze.*
soffitta *garret, attic.*
soffitto *ceiling.*
soffocante *suffocating, oppressive.*
soffocamento, f. *suffocation.*
    Morì per soffocamento durante un incendio.
        He suffocated during a fire.
SOFFOCARE *to choke; to suffocate; to smother; to stifle.*
SOFFRIRE *to suffer; to bear.*
    egli soffre di mal di cuore. *He is suffering from heart trouble.*
    Non posso soffrire quella gente. *I can't bear those people.*
    Se non ti concedi un po' di riposo, la tua salute ne soffrirà. *If you don't take some rest, your health will suffer.*
sofisticato *sophisticated.*
soggettivamente *subjectively.*
soggettivo *subjective.*
SOGGETTO *subject.*
    essere soggetto a *to be subject to.*
    un pessimo soggetto *a very bad specimen (of mankind).*
soggezione, f. *uneasiness, awe, embarrassment.*
    Egli mi fa soggezione. *He makes me uneasy.*
    Provo soggezione a parlarne. *It embarrasses me to speak of it.*
soggiornare *to sojourn; to reside.*
soggiorno *stay, sojourn.*
    Il nostro soggiorno a Parigi durerà due settimane. *Our sojourn in Paris will be two weeks long.*
soglia *threshold.*
sogliola *sole (fish).*
SOGNARE *to dream, to fancy.*
sognatore, m. *dreamer.*
sogno *dream.*
    neanche per sogno *by no means.*
SOLAMENTE *only, merely.*
    Se potessi solamente vederla! *If I could only see her!*
solare *solar.*
    luce solare *sunlight.*
SOLDATO *soldier.*
    fare il soldato *to be a soldier.*
soldo *cent.*
    Non vale un soldo. *It isn't worth a penny.*
SOLE, m. *sun.*
    bagno di sole *sun bath.*
    raggio di sole *ray of sun.*

solenne *solemn.*
solidarietà *solidarity.*
solido *solid, substantial.*
solitario *solitary.*
SOLITO *usual.*
    contro il mio solito *contrary to my custom.*
    più presto del solito *earlier than usual.*
sollecitare *to hasten; to entreat.*
sollecito *prompt, speedy, solicitous.*
    una risposta sollecita *a prompt reply.*
solleticare *to tickle.*
SOLLEVARE *to lift; to raise; to comfort.*
    sollevare gli occhi *to lift one's eyes.*
    sollevare una nuvola di polvere *to raise a cloud of dust.*
    sollevare un peso *to lift a weight.*
    Mi solleva il pensiero del tuo prossimo ritorno. *I am comforted by the thought of your impending return.*
    Molte voci si sollevarono in protesta. *Many voices were raised in protest.*
sollevato *lifted, raised; in good spirits.*
sollievo *relief, comfort.*
SOLO *alone, only.*
    Sono completamente sola al mondo. *I am completely alone in the world.*
    Sono i soli rimasti. *They are the only ones left.*
SOLTANTO *only.*
    Eravamo soltanto in due. *We were only two.*
soluzione, f. *solution.*
somiglianza *resemblance.*
SOMIGLIARE *to resemble.*
SOMMA *sum, amount.*
    fare una somma *to make an addition; to add; to total.*
sommare *to add.*
sommesso *subdued.*
sommità *summit, top.*
sommo *greatest, highest, supreme.*
sommossa *rising, riot.*
sonnambulo *sleepwalker.*
sonnecchiare *to doze.*
sonnellino *nap.*
SONNO *sleep.*
    aver sonno *to be sleepy.*
    malattia del sonno *sleeping sickness.*
    sonno leggero *light sleep.*
    sonno profondo *deep sleep.*
sontuoso *sumptuous.*
sopportare *to bear.*
soppressione, f. *suppression.*
soppresso *suppressed, abolished.*
sopprimere *to suppress; to abolish.*
SOPRA *on; on top of; above.*
    al piano di sopra *on the floor above.*
    andar di sopra *to go upstairs.*
    sopra zero *above zero.*

Posa quel libro sopra il tavolo. *Put that book on the table.*

sopracciglia *eyebrows.*

sopracciglio *eyebrow.*

soprannome, m. *surname, nickname.*

sopraffare *to overwhelm.*

soprano *soprano.*

soprassalto *start, jolt.*
    svegliarsi di soprassalto *to wake with a start.*

soprattutto *above all.*

sopravvivere *to survive; to remain in existence.*
    sopravvivere a *to outlive.*

sordità *deafness.*

SORDO *deaf.*
    fare il sordo *to turn a deaf ear.*
    sordo da un orecchio *deaf in one ear.*

sordomuto *deaf-mute.*

sorella *sister.*

SORGENTE, f. *spring, source.*
    sorgente di ricchezza *a source of wealth.*
    una sorgente d' acqua minerale *a mineral spring.*

sorgere *to rise; to arise (also noun, m.)*
    al sorgere del sole *at sunrise.*
    far sorgere dei dubbi *to give rise to doubt.*
    È sorto un malinteso. *A misunderstanding arose.*

sormontabile *surmountable.*

sormontare *to surmount; to overcome.*
    Abbiamo sormontato tutti gli ostacoli. *We have surmounted all the obstacles.*
    Non riesce a sormontare le difficoltà della vita. *He can't succeed in overcoming life's difficulties.*

sornione *sly, sneaking.*
    gatto sornione *tabby-cat.*

sorpassare *to surpass.*
    La produzione di quest'anno ha sorpassato quella dell'anno precedente. *This year's production surpassed last year's.*

sorpassato *surpassed, old-fashioned, outdated.*
    È un'usanza sorpassata. *It's an outdated custom.*

sorprendente *surprising, astonishing.*

SORPRENDERE *to surprise.*
    sorprendersi *to be surprised.*
    sorpresi in flagrante *caught in the act.*
    La tua condotta mi sorprende. *Your behavior surprises me.*
    Siamo stati sorpresi da una tempesta. *We were overtaken by a storm.*

SORPRESA *surprise.*
    con mia grande sorpresa *much to my surprise.*
    di sorpresa *by surprise.*
    fare una sorpresa a *to surprise.*
    cogliere di sorpresa *to take by surprise; to catch someone unawares.*

sorpreso *surprised, astonished.*

Siamo tutti molto sorpresi. *We are all very surprised.*

Sono rimasta sorpresa nel sentire. *I was surprised to hear it.*

SORRIDERE *to smile.*
    La fortuna mi sorride. *Fortune smiles on me.*

SORRISO *smile.*
    con sorriso amaro *with a bitter smile.*
    fare un sorriso a *to smile at.*

sorso *sip, gulp.*
    tutto d'un sorso *all in a gulp.*
    un sorso d'acqua *a sip of water; a drop of water.*

sorta *kind, lot.*
    di ogni sorta *of all kinds; all kinds of.*

SORTE, f. *lot, destiny, fate.*
    le sorti del paese *the destiny of the country.*
    tirare a sorte *to draw lots.*
    La sorte gli fu avversa. *Fate was against him.*

sorveglianza *superintendence, watch, surveillance.*
    sotto sorveglianza *under surveillance.*

sorvegliare *to oversee; to watch; to watch over.*
    sorvegliare i lavori *to oversee the work.*

sorvolare *to fly over; to pass over.*
    L'aereo ha sorvolato la mia casa. *The plane flew over my house.*
    Sorvoliamo questi dettagli di poca importanza. *Let's pass over these unimportant details.*

sospendere *to suspend; to adjourn; to hang.*
    Bisogna sospendere i lavori. *The work must be stopped.*
    La seduta fu sospesa. *The meeting was adjourned.*

sospeso *suspended, hung.*
    con animo sospeso *with anxious mind.*
    sospeso ad un chiodo *hanging on a nail.*
    sospeso in aria *hanging in mid-air.*
    tener in sospeso *to keep in suspense.*

SOSPETTARE *to suspect.*
    Non sospettavo di nulla. *I suspected nothing.*

sospetto *suspicion.*
    fare sorgere dei sospetti *to create suspicion.*
    sotto sospetto di *on suspicion of.*

sospettosamente *suspiciously.*

sospettoso *suspicious.*

sospirare *to sigh.*

sospiro *sigh.*
    sospiro di sollievo *a sigh of relief.*

SOSTA *halt, stay.*
    fare una sosta breve *to stop for a short while.*
    senza sosta *without pause; without stops.*
    Divieto di Sosta. *No Parking.*

sostanza *substance.*
    dare sostanza a *to give substance to.*
    in sostanza *on the whole.*

sostanziale *substantial.*

sostanzialmente *substantially.*

sostare *to stay; to stop.*

sostegno *support, mainstay.*
> senza sostegno alcuno *completely without support.*
> a sostegno delle sue teorie *in support of his theories.*

SOSTENERE *to support; to sustain; to hold up; to maintain.*
> Io sostengo il contrario. *I maintain the contrary.*
> sostenere una conversazione in italiano *to carry on a conversation in Italian.*

sostenuto *sustained, played, tolerated.*

SOSTITUIRE *to substitute; to replace; to take the place of.*
> essere sostituito da *to be replaced by.*

sostituto *substitute.*

sostituzione, f. *substitution, replacement.*
> Mi hanno dato questo paio di guanti in sostituzione di quelli difettosi. *They gave me this pair of gloves in place of the defective ones.*

SOTTANA *skirt.*

sotterfugio *subterfuge.*

sottinteso *understood, implied.*

sotterraneo *underground.*

sotterrare *to bury.*

sottile *subtle, thin.*
> sottile ironia *subtle irony.*

sottintendere *to understand.*

sottinteso *inuendo.*

SOTTO *under.*
> al di sotto di *below, beneath.*
> sott' acqua *underwater.*
> sotto forma di *in the shape of; in the guise of.*
> sotto l'influenza di *under the influence of.*
> sottosopra *upside down.*
> sotto sospetto *under suspicion.*
> sotto terra *underground.*
> sotto zero *below zero.*

sottolineare *to underline.*

sottomesso *submissive, subdued.*

sottomettere *to submit; to subdue.*

sottoporre *to submit to; to place under.*

sottoscritto *signed; (as noun) undersigned.*

sottoscrivere *to sign.*
> sottoscrivere a *to subscribe to.*

sottoscrizione *subscription.*

sottosopra *upside-down.*

sottoveste *undergarment.*

SOTTOVOCE *in a whisper.*

SOTTRARRE *to subtract; to steal.*
> sottrarsi a *to get out of; to avoid.*

sottrazione, f. *subtraction, theft.*

SOVENTE *often, frequently.*

sovrana (sovrano) *sovereign.*

sovrapporre *to superimpose.*

sovrastare *to dominate; to stand above.*

sovvertire *to overthrow.*

spaccare *to cleave; to split.*
> spaccare la legna *to chop wood.*

spaccio *shop.*
> spaccio di sale e tabacchi *tobacco and salt shop.*

spada *sword.*

spaghetti, m.pl. *spaghetti*

spagnolo *Spanish,* noun & adj. (Also *Spaniard.*)

spago *string.*

spaiato *unmatched.*

spalancare *to throw open.*
> spalancare la porta *to throw open the door.*

spalancato *wide-open.*
> finestra spalancata *wide-open window.*

SPALLA *shoulder.*
> scrollare le spalle *to shrug one's shoulders.*

spalliera *back (of a chair); back-rest.*

spalmare *to spread.*
> spalmare il burro sul pane *to spread butter on the bread.*

sparare *to shoot; to fire.*

sparecchiare *to clear away.*
> Ho sparecchiato la tavola. *I cleared the table.*

SPARGERE *to spread; to shed.*
> spargere sangue *to shed blood.*
> La notizia si è sparsa rapidamente. *The news was spread quickly.*

SPARIRE *to disappear; to vanish.*

sparizione, f. *disappearance.*

sparso *scattered.*

spasimo *spasm.*

spassionato *dispassionate, impartial.*
> giudizio spassionato *impartial judgment.*

spasso *amusement; fun.*
> andare a spasso *to go out for a walk.*

spavaldo *bold, defiant;* (as noun) *braggart.*

SPAVENTARE *to frighten.*
> spaventarsi *to become frightened.*

spavento *fright, terror, fear.*
> provare spavento *to feel fear.*

spaventoso *frightening, fearful.*

SPAZIO *space.*
> nello spazio di un giorno *in a day's time.*
> spazio bianco *blank space.*
> Non c'è spazio. *There is no room.*

spazioso *spacious, broad.*

spazzaneve, m. *snowplow.*

spazzare *to sweep; to sweep away.*

spazzatura *trash.*

SPAZZOLA *brush.*

spazzolino *small brush.*
> spazzolino di denti *toothbrush.*

SPECCHIO *mirror.*

SPECIALE *special.*

specialista, m. *specialist.*

specialità *specialty.*

la specialità della casa *the specialty of the house.*
specialmente *specially, especially.*
specie, f. *species, kind, sort.*
di ogni specie *of every kind.*
specificare *to specify.*
specifico *specific.*
speculare *to speculate.*
speculatore, m. *speculator.*
speculazione, f. *speculation.*
SPEDIRE *to send; to mail.*
Ho già spedito la lettera. *I have already mailed (sent) the letter.*
spedizione, f. *shipment.*
SPEGNERE *to extinguish; to blow out.*
spegnere la luce *to turn off the light.*
spegnersi *to die.*
spellare *to skin.*
SPENDERE *to spend.*
Chi più spende meno spende. *The best is always the cheapest.* (Who spends more, spends less.)
spensieratamente *thoughtlessly, lightheartedly.*
spensierato *lighthearted; without cares; happy-go-lucky.*
spento *extinguished.*
a luce spenta *with the lights out.*
uno sguardo spento *a lifeless expression.*
SPERANZA *hope.*
perdere ogni speranza *to lose all hope.*
senza speranza *hopeless.*
SPERARE *to hope.*
sperare in vano *to hope in vain.*
Spero di vederti domani. *I hope to see you tomorrow.*
SPESA *expense, expenditure.*
a spese mie *at my expense.*
fare spesa *to go shopping; to do the shopping.*
fare là spesa *to go to the grocery store.*
Si tratta di una spesa troppo grande. *It's too great an expense.*
SPESSO *thick, dense.*
SPESSO, adv. *often.*
Ci vediamo spesso. *We see each other often.*
spessore, m. *thickness.*
spettabile *respectable.*
spettacolare *spectacular.*
SPETTACOLO *spectacle, performance, sight.*
spettacolo di gala *gala performance.*
uno spettacolo triste *a sad sight.*
Egli ha dato spettacolo di sè. *He made a spectacle of himself.*
spettare *to belong; to be one's duty.*
Spetta a te decidere. *It's up to you to decide.*
spettatore, m.; **spettatrice,** f. *spectator.*
spettro *ghost, spectre.*
spezie, f. pl. *spices.*
spezzar(si) *to break.*

Mi si spezza il cuore. *My heart is breaking.*
Si è spezzato. *It broke.*
spiacente *sorry.*
Sono spiacente di fare ... *I'm sorry for doing ...*
spiacere *to displease; to be disagreeable; to be sorry for; to regret.*
spiacevole *unpleasant.*
spiacevolmente *unpleasantly.*
SPIAGGIA *shore, beach.*
spiantato *uprooted, ruined, broke.*
spiccato *detached, pronounced, marked.*
spicchio *segment, clove.*
spicciare *to dispatch.*
spicciarsi *to hurry.*
spicciolo *small.*
avere spiccioli *to have change.*
moneta spicciola *small change.*
spiedo *spit.*
allo spiedo *on the spit.*
SPIEGARE *to explain; to unfold.*
spiegare le ali *to spread out; to try one's wings; to unfold one's wings.*
Spiegami che cosa significa questa parola. *Explain the meaning of this word.*
spiegazione, f. *explanation.*
spietato *merciless, pitiless.*
spiga *ear.*
spiga di grano *ear of corn.*
spigliato *easy, frank.*
spigolo *corner, angle, edge.*
SPILLA *pin, brooch.*
cuscinetto per spille *pincushion.*
spilla di diamanti *diamond brooch.*
spilla da balia *safety pin.*
spilla di sicurezza *safety pin.*
spilorcio *miserly, stingy.*
spina *thorn; plug.*
spina dorsale *spinal column.*
spinaci, m.pl. *spinach.*
SPINGERE *to push; to drive.*
spingersi *to drive oneself; to push forward.*
Non spingere! *Don't push!*
Sono stata spinta a farlo. *I was driven to do it.*
spinoso *thorny.*
un problema spinoso *a thorny problem.*
spinta *push, shove.*
dare una spinta *to shove; to give a push forward.*
spintone, m. *violent push.*
spiraglio *opening, air-hole.*
SPIRITO *spirit, ghost, wit.*
senza spirito *without spirit.*
un uomo di spirito *a witty man.*
spiritoso *witty.*
spirituale *spiritual.*
splendente *shining, resplendent.*
splendere *to shine.*

splendidamente splendidly.
splendido splendid.
splendore, m. splendor.
spogliare to undress; to strip.
    spogliarsi to undress oneself.
spogliatòio dressing room.
spolverare to dust.
sponda bank (of a river).
spontaneamente spontaneously.
spontaneità spontaneity, spontaneousness.
spontaneo spontaneous.
SPORCARE to dirty.
    sporcarsi to get dirty; to become dirty.
sporcizia dirt.
sporco dirty.
sporgente protruding.
    denti sporgenti protruding teeth.
sporgere to put out; to stretch out; to lean out.
    Si è sporto dalla finestra. He leaned out the
        window.
    Ha sporto la mano dal finestrino
        dell'automobile. He put his hand out of
        the car window.
sportello window, booth.
    sportello dei biglietti ticket window.
SPOSA bride.
sposalizio wedding.
sposare to marry.
    sposarsi to get married.
sposo groom.
spossato weary, fatigued.
spostare to move; to shift.
    Si è spostato da un paese all'altro. He moved
        from one country to the other.
    Sposta quel libro dall'altra parte del tavolo.
        Shift that book to the other side of the
        table.
sprecare to waste.
spreco waste.
spregevole despicable.
spremere to squeeze; to wring out.
    spremere un arancia to squeeze an orange.
spremuta squeezing.
    una spremuta d'arancia freshly squeezed
        orange juice.
sprofondare to sink; to collapse.
sproporzionatamente disproportionately.
sproporzionato disproportionate.
sproporzione disproportion.
sproposito mistake, blunder.
spugna sponge.
spuma foam, lather.
spumante sparkling wine.
spumeggiante sparkling.
spuntare to appear; to break through.
spuntino snack.
    fare uno spuntino to have a snack.
sputare to spit.

squadra team.
squalifica disqualification.
squallido squalid; miserable.
squalo shark.
squilibrio lack of balance.
    squilibrio mentale mental unbalance.
squillare to resound; to ring.
squisitamente exquisitely.
squisito exquisite.
sradicare to uproot.
sregolato disordered, irregular.
stàbile stable, steady.
stabilimento factory, establishment.
stabilire to establish; to settle.
    Si è stabilito in Italia. He settled in Italy.
    Stabiliamo prima dove c'incontreremo. Let's
        settle first where we are going to meet.
stabilità stability.
stabilizzare to stabilize.
staccare to detach.
    staccarsi da to part from.
stadio stadium.
staffa stirrup.
    Ha perduto le staffe. He lost his temper. (He
        lost his stirrups.)
stagionale seasonal.
stagione, f. season.
stagnante stagnant.
stagnare to cover with tin; to stop (the flow of a
    liquid); to be stagnant.
    Le acque stagnano. The waters are stagnant.
stagno pond.
stagnola tinfoil.
stalla stable.
stampa print, press.
    errore di stampa misprint.
    libertà di stampa freedom of the press.
stampante printer.
stampare to print.
stampatello block letters.
STANCARE to tire.
    stancarsi to get tired.
stanchezza tiredness.
stanco tired.
STANOTTE tonight.
STANZA room, chamber.
    prendere una stanza in albergo to take a room
        in an hotel.
    prenotare una stanza d'albergo to reserve a
        room at a hotel.
    stanza da letto bedroom.
    Si Affitta Stanza. Room to Let.
STARE to stay.
    non stare in se to be beside oneself.
    stare a sentire to listen to.
    stare attento to be careful.
    stare bene to feel well.
    stare in piedi to stand up.

Che cosa stai facendo? *What are you doing?*
Come stanno le cose? *How do things stand?*
Lasciami stare! *Let me be!*
Stai qui finchè torno. *Stay here till I come back.*
Sto preparando il pranzo. *I'm preparing dinner.*

starnutire *to sneeze.*
starnuto *sneeze.*
STASERA *this evening; tonight.*
statale adj. *state.*
  impiegato statale *state employee.*
STATO *state.*
  affari di stato *affairs of state.*
  in cattivo stato *in bad shape; in poor condition.*
  Gli Stati Uniti *The United States.*
  Lo stato della sua salute mi preoccupa. *The state of his health worries me.*
  Questo stato di cose non può durare. *This state of affairs cannot last.*
statua *statue.*
STAZIONE, f. *station.*
  stazione balneare *beach resort; seaside resort.*
  stazione climatica *health resort.*
  stazione ferroviaria *railroad station.*
STELLA *star.*
  portare alle stelle *to praise someone to the skies.*
stellato *starry, star-studded.*
stelo *stem, stalk.*
stemma, m. *emblem; coat of arms.*
stendere *to stretch out.*
  stendere un contratto *to draw up a contract.*
  Mi ha steso la mano. *He offered his hand.*
stento *difficulty, fatigue.*
STESSO *self, selves.*
  egli stesso *himself.*
  essa stessa *herself.*
  me stessa *myself, I.*
  noi stessi *ourselves.*
STESSO, adj. *same.*
  dello stesso sangue *of the same blood; kindred.*
  sempre lo stesso *always the same.*
stesura *drafting; drawing up (a document).*
stile, m. *style.*
stima *esteem, evaluation.*
  degno di stima *worthy of esteem.*
  fare una stima *to evaluate; to make an appraisal.*
stimare *to appraise; to consider; to esteem.*
  Ho fatto stimare il mio anello. *I had my ring appraised.*
stimolante *stimulating.*
stimolare *to stimulate.*
  L'odore d'arrosto stimola il mio appetito. *The smell of roast whets (stimulates) my appetite.*
stipendio *salary, wage.*
STIRARE *to iron.*
  far stirare *to have ironed.*
stirar(si) *to stretch.*
stivale, m. *boot.*
stizza *grudge, pique.*
stoffa *material, fabric.*
  fatto di stoffa buona *made with good material.*
stolto *foolish, silly.*
stomaco *stomach.*
  mal di stomaco *stomachache.*
stonato *out of tune.*
stordire *to stun.*
stordito *dizzy.*
STORIA *story, tale, history.*
  raccontare una storia *to tell a story.*
  La storia insegna ... *history teaches us ...*
storico *historical; (as noun) historian.*
storto *crooked.*
stoviglie *dishes.*
stracciare *to tear.*
straccio *rag.*
  carta straccia *wrapping paper; wastepaper.*
STRADA *street, road.*
  farsi strada *to make headway; to get on.*
  per strada *on the road.*
  strada di campagna *country road.*
  strada facendo *on the way.*
  strada maestra *main street.*
  È sulla mia strada. *It's on my way.*
  Non mi ha detto che strada prendere. *He did not tell me which road to take.*
stranezza *strangeness; oddness.*
STRANIERO *foreign; (as noun) foreigner.*
  Egli parla una lingua straniera. *He speaks a foreign language.*
strano *strange, queer, odd.*
  Mi sembra strano. *It seems strange to me.*
straordinario *extraordinary.*
strapazzo *overwork, disorder.*
strappare *to snatch; to tear.*
strappo *pull; tear.*
  fare uno strappo alla regola *to make an exception to the rule.*
strato *layer.*
  strato su strato *layer upon layer.*
  uno strato di pòlvere *a layer of dust.*
stravolgere *to distort.*
stravolto *altered, troubled.*
strega *witch.*
stregare *to bewitch.*
strepito *noise.*
STRETTA *grasp, grip, hold.*
  rallentare la stretta *to relax the grip.*
  una stretta di mano *handshake.*

STRETTO *narrow, tight; (as noun) strait.*
>La strada è molto stretta. *The street is very narrow.*
>Lo Stretto di Messina. *The Strait of Messina.*
>Questo vestito è troppo stretto per me. *This dress is too tight for me.*

stridente *shrill, sharp.*
stridere *to screech; to shriek.*
strillare *to scream; to shout.*
strillo *cry, shriek.*
STRINGERE *to tighten.*
>far stringere i freni *to have the brakes tightened.*
>stringere amicizia con *to make friends with.*
>stringere la mano *to shake hands.*
>Il tempo stringe. *Time presses; time is drawing short.*

striscia *strip, stripe.*
>a strisce *striped.*

strisciare *to creep; to slide.*
strizzare *to wring out; to squeeze.*
>strizzare i panni *to wring clothes out.*
>strizzare un occhio *to wink.*

strofinare *to rub.*
>strofinarsi *to rub oneself.*

strumento *tool, implement, instrument.*
studente, m.; **studentessa,** f. *student.*
STUDIARE *to study.*
studio *study.*
stufa *stove.*
stufare *to stew.*
>stufarsi *to grow weary* (colloq).

stufato *stew.*
stufo *weary, tired.*
stupendo *stupendous.*
stupidamente *stupidly.*
stupido *stupid; (as noun) fool.*
stupire *to astonish.*
>stupirsi *to be astonished.*

stupore, m. *astonishment, stupor.*
stuzzicadenti *toothpick.*
SU *up, above, on.*
>andar su per le scale *to go up the stairs.*
>sulla panca *on the bench.*
>sullo scaffale *on the shelf.*
>su per giù *more or less.*
>più su *further up.*

subacqueo *underwater.*
subire *to endure; to feel.*
SUBITO *immediately; at once.*
>subito dopo *right after.*
>subito prima *just before.*
>Bisogna farlo subito. *It must be done right away.*
>Torno subito. *I'll be right back.*
>Vieni subito! *Come quickly!*

sublime *sublime.*
SUCCEDERE *to happen; to follow.*

>Che cosa è successo? *What happened?*
>La calma succede alla tempesta. *Calm follows the storm.*

successione, f. *succession.*
successivamente *successively.*
successivo *successive, following.*
>la settimana successiva *the following week.*

successo *success.*
>aver successo *to be successful.*

successore, m. *successor.*
SUCCHIARE *to suck.*
succo *juice.*
succursale, f. *branch; branch office; subsidiary.*
SUD, m. *south.*
>a sud di *south of.*
>sud-est *southeast.*
>sud-ovest *southwest.*

sudare *to perspire; to sweat.*
suddetto *above-mentioned.*
suddito *subject.*
sudicio *dirty.*
sudore, m. *perspiration, sweat.*
sufficiente *sufficient.*
sufficienza *sufficient quantity.*
>a sufficienza *more than enough.*

suggerire *to suggest; to prompt.*
sughero *cork.*
sugo *juice, gravy.*
>sugo di pomodoro *tomato sauce.*

suicidio *suicide.*
SUO, sua, suoi, sue (il suo; la sua; i suoi; le sue) *his, her, its, your (polite).*
>la sua maestra *his teacher; her teacher.*
>suo padre *his father; her father.*
>Metti questo libro al posto suo. *Put this book in its place.*
>Vive coi suoi. *He lives with his parents (family).*

SUOCERA *mother-in-law.*
SUOCERO *father-in-law.*
suola *sole (of shoes).*
suolo *soil, ground.*
>il patrio suolo *native soil.*
>cadere al suolo *to fall to the ground.*

SUONARE *to sound; to ring; to play.*
>suonare il campanello *to ring the bell.*
>suonare il pianoforte *to play the piano.*
>suonare l'allarme *to sound the alarm.*

SUONO *sound.*
>a suon di *to the tune of.*

suora *nun, sister.*
SUPERARE *to surpass; to excel; to exceed.*
>superare gli esami *to pass one's examinations.*
>superare in numero *to surpass in number.*
>Mi supera per talento. *He has greater talent than I.*

superbo *proud.*

superficiale *superficial.*
superficie, f. *surface.*
superfluo *superfluous.*
superiore *superior* (also noun, m.).
superiorità *superiority.*
superlativo *superlative.*
supermercato *supermarket.*
superstite *surviving.*
superstizione, f. *superstition.*
suppergiù *approximately, about.*
supporre *to suppose.*
supposizione, f. *supposition.*
supposto *supposed.*
supremazia *supremacy.*
supremo *supreme.*
    la Corte Suprema *the Supreme Court.*
suscettibile *susceptible, touchy.*
suscettibilità *susceptibility.*
    offendere la suscettibilità di *to hurt the feelings of.*
suscitare *to rouse; to provoke; to give rise to.*
    suscitare l'ira di qualcuno *to rouse someone's anger.*
    suscitare uno scandalo *to provoke a scandal.*
sussurrare *to murmur; to mutter; to whisper.*
Suvvia *Come on!*
svagare *to distract.*
    Mi voglio svagare un po'. *I want to amuse myself (distract myself) a little.*
svago *amusement, recreation; fun.*
svalutare *to devalue; to depreciate.*
svalutazione *depreciation.*
SVANIRE *to vanish.*
svanito *vanished.*
svantaggio *disadvantage.*
svasato *A-line.*
svedese *Swedish.*
SVEGLIA *alarm clock.*
SVEGLIARE *to wake.*
svegliar(si) *to wake up.*
sveglio *awake, alert, quick-witted.*
    È una ragazza molto sveglia. *She is a very bright girl.*
    Sono sveglio dalle sette di questa mattina. *I've been awake since seven this morning.*
svelare *to reveal.*
    svelare un segreto *to reveal a secret.*
sveltezza *quickness.*
svelto *quick, rapid, swift.*
    Bisogna agire alla svelta. *We must act quickly.*
svenire *to faint.*
sventura *misfortune.*
sventurato *unfortunate, unlucky.*
svenuto *fainted.*
svestire *to undress.*
    svestirsi *to undress oneself.*
sviare *to mislead; to lead astray.*

sviluppo *development, growth.*
svista *oversight.*
    Fu una svista da parte mia. *It was an oversight on my part.*
svitare *to unscrew.*
svizzero *Swiss* (also noun).
svogliato *indifferent; lazy.*
svolgere *to develop; to unfold.*
svolta *turn; turning point.*

T

tabaccàio *tobacco-shop owner.*
tabaccheria *tobacco store.*
tabacco *tobacco.*
tabella *list.*
tacchino *turkey.*
tacco *heel.*
taccuino *notebook.*
TACERE *to be silent.*
    far tacere *to silence.*
tacitamente *silently, tacitly.*
tacito *tacit, silent.*
taciturno *taciturn.*
taffetà *taffeta.*
taglia *size, ransom.*
    della stessa taglia *of the same size.*
tagliacarte, m. *paper knife.*
TAGLIARE *to cut.*
    essere tagliato per *to be cut out for.*
    farsi tagliare i capelli *to get a haircut.*
    tagliare i panni addosso a *to speak ill of.*
tagliatelle, f. *noodles.*
tagliente *cutting, sharp.*
taglio *cut.*
    Il taglio di questo vestito non mi sta bene. *The cut of this suit is not good for me.*
talco *talc.*
TALE *such.*
    di uno splendore tale *of such splendor.*
    il signor Tal dei Tali *Mr. So-and-So.*
    quel tale *that person.*
    tale e quale *exactly the same.*
talento *talent, intelligence.*
tallone, m. *heel.*
talmente *so; so much.*
talvolta *sometimes.*
tamburo *drum.*
tana *den, lair.*
tangibile *tangible.*
tangibilmente *tangibly.*
TANTO *so; so much.*
    di tanto in tanto *from time to time.*
    ogni tanto *every so often.*
    tanto meglio *so much the better.*
    tanto per cominciare *to begin with.*

tanto quanto *as much as.*
una volta tanto *once in a while.*
Si vogliono tanto bene. *They love each other so much.*
tappa *halting place.*
a piccole tappe *in small stretches.*
tappare *to stop; to stop up; to cork.*
tappare una bottiglia *to cork a bottle.*
tappeto *rug, carpet.*
tappezzeria *tapestry, wallpaper.*
tappo *stopper, cork.*
TARDARE *to delay; to be late.*
Non tardare per pranzo. *Don't be late at lunch.*
Non tarderanno molto a venire. *They will not be very late coming.*
TARDI *late.*
fare tardi *to be late.*
meglio tardi che mai *better late than never.*
presto o tardi *sooner or later.*
Si sta facendo tardi. *It's getting late.*
targa *plate, nameplate.*
targa dell' automobile *license plate.*
tariffa *rate, tariff.*
tarma *moth.*
tartaruga *tortoise, turtle.*
tartina *slice of bread spread with mayonnaise and various ingredients on the top.*
tasca *pocket.*
taschino *breast pocket.*
tassa *tax, duty.*
tassa d'ammissione *entrance fee.*
tassa sul reddito *income tax.*
tassare *to tax.*
tassativo *positive, explicit.*
tassì, m. *taxi.*
tasso *rate.*
tasso di cambio *rate of exchange.*
tasso d'interesse *rate of interest.*
tastiera *keyboard.*
tasto *key (of musical instruments).*
tattica *tactics.*
seguire la tattica sbagliata *to go about things in the wrong manner.*
TAVOLA *table, board, plank.*
apparecchiare la tavola *to set the table.*
sparecchiare la tavola *to clear the table.*
una tavola di legno *a wooden board.*
tavoletta *tablet; bar.*
una tavoletta di cioccolato *a bar of chocolate.*
TAZZA *cup.*
tazza da tè *teacup.*
tazza di tè *cup of tea.*
te *you,* sing.
Parlo di te. *I am speaking of you.*
tè, m. *tea.*
teatrale *theatrical.*
TEATRO *theater.*

tecnica *technique.*
tecnicamente *technically.*
tecnico *technical; (as noun) technician.*
tecnologia *technology.*
tedesco *German (also noun).*
tegame, m. *pan.*
tegola *tile.*
teiera *teapot.*
tela *cloth, linen; canvas.*
olio su tela *oil on canvas.*
telecamara *video camera.*
telcomando *remote control.*
telecomunicazioni *telecommunication.*
telefonare *to telephone.*
telefonata *telephone call.*
telefonata a carico del destinatario *collect call.*
telefonicamente *by telephone.*
telefonico *telephonic.*
cabina telefonica *telephone booth.*
elenco telefonico *telephone book.*
telefonista, m. & f. *telephone operator.*
telefono *telephone.*
telegiornale *TV news.*
telegrafare *to telegraph; to wire.*
telegrafia *telegraphy.*
telegraficamente *telegraphically.*
telegrafico *telegraphic.*
ufficio telegrafico *telegraph office.*
telegrafista, m. & f. *telegraphist.*
telègrafo *telegraph.*
telegramma *telegram, wire, cable.*
telepatìa *telepathy.*
telepatìa mentale *mental telepathy.*
telescòpio *telescope.*
telescrivente, f. *tape machine.*
televisione, f. *television.*
telex *telex machine.*
tema, m. *theme.*
temerario *rash.*
TEMERE *to fear; to be afraid; to dread.*
Non temo nulla. *I fear nothing.*
temibile *dreadful.*
temperante *temperate, sober, tempering.*
temperatura *temperature.*
temperino *penknife.*
tempesta *storm, tempest.*
una tempesta in un bicchier d'acqua *a storm in a teapot.*
tempestivo *timely.*
tempestoso *tempestuous.*
mare tempestoso *stormy sea.*
tempia *temple (side of head).*
tempio *temple (cathedral).*
TEMPO *weather.*
cattivo tempo *bad weather.*
di questi tempi *in these times.*
nello stesso tempo *at the same time.*

perdere tempo *to lose time.*
tempo fa *some time ago.*
tempo presente *present tense.*
Che tempo fa? *How is the weather?*
Chi ha tempo non aspetti tempo. *Never put off till tomorrow what can be done today.*
Da quanto tempo non ci vediamo! *How long it has been since we've seen each other!*
È tempo di ... *It's time to ...*

temporale, m. *storm.*
temporaneamente *temporarily.*
temporaneo *temporary.*
tenace *tenacious, persevering.*
tenacemente *tenaciously.*
tenacia *tenaciousness.*
tenda *tent, curtain.*
tendenza *tendency.*
tendere *to tend to; to stretch out; to hold out.*
tenebre *darkness.*
tenente, m. *lieutenant.*
teneramente *tenderly.*
TENERE *to keep; to hold.*

tenere a mente *to remember; to keep in mind.*
tenere compagnìa a *to keep someone company.*
tenere d'occhio *to keep an eye on.*
tenere gli occhi aperti *to keep one's eyes open.*
tenere il broncio verso *to keep a grudge against.*
tenersi a destra *to keep to the right.*
tenersi in contatto con *to keep in contact with.*
Non ci tengo. *I don't care about it.*

tenerezza *tenderness.*
tenero *tender, affectionate.*
tenore, m. *tenor; way.*
tenore di vita *way of life.*
tensione, f. *tension.*
tensione nervosa *nervous tension.*
TENTARE *to attempt.*
tentativo *attempt, endeavor.*
tentazione, f. *temptation.*
resistere alla tentazione *to resist temptation.*
tentennare *to sway; to hesitate.*
teorìa *theory.*
teppismo *hooliganism.*
terme, f. pl. *hot springs.*
TERMINARE *to finish; to end.*
Appena ho terminato questo lavoro, ti raggiungo. *I'll join you as soon as I finish this work.*
termine, m. *term, limit, boundary.*
allo scadere del termine fissato *at the end of the established term.*
aver termine *to end.*
fissare un termine *to fix a date; to set a date.*
porre termine a *to put an end to.*
ridurre ai minimi termini *to reduce to the lowest terms.*
secondo i termini stabiliti in precedenza *according to the terms previously agreed to.*

termòmetro *thermometer.*
termos, m. *thermos bottle.*
termosifone, m. *radiator (heating).*
TERRA *earth.*
cader per terra *to fall to the ground.*
per terra *on the ground.*
scendere a terra *to go ashore.*
terra madre *motherland; native land.*
terra nativa *native land.*
terrazza *balcony, terrace.*
terreno *earthly; (as noun) earth.*
a pian terreno *on the ground floor.*
perdere terreno *to lose ground.*
terribile *terrible.*
terribilmente *terribly.*
territorio *territory.*
terrore, m. *terror.*
terrorismo *terrorism.*
terrorizzare *to terrorize.*
TERZA *third class.*
fare la terza elementare *to be in the third grade in elementary school.*
mettere in terza *to shift to high gear.*
viaggiare in terza *to travel third class.*
TERZO *third (also noun).*
teso *stretched out; tightened.*
tesoro *treasure.*
tessera *card, ticket.*
tessile *textiles.*
tessuto *cloth, fabric.*
TESTA *head.*
alla testa di *at the head of.*
giramento di testa *dizzy spell.*
mal di testa *headache.*
perdere la testa *to lose one's head.*
testamento *will.*
testardaggine, f. *stubbornness.*
testardamente *stubbornly.*
teste, m. & f. *witness.*
testimone, m. & f. *witness.*
testimone oculare *eyewitness.*
testimonianza *testimony.*
testimoniare *to witness.*
testo *text.*
libro di testo *textbook.*
testuale *exact, precise.*
le mie testuali parole *my very words.*
tetro *gloomy, dismal.*
TETTO *roof.*
TI *you, to you; yourself.*
Che cosa ti ha detto? *What did he tell you?*
Questo libro ti appartiene. *This book belongs to you.*
Ti sei guardato allo specchio? *Did you look at*

yourself in the mirror?
tiepido *tepid, lukewarm.*
tifone, m. *typhoon.*
tifoso *typhus patient; fan.*
    un tifoso di pugilato *boxing fan.*
tigre, f. *tiger, tigress.*
timbro *stamp.*
    timbro postale *postmark.*
timidamente *timidly.*
timidezza *timidity, shyness.*
timido *timid, shy.*
TIMORE, m. *fear.*
    aver timore di *to be afraid of.*
    per timore di *for fear of.*
timpano *eardrum.*
tingere *to dye; to tint.*
    tingere di nero *to dye black.*
    tingersi i capelli *to dye one's hair.*
tinta *dye.*
    a forti tinte *sensational.*
tintore, m. *dyer.*
tipicamente *typically.*
tipico *typical.*
tipo *type.*
tiranno *tyrant.*
TIRARE *to draw; to pull.*
    tirare a scherma *to fence.*
    tirare a sorte *to draw lots.*
    tirare avanti *to keep going.*
    tirare un colpo *to fire a shot.*
    tirar per le lunghe *to go on and on.*
    tirarsi da parte *to stand aside.*
    tirarsi indietro *to draw back.*
    una carrozza tirata da quattro cavalli *a coach drawn by four horses.*
tiro *trick.*
tirocinio *apprenticeship.*
titolo *title.*
titubante *hesitant, irresolute.*
titubanza *hesitancy, irresoluteness.*
titubare *to hesitate; to waver.*
TOCCARE *to touch.*
    toccare il cuore *to touch one's heart.*
    toccare sul vivo *to touch a sore spot.*
    A chi tocca? *Whose turn is it?*
    Mi tocca rifare la strada. *I have to retrace my footsteps.*
TOGLIERE *to take; to take off; to remove.*
    togliere di mano *to snatch.*
    togliersi di mezzo *to get out of the way.*
    togliersi il cappello ed il cappotto *to remove one's hat and coat.*
    togliersi la vita *to commit suicide.*
tollerabile *tolerable.*
tollerante *tolerant.*
tolleranza *tolerance.*
tomba *grave, tomb.*
tonalità *tonality.*

tondo *round.*
    cifra tonda *round sum.*
    dire chiaro e tondo *to speak plainly.*
tonico *tonic,* noun *and* adj.
tonnellata *ton.*
tonno *tuna.*
tono *tone, tint.*
    con tono aspro *with a sharp tone.*
    Non permetto che mi si parli in quel tono di voce. *I will not be spoken to in that tone of voice.*
tonsilla *tonsil.*
tonsillite, f. *tonsillitis.*
topazio *topaz.*
topo *mouse.*
    Topolino. *Mickey Mouse (little mouse).*
torbido *muddy; not clear.*
torcere *to twist.*
torcia *torch.*
torcicollo *stiff neck.*
tormenta *blizzard.*
tormentare *to torment.*
    tormentarsi *to torment oneself; to worry.*
tormento *torment, torture.*
TORNARE *to return.*
    tornare a casa *to come home.*
    tornare in se *to come to one's senses.*
    tornare sui propri passi *to retrace one's footsteps.*
    Il conto non torna. *The account is incorrect.*
    Torna indietro! *Come back!*
tornèo *tournament.*
toro *bull.*
torre, f. *tower.*
    Torre di Pisa *the Tower of Pisa (the Leaning Tower).*
torrente, m. *torrent, stream.*
torrido *torrid; burning.*
torrione *large tower; castle keep.*
torrone *nougat.*
torso *trunk, torso.*
torta *cake, pastry.*
    torta di frutta *pie.*
tortellini *stuffed macaroni.*
TORTO *wrong.*
    a torto o a ragione *right or wrong.*
    aver torto *to be wrong.*
    essere dalla parte del torto *to be in the wrong.*
    fare un torto a *to wrong someone.*
tortuoso *tortuous, winding.*
tortura *torture, pain.*
tosse *cough.*
    tosse convulsiva *whooping cough.*
    un colpo di tosse *a coughing fit; a coughing spell.*
    Ho la tosse. *I have a cough.*
tossico *toxic.*
TOSSIRE *to cough.*

tostare *to toast.*
  pane tostato *toasted bread.*
tosto *hard.*
  aver la faccia tosta *to have cheek; to be impudent.*
tosto, adv. *soon.*
totale, m. *total (also adj).*
totalità *totality, whole.*
totalmente *totally.*
TOVAGLIA *tablecloth.*
tovagliolo *napkin.*
traballare *to stagger; to reel.*
traboccare *to overflow.*
traccia *trace, track, trail.*
  mettersi sulle tracce di *to follow in the trail of.*
  perdere le tracce di *to lose track of.*
  seguire la traccia di *to follow the track of.*
  Non ne rimane neppure una traccia. *There is not a trace of it left.*
tracciare *to trace; to mark out; to draw.*
  tracciare una linea *to make a line.*
tradimento *betrayal, treason.*
  colpevole di alto tradimento *guilty of high treason.*
TRADIRE *to betray; to deceive; to be unfaithful to.*
  tradire la propria moglie *to be unfaithful to one's wife.*
  tradirsi *to betray oneself; to give oneself away.*
  Egli ha tradito la patria. *He betrayed his country.*
  La sua espressione tradiva il suo terrore. *Her expression betrayed her terror.*
traditore, m.; **traditrice,** f. *traitor.*
tradizionale *traditional.*
tradizione *tradition.*
traducibile *translatable.*
tradurre *to translate.*
  tradurre dall' italiano all'inglese *to translate from Italian to English.*
traduttore, m.; **traduttrice,** f. *translator.*
traduzione, f. *translation.*
trafficante *dealer.*
trafficare *to trade; to traffic.*
traffico *traffic.*
tragedia *tragedy.*
traghetto *ferry, ferryboat.*
tragicamente *tragically.*
tragico *tragic;* (as noun) *tragedian.*
tragicomico *tragicomic.*
tragitto *journey, passage.*
traiettoria *trajectory.*
trainare *to haul; to drag.*
tralasciare *to leave out; to omit.*
  senza tralasciare nulla *without leaving anything out.*

tralucere *to be transparent; to shine through.*
tram, m. *trolley car.*
trama *plot.*
tramandare *to hand down.*
  Questa usanza fu tramandata da padre in figlio. *This custom was handed down from father to son.*
tramite *through.*
  tramite un'agenzia *through an agency.*
TRAMONTARE *to go down; to set; to fade.*
  al tramontar del sole *at sundown.*
  La sua gloria non tramonterà mai. *His glory will never fade.*
tramonto *setting.*
  tramonto del sole *sunset.*
trampolino *springboard.*
tramutare *to transmute; to turn.*
  La sua gioia si è tramutata in dolore. *His joy turned to sorrow.*
tranello *trap, snare.*
  tendere un tranello *to trap; to ensnare.*
TRANNE *save, but, except.*
  tutti tranne uno *all save one; all but one.*
  Ha invitato tutti tranne Maria. *She invited everyone except Mary.*
tranquillamente *peacefully.*
tranquillizzare *to quiet; to calm.*
  tranquillizzarsi *to calm down; to calm oneself.*
tranquillità *tranquility, peace.*
tranquillo *peaceful.*
  mare tranquillo *a calm sea.*
  Lasciami tranquillo. *Leave me in peace.*
transazione, f. *transaction.*
transigere *to yield; to come to terms.*
  Su questioni di denaro io non transigo. *On financial matters I do not yield.*
transitare *to pass through.*
  Molte persone transitano per questa strada. *Many people pass through this street.*
trànsito *transit.*
  La merce è in trànsito. *The merchandise is in transit.*
  Vietato il Trànsito! *No Through Traffic!*
transitorio *transitory, temporary.*
transizione, f. *transition.*
tranvài, m. *streetcar; trolley car.*
trapiantare *to transplant.*
trapianto *graft.*
trappola *trap, snare.*
  cadere in trappola *to be caught in a trap.*
trapunta *quilt.*
trarre *to draw; to draw out.*
  trarre in inganno *to deceive.*
  trarre ispirazione da *to draw inspiration from.*
  trarre vantaggio da *to benefit from.*
  trarsi in disparte *to draw aside.*

trasalire *to start.*
  Un rumore improvviso mi ha fatto trasalire. *A sudden noise made me start (startled me).*
trasandato *careless.*
trascinare *to drag.*
  trascinare per terra *to drag about the floor.*
  trascinarsi *to drag oneself.*
trascorrere *to spend; to pass.*
  trascorrere il tempo leggendo *to spend the time reading.*
  Abbiamo trascorso un' estate meravigliosa in campagna. *We spent a marvelous summer in the country.*
  Sono trascorsi molti anni dall' ultima volta che lo vidi. *Many years have gone by since the last time I saw him.*
trascrivere *transcribe.*
trascrizione, f. *transcription.*
trascurabile *negligible.*
TRASCURARE *to neglect.*
  trascurare il proprio dovere *to neglect one's duties.*
  trascurarsi *to neglect oneself.*
trascuratamente *carelessly.*
trascuratezza *carelessness, neglect.*
trascurato *careless.*
trasferimento *transfer.*
trasferire *to transfer.*
  trasferirsi *to move.*
  Fu trasferito da una città all' altra. *He was transferred from one city to the other.*
trasformare *to transform.*
  trasformarsi *to transform oneself.*
trasformazione, f. *transformation.*
trasfusione, f. *transfusion.*
  trasfusione di sangue *blood transfusion.*
trasgredire *to transgress.*
traslato *metaphor.*
traslocare *to move; to change address.*
trasloco *removal.*
  furgone per traslochi *moving van.*
trasmettere *to transmit.*
  trasmettere per radio *to broadcast.*
trasmettitore, m. *transmitter.*
trasmissione, f. *transmission, broadcast.*
trasognato *dreamy; lost in reverie; lost in daydreams.*
trasparente *transparent.*
trasparenza *transparency.*
trasparire *to shine through; to be transparent.*
traspirare *to perspire.*
traspirazione, f. *perspiration.*
trasportare *to transport; to convey.*
  trasportare per mare *to transport by sea.*
  trasportare per terra *to transport by land.*
trasportato *transported.*
trasporto *transportation, transport.*
  Non vi sono mezzi di trasporto. *There is no means of conveyance.*
trasversale *transversal.*
trasvolare *to fly across; to fly.*
trasvolata *flight.*
tratta *draft.*
  pagare una tratta *to pay a draft.*
  tratta bancaria *bank draft.*
trattabile *tractable, treatable.*
trattamento *treatment.*
TRATTARE *to treat; to deal (with).*
  trattare bene *to treat well.*
  trattare male *to treat badly.*
  trattare un argomento *to deal with a subject.*
  trattarsi *to be a question of.*
  Di che si tratta? *What is it all about?*
  Si tratta della prossima festa. *It's about the coming party.*
trattative, f. pl. *negotiations.*
  condurre a termine le trattative *to carry out negotiations.*
  essere in trattative *to be negotiating.*
  Abbiamo dovuto interrompere le trattative. *Negotiations had to be interrupted.*
trattato *treaty.*
  trattato di pace *peace treaty.*
TRATTENERE *to withold; to restrain; to keep.*
  trattenere il respiro *to hold one's breath.*
  trattenere le lacrime *to restrain one's tears.*
  Mi dispiace non potermi trattenere più a lungo con voi. *I'm sorry I can't stay with you any longer.*
  Riesco a stento a trattenermi. *I can hardly restrain myself.*
  Si è trattenuta la somma che gli dovevo. *He withheld the sum I owed him.*
trattenimento *entertainment.*
  Vorrei organizzare un piccolo trattenimento in casa mia domani sera. *I would like to organize a small party at my house tomorrow night.*
trattenuta *deduction.*
trattino *hyphen, dash.*
TRATTO *stroke, gesture.*
  a grandi tratti *by leaps and bounds.*
  tutto d'un tratto *all of a sudden.*
  un tratto signorile *very refined manners.*
  un tratto di strada *a part of the way.*
trattore, m. *tractor.*
trattoria *restaurant; eating place.*
travaglio *labor, toil, anxiety.*
travatura *beams.*
trave, f. *beam, rafter.*
traversa *side-street; crossroad.*
TRAVERSARE *to cross.*
  traversare una strada *to cross a street.*
traversata *crossing.*
traverso *cross; adverse.*
  andare di traverso *to go the wrong way.*

di traverso *sideways, askance.*

travestimento *disguise.*

travestire *to disguise.*

travisare *to distort; to misrepresent.*

Egli ha travisato completamente i fatti. *He completely distorted the facts.*

travolgere *to sweep away.*

TRE *three.*

treccia *braid.*

portare le treccie *to wear one's hair in braids.*

trecento *three hundred.*

tredicesimo *thirteenth,* noun & adj.

tredici *thirteen.*

tregua *truce.*

senza tregua *unrelentingly.*

TREMARE *to tremble; to shake.*

tremar di freddo *to shiver with cold.*

tremar di paura *to shake with fear.*

tremarella *trembling.*

aver la tremarella *to have the shakes.*

tremendamente *tremendously.*

tremendo *terrible, awful.*

trèmito *trembling, tremble.*

TRENO *train.*

perdere il treno *to miss the train.*

prendere il treno *to take the train.*

treno direttissimo, treno expresso *express train, intercity train.*

treno rapido *fast train.*

treno merci *freight train.*

trenta *thirty.*

trentesimo *thirtieth.*

trepidante *anxious, apprehensive, trembling.*

triangolare *triangular.*

triangolo *triangle.*

tribolare *to trouble; to worry; to suffer.*

tribolazione, f. *worry, suffering, tribulation.*

tribù, f. *tribe.*

tribunale, m. *tribunal, court.*

tributare *to give; to render.*

tributare omaggio *to pay homage.*

tributario *tributary.*

tributo *tribute.*

triciclo *tricycle.*

trifoglio *clover.*

trimestrale *quarterly.*

trio *trio.*

trionfale *triumphal.*

trionfalmente *triumphantly.*

trionfante *triumphant.*

trionfare *to triumph.*

trionfare di *to triumph over.*

trionfare sui nemici *to triumph over enemies.*

trionfo *triumph.*

triplice *threefold.*

triplo *triple.*

trippa *tripe.*

trisillabo *trisyllable.*

TRISTE *sad, sorrowful.*

uno sguardo triste *a sad look.*

tristemente *sadly, sorrowfully.*

tristezza *sadness, sorrow.*

tritacarne, m. *meat grinder.*

tritare *to mince; to hash.*

trito *trite, common.*

trittico *triptych.*

triviale *trivial, vulgar.*

trivialità *triviality.*

trivialmente *trivially; vulgarly.*

trofèo *trophy.*

tromba *trumpet.*

troncare *to cut off; to break off.*

tronco *trunk (tree).*

trono *throne.*

tropicale *tropical.*

TROPPO *too; too much.*

parlare troppo *to talk too much.*

troppi *too many.*

troppo forte *too loud; too strong.*

troppo spesso *too often.*

trota *trout.*

trottare *to trot.*

trotto *trot.*

mettere a trotto *to put to a trot.*

TROVARE *to find.*

Trovo che ... *I think that ...*

trovarsi come a casa propria *to feel at home.*

Come l'hai trovato? *How did you find it?*

Come ti trovi qui? *How do you feel here?*

Mi trovo molto bene, grazie. *I feel quite well, thank you.*

Ti verrò a trovare. *I'll come to see you.*

trovata *invention, contrivance, expedient.*

truccare *to make up; to apply makeup.*

truccarsi *to make oneself up.*

truccarsi da pagliaccio *to make up as a clown.*

trucco *trick, makeup.*

Questo è un trucco. *This is a trick.*

truffa *swindle.*

truffare *to cheat; to swindle.*

truffatore, m. *cheat, cheater, swindler.*

truppa *troop.*

TU *you,* fam. sing.

tubatura *piping; plumbing pipes.*

tubercolosi, f. *tuberculosis.*

tubetto *small tube; tube paint.*

tubo *pipe, tube.*

tubo del gas *gas pipe.*

tubo di scarico *exhaust pipe.*

tubolare *tubular.*

tuffare *to plunge.*

tuffarsi *to dive.*

tuffata *dive.*

tuffo *dive.*

sentire un tuffo al cuore *to feel one's heart skip a beat.*

tulipano *tulip.*

tumulto *tumult, uproar.*

tumultuoso *tumultuous.*

TUO, tua, tuoi, tue (il tuo; la tua; i tuoi; le tue)
    your, yours.
    Il tuo libro è qui. *Your book is here.*
    Questo libro è tuo. *This book is yours.*

tuono *thunder.*

tuorlo *yolk.*

turacciolo *cork.*

turare *to stop; to cork; to fill.*
    turarsi gli orecchi *to stop one's ears.*

turbamento *agitation, commotion.*

turbante, m. *turban.*

turbare *to trouble; to disturb; to agitate.*
    turbarsi *to become agitated.*
    Questo pensiero mi turba molto. *This thought
        disturbs me a great deal.*

turbato *troubled, agitated.*
    avere un aria turbata *to have a troubled air.*

turbine, m. *hurricane, whirlwind.*
    un turbine sabbìa *a whirl of sand.*

turbolento *turbulent, troubled.*

turbolenza *turbulence.*

turchese, f. *turquoise.*

turchino *dark blue.*

turismo *touring*

turista, m. *tourist.*

turistico *touring, tourist.*
    classe turistica *tourist class.*

turno *turn.*
    essere di turno *to be on duty.*
    lavorare a turni *to work by turns.*
    medico di turno *doctor on duty.*

tuta *overall.*

tutela *tutelage, guardianship.*
    sotto la tutela di *under the wardship of.*

tutelare *to protect; to defend.*

tutore, m *guardian, protector.*

TUTTAVIA *still, yet, however, nevertheless.*
    Non lo vedo da molti anni, tuttavìa credo che
        lo riconoscerei subito. *I haven't seen him
        in many years, yet I think I would
        recognize him right away.*

TUTTO *all, whole, every.*
    del tutto *quite, completely.*
    essere tutti d'accordo *to be all in agreement.*
    in tutto e per tutto *all and for all.*
    tutte le sere *every night.*
    tutti i giorni *every day.*
    tutti insieme *all together.*
    tutto ciò che *all that.*
    tutto fatto *all done.*
    tutto il giorno *all day.*
    tutto il mondo *all the world; the whole world.*
    Essa conosce tutta la mia famiglia. *She knows
        all my family.*
    tutti e due *both.*
    tutte le volte che *every time.*

U

ubbidire *to obey.*

ubbidiente *obedient.*

ubriaco *drunk, inebriated.*

ubriacare *to make drunk; to intoxicate.*
    ubriacarsi *to become drunk; to become
        intoxicated.*

ubriacatura *intoxication.*
    postumi di una ubriacatura *hangover.*
    prendere un'ubriacatura per qualcuno *to have
        a crush on someone.*

ubriachezza *drunkenness, intoxication.*
    in stato di ubriachezza *in a drunken state.*

UCCELLO *bird.*
    uccello di mal augurio *bird of ill omen.*
    uccelli di passo *birds of passage.*

UCCIDERE *to kill; to slay.*
    uccidersi *to commit suicide; to kill oneself.*

uccisione, f. *killing, murder.*

ucciso *killed, slain.*

uccisore, m. *killer.*

udibile *audible.*

udienza *audience, hearing.*
    chiedere un'udienza *to ask an audience.*
    L'udienza è rinviata. *Court is adjourned.*

UDIRE *to hear.*
    Non ho udito bene. *I didn't hear well.*
    Odo un rumore strano. *I hear a strange noise.*

udito *hearing.*
    aver l'undito fine *to have a good hearing.*

uditore, m.; **uditrice,** f. *hearer, listener.*

uditorio *auditory; (as noun) audience.*

ufficiale, noun, m. *official, officer.*
    ufficiale della marina *navy officer.*

ufficiale *official.*
    comunicato ufficiale *official communiqué.*
    L'Italiano è la lingua ufficiale dell' Italia.
        Italian is the official language in Italy.

ufficiare *to officiate.*

UFFICIO *office.*
    d'ufficio *officially.*
    ufficio postale *post office.*
    ufficio telegrafico *telegraphic office.*

uguale *equal, same.*
    Dividilo in parti uguali. *Divide it in equal
        parts.*
    Il prezzo dei due abiti è uguale. *The price of
        the two dresses is the same.*
    La legge è uguale per tutti. *The law is the
        same for everyone.*

uguaglianza *equality.*

uguagliare *to equal.*
    Nessuna ti uguaglia in bellezza. *No one
        equals you in beauty.*

ugualmente *equally; all the same.*
    Devi essere ugualmente gentile con tutti. *You
        must be equally courteous with everyone.*

Preferirei restare in casa questa sera, ma dovrò uscire ugualmente. *I would prefer to remain at home this evening, but I will have to go out all the same.*

ùlcera *ulcer.*

ulteriore *further, ulterior.*

Ti darò ulteriori informazioni domani. *I will give you further information tomorrow.*

ulteriormente *ulteriorly; later on.*

ultimamente *ultimately.*

ultimare *to finish; to complete.*

I lavori furono ultimati soltanto ieri. *The work was completed only yesterday.*

ultimato *finished, completed.*

a lavoro ultimato *upon completion of the work.*

ultimatum *ultimatum.*

ÙLTIMO *latest, last.*

le ùltime notizie *the latest news.*

l'ultima volta che ci siamo visti *the last time we saw each other.*

ùltima moda *latest fashion.*

Fui l'ùltima ad arrivare. *I was the last to arrive.*

ultravioletto *ultraviolet.*

ululare *to howl.*

Il vento ùlula. *The wind is howling.*

uluato (ùlulo) *howl, howling.*

umanamente *humanly, humanely.*

trattare umanamente *to treat humanely.*

Non è umanamente possibile. *It is not humanly possible.*

umanità, f. *humanity, mankind, humaneness.*

umanitario *humanitarian.*

umanizzare *to humanize.*

umanizzarsi *to become humane.*

umano *human, humane.*

la natura umana *human nature.*

ogni essere umano *every human being.*

umidità *humidity, dampness, moisture.*

l'umidità dell'aria *the humidity of the air.*

ùmido *damp, moist.*

tempo caldo ùmido *muggy weather.*

carne in ùmido *meat stew.*

ùmile *humble.*

di ùmile orìgine *of humble origin; of humble birth.*

umiliante *humiliating, mortifying.*

umiliare *to humiliate; to mortify.*

umiliarsi *to humble oneself.*

umiliato *humbled, humiliated.*

umiliazione, f. *humiliation.*

umilmente *humbly.*

umiltà *humility, humbleness.*

UMORE, m. *humor, temper.*

di cattivo umore *bad-tempered, moody.*

d'umore nero *in bad humor.*

di buon umore *in a good mood.*

umorismo *humor.*

Non è il caso di fare dell' umorismo. *It's not a matter to joke about.*

avere il senso dell' umorismo *to have a sense of humor.*

umorista, m. *humorist.*

umoristico *humorous.*

un *see* uno.

unanime *unanimous.*

unanimemente *unanimously.*

unanimità *unanimity.*

all'unanimità *unanimously.*

uncinetto *crochet hook.*

lavoro all'uncinetto *crochet.*

undicesimo *eleventh,* noun & adj.

ùndici *eleven.*

ùngere *to grease; to smear.*

ùngere le ruote *to oil the wheels; to make things go more smoothly.*

ùnghie *nail, hoof.*

le ùnghie del cavallo *the horse's hooves.*

pulirsi le ùnghie *to clean one's nails.*

spazzolino da ùnghie *nail brush.*

unguento *unguent, ointment.*

unicamente *only, solely.*

ÙNICO *only, sole, unique.*

figlio ùnico *only son.*

l'ùnico motivo della mia visita *the sole reason for my visit.*

Ha un talento ùnico al mondo. *He has a unique talent.*

l'unica copia esistente *the only existing copy.*

unificare *to unify.*

unificazione, f. *unification.*

uniformare *to conform.*

Mi sono uniformato ai suoi voleri. *I complied with his wishes.*

uniforme, f. *uniform.*

indossare l'uniforme *to don the uniform.*

uniforme *uniform.*

uniformità *uniformity.*

unione, f. *union.*

UNIRE *to unite; to join; to enclose.*

unire in matrimonio *to join in marriage.*

Mi sono unito a lui in questa impresa. *I joined him in this endeavor.*

In questa mia lettera unisco una fotografia del mio bambino. *I am enclosing in my letter a photograph of my baby.*

unìsono *unison, harmony.*

Hanno risposto tutti all'unìsono. *They all answered in unison.*

unità *unity.*

unitario *unit.*

prezzo unitario *unit price.*

unito *united.*

universale *universal.*

universalità *universality.*

---

universalmente *universally.*

università *university.*

universitario *of a university;* (as noun) *university student.*

universo *universe;* (as adj.) *universal.*

UNO (UN, UNA) *one, a, an, someone.*
  l'un l'altro *each other; one another.*
  una ragazza *a girl; one girl.*
  un' idea *an idea; one idea.*
  uno ad uno *one by one.*
  uno alla volta *one at a time.*
  uno dopo l'altro *one after the other.*
  uno sciocco *a fool; one fool.*
  un ragazzo *a boy; one boy.*
  Ne desidero uno di qualità migliore. *I want one of better quality.*
  Uno mi ha detto ... *Someone told me ...*
  Uno non sa mai quando può succedere una disgrazia. *One never knows when an accident might happen.*

ùnto *greasy.*

untuoso *oily, unctuous.*

unzione, f. *unction.*

UOMO *man.*
  un bell'uomo *a handsome man.*
  un'uomo d'affari *a businessman*
  un'uomo di mezz'età. *a middle-aged man.*
  un'uomo di parola *a man of his word.*

UOVO *egg.*
  le uova *eggs.*
  uovo fresco *fresh egg.*
  uovo sodo *hard-boiled egg.*
  Meglio un' uovo oggi, che una gallina domani. *A bird in the hand is worth two in the bush.*

uragano *hurricane.*

urbanistica *urban planning.*

urbano *urban, urbane.*

urgente *urgent.*
  aver bisogno urgente *to have urgent need.*

urgentemente *urgently.*

urgenza *urgency.*
  Il medico è stato chiamato d'urgenza. *The doctor was called in a hurry.*
  in caso d'urgenza *in an emergency.*

ùrgere *to be urgent.*
  Ùrge la sua presenza. *Your presence is urgently needed.*

urlare *to shout; to howl.*

ùrlo *shout, cry.*

ùrna *urn.*

urtante *irritating.*

urtare *to knock against; to annoy.*
  Ho urtato contro lo stipite della porta. *I knocked against the doorpost.*
  Mi ùrta il suo modo di fare. *His manner irritates me.*

ùrto *push, shove.*

USANZA *usage, custom.*
  un'usanza antica *an old custom.*
  un'usanza comune *a common custom.*
  secondo l'usanza *according to custom.*

USARE *to use; to make use of.*
  usare giudizio *to use common sense; to exercise judgment.*
  I cappelli a larghe falde si usano molto quest'anno. *Wide-brimmed hats are very fashionable this year.*
  Mia madre usava raccontarmi delle favole. *My mother used to tell me fairy stories.*
  Posso usare la sua penna per un momento? *May I use your pen for a moment?*

usato *second-hand, used.*
  mobili usati *second-hand furniture.*
  non più usato *obsolete.*
  più dell'usato *more than usual.*

usciere, m. *usher, bailiff, receptionist.*

ùscio *door.*
  sull'ùscio di casa *on the doorstep.*

USCIRE *to go out; to come out.*
  Desidero uscire da questa situazione penosa. *I wish to get out of this unhappy situation.*
  Esco di casa ogni mattina alle otto. *I leave the house (go out of the house) every morning at eight.*
  La Signora esce questa sera? *Is the lady going out this evening? Will the lady be out this evening?*
  Usciamo a fare una passeggiata! *Let's go out for a walk!*

USCITA *coming out; getting out; exit; outlay.*
  uscita di sicurezza *emergency exit.*
  Dov'è l'uscita del palazzo? *Where is the exit of the building?*
  Gli attori furono applauditi alla loro uscita. *The actors were applauded upon coming out.*
  Le uscite sono grandi e le entrate sono piccole. *The expenditures are great and the income is small.*
  Non abbiamo via d'uscita. *We have no avenue of escape.*

USO *use, custom.*
  fare uso di *to make use of.*
  pagare per l'uso di *to pay for the use of.*
  fuori uso *off duty.*

usuale *usual, customary.*

usualmente *usually, generally.*

usufruire *to take advantage of; to benefit by.*
  Usufruisco soltanto degli interessi sul capitale. *I benefit only by the interest on the capital.*

usura *usury, wear.*
  usura del materiale *wear and tear of material.*
  resistere all'usura del tempo *to withstand attrition.*

utensile, m. *utensil.*

utensili di cucina *kitchen utensils.*
utente *user; consumer.*
  gli utenti del telefono *telephone users.*
ÙTILE *useful; income.*
  l'ùtile ed il dilettevole *business and pleasure.*
utilità *utility, usefulness.*
  È un oggetto bello, ma non ha utilità. *It is a beautiful object, but it is of no use.*
utilizzare *to utilize.*
utilmente *usefully, profitably.*
uva *grapes.*
  un grappolo d'uva *a bunch of grapes.*
  uva passa *raisins.*

V

vacante *vacant, empty.*
VACANZA *vacation, holiday.*
  Dove passa le vacanze di Natale? *Where are you spending the Christmas holidays?*
vacca *cow.*
vaccinare *to vaccinate.*
vaccinazione, f. *vaccination.*
vaccino *vaccine.*
vacillante *vacillating, wavering, hesitating.*
vacillare *to vacillate; to waver; to hesitate.*
vagabondo *vagabond, wanderer.*
vagamente *vaguely.*
  rispondere vagamente *to answer in a vague manner.*
vagante *wandering, rambling.*
vagare *to wander; to ramble.*
vagire *to whimper.*
  Il neonato vagiva nella sua culla. *The infant was whimpering in his cradle.*
vagito *whimper.*
vaglia, m. *postal money-order; check.*
vagliare *to sift; to consider.*
  vagliare una proposta *to consider a proposal.*
vago *vague, lovely, desirous.*
  una vaga fanciulla *a lovely girl.*
  vago di gloria *desirous of glory.*
  Ne ho una vaga idea. *I have a vague idea of it.*
vagone, m. *truck, van, car (of train).*
  vagone ristorante *dining car.*
  vagone letto *sleeping car.*
valanga *avalanche.*
  È scesa una valanga di neve. *An avalanche of snow came down.*
valente *clever; of worth.*
VALERE *to be worth.*
  vale a dire *that is to say; namely.*
  A che vale? *What good is it?*
  La salute vale più del denaro. *Health is worth more than wealth.*
  Mi sono valso dei miei diritti. *I took*

  advantage of my rights.
  Non vale la pena parlarne. *It isn't worth speaking of.*
  Per quanto tempo vale questo biglietto? *For how long is this ticket good?*
  Questo diamante vale diversi milioni. *This diamond is worth several millions.*
valevole *good, usable, effective.*
  È un rimedio valevole. *It is an effective remedy.*
  Il biglietto è valevole per dieci giorni. *The ticket is good for ten days.*
valicare *to pass over; to cross.*
  Bisognerà valicare i monti, per giungere al nostro paese. *We'll have to cross the mountains before arriving in our country.*
validamente *validly.*
validità *validity.*
valido *valid, strong.*
  Egli ha una mente valida. *He has an untiring mind.*
  Questo contratto non è valido. *This contract is not valid.*
valigerìa *luggage shop.*
valigia *suitcase.*
vallata (also **valle,** f.) *valley.*
  scendere a valle *to go downhill.*
VALORE, m. *value, valor.*
  secondo il valore che egli da alle sue parole *according to the value (meaning) he gives his words.*
  È un' artista di gran valore. *He is a great artist.*
  Il valore di queste gemme è inestimabile. *The value of these gems is inestimable.*
  I valori morali sono molto cambiati negli ultimi decenni. *Moral values have changed a great deal in the last decades.*
valorizzare *to increase in value.*
valorizzazione *improvement.*
valorosamente *bravely, valiantly.*
  Hanno combattuto valorosamente. *They fought valiantly.*
valoroso *brave, valiant.*
valuta *value; monetary value; currency.*
  norme valutarie *currency regulations.*
  valuta estera *foreign currency.*
VALUTARE *to appraise; to estimate.*
  Sarà difficile valutare il tempo che ci vorrà per finire questo lavoro. *It will be difficult to estimate the time it will take to finish this work.*
  Valutò l'anello cento mila lire. *He appraised the ring at one hundred thousand lire.*
  valutare le possibilità *to consider the possibility.*
valutazione, f. *estimate, appraisal.*
valvola *valve.*

valvola di sicurezza *safety valve*.

valzer, m. *waltz*.
> Vuol ballare questo valzer con me? *Will you dance this waltz with me?*

vampata *sudden wave of intense heat; passion; flush*.

vanamente *vainly; in vain*.
> Decantava vanamente le proprie virtù. *He was vainly extolling his own virtues.*
> Ti ho atteso vanamente. *I waited for you in vain.*

vandalismo *vandalism*.

vaneggiamento *raving*.

vaneggiare *to rave*.

vanga *spade*.

vangare *to dig; to turn over the earth*.

Vangèlo *Gospel*.

vaniglia *vanilla*.

vanità *vanity*.

vanitoso *vain; conceited*.

vano, noun *room*.
> un appartamento di quattro vani *a four-room apartment*.

VANO *vain, useless, empty*.
> È perito nel vano tentativo di salvare sua figlia dalle fiamme. *He died trying vainly to save his daughter from the fire.*

VANTAGGIO *advantage, odds*.
> Egli ha il vantaggio su di me. *He has the advantage over me.*
> Mi ha dato dieci punti di vantaggio. *He gave me a ten-point advantage over him.*

vantaggioso *advantageous*.

VANTARE *to boast of; to boast*.
> vantarsi *to brag*.
> Egli ha agito male e se ne vanta. *He behaved poorly and he brags about it.*
> Egli vanta le sue ricchezze. *He boasts about his wealth.*

vanto *honor, merit*.
> Egli si dava vanto dei suoi successi. *He was priding himself on his successes.*

vanvera (a) *at random; without thought*.
> parlare a vanvera *to talk nonsense*.

vaporare *to evaporate*.

vaporazione, f. *evaporation*.

vapore, m. *vapor, steam*.
> bagno a vapore *steam bath (Turkish bath)*.
> battello a vapore *steamship*.

vaporetto *steamboat*.

vaporizzare *to vaporize*.

vaporizzatore, m. *vaporizer*.

vaporoso *vaporous, vague*.

varare *to launch*.
> varare una nave *to launch a ship*.
> varare una norma *to pass a law*.

varcare *to cross; to go beyond*.
> varcare la soglia di casa *to cross the threshold*.
> varcare una frontiera *to pass a frontier*.
> Essa ha varcato la soglia dei quarant'anni. *She has passed her fortieth year.*

varco *passage, way*.
> aspettare al varco *to be in wait for*.
> aprirsi un varco *to clear a path*.

variabile *variable, changeable*.
> Il suo umore è variabile. *His mood is changeable.*

variante *variant; modification*.
> una variante dialettale *a dialectal variant*.

variare *to vary*.
> tanto per variare *just for a change*.
> La temperatura varia da una stanza all'altra. *The temperature varies from room to room.*

variato *varied, various*.

variazione, f. *variation, change*.

varicella *chicken pox*.

varietà *variety*.
> teatro di varietà *music hall; vaudeville house*.

vario *various, different, several*.
> Ho da fare varie cose. *I have various things to do.*
> Gli è successo varie volte. *It has happened to him several different times.*

variopinto *multicolored*.

vasca *basin, tub*.
> vasca da bagno *bathtub*.
> vasca di marmo *marble basin*.
> vasca per pesci *fish pond*.

vaselina *vaseline*.

vaso *pot, vase, jar*.
> vaso da fiori *flowerpot*.

vassòio *tray*.

vastità, f. *vastness*.

vasto *wide, vast*.
> le vaste distese dell' ovest *the vast plains of the West*.

Vaticano *Vatican*.

ve *there*.
> Ve ne sono due. *There are two.*

vecchiàia *old age*.
> pensioni per la vecchiàia *old-age pensions*.

VECCHIO *old; (as noun) old man*.
> i vecchi *the aged*.
> Il vecchio camminava a stento. *The old man could hardly walk.*
> Questo vestito è troppo vecchio per essere messo. *This suit is too old to wear.*

vece, f. *stead*.
> fare le veci di *to act as*.
> Vai tu in vece mia. *You go in my place.*

VEDERE *to see*.
> dare a vedere *to make one believe*.
> essere ben visto *to be popular; to be well liked*.

Il bimbo ha visto la luce il 3 marzo, 1956. *The child was born March 3, 1956.*

Lo vidi tre settimane fa. *I saw him three weeks ago.*

Non mi può vedere. *He can't stand me (see me).*

Non ne vedo la necessità. *I don't see the necessity of it.*

Non si fa vedere da un pezzo. *He hasn't shown up for some time.*

Non vedo l'ora di finire. *I can hardly wait to finish.*

Non vedo l'ora di vederti. *I'm looking forward to seeing you.*

vedetta *lookout, watch.*

far da vedetta *to act as lookout.*

vedova *widow.*

vedovo *widower.*

VEDUTA *view.*

Da questa finestra c'è un ottima veduta del mare. *From this window there is a lovely view of the sea.*

Ognuno ha le proprie vedute. *Everyone has his own views.*

una persona di larghe vedute *an open-minded person.*

vegetale, m. *vegetable (also adj.)*

vegetare *to vegetate.*

vegetariano *vegetarian,* noun & adj.

vegetazione, f. *vegetation.*

vègeto *strong, vigorous.*

vivo e vègeto *hale and hearty.*

veglia *waking; watch; evening party.*

fare la veglia *to keep vigil.*

fra veglia e sonno *between slumber and waking.*

VEGLIARE *to sit up; to remain awake.*

vegliare un ammalato *to sit up with a patient; to watch over a patient.*

veìcolo *vehicle.*

vela *sail.*

barca a vela *sailboat.*

Tutto procede a gonfie vele. *Everything is going very well.*

velare *to veil.*

velatamente *covertly.*

velato *veiled.*

con voce velata *in a disguised voice.*

una velata minaccia *a veiled threat.*

veleno *poison.*

velenoso *poisonous, venomous.*

velìvolo *airplane.*

velleità *vain ambition.*

vellutato *velvety.*

velluto *velvet.*

Velluto a coste *corduroy.*

velo *veil.*

stendere un velo sopra *to draw a veil over.*

veloce *swift, rapid.*

velocemente *swiftly, rapidly.*

Il tempo scorre velocemente. *Time goes quickly.*

velocità *velocity, speed.*

ad una velocità media di *at an average speed of.*

a grande velocità *at great speed.*

a tutta velocità *at full speed.*

la velocità del suono *the speed of sound.*

velocìpede, m *velocipede.*

vena *vein.*

essere in vena *to be in the mood.*

vena artistica *an artistic vein.*

venale *venal.*

venalità *venality.*

venatorio *of hunting.*

stagione venatoria *hunting season.*

vendemmia *grape harvest.*

vendemmiare *to harvest (for grapes).*

VENDERE *to sell.*

vendere a buon mercato *to sell cheap.*

vendere all' ingrosso *to sell wholesale.*

vendere al minuto *to sell retail.*

vendere bene *to sell at a good price; to sell well.*

vendetta *revenge.*

vendibile *saleable.*

vendicare *to avenge.*

vendicativo *revengeful.*

vendita *sale.*

in vendita *on sale.*

vendita all' asta *sale by auction.*

venditore, m. *seller.*

venditore ambulante *peddler.*

venduto *sold.*

venerabile *venerable.*

venerabilità *venerability.*

venerare *to venerate; to revere.*

venerazione, f. *veneration.*

venerdì *Friday.*

veneziano *Venetian (also noun).*

veniente *coming, next.*

la settimana veniente *the coming week.*

VENIRE *to come.*

venir bene *to turn out well.*

venire ai fatti *to get down to facts.*

venire alle mani *to come to blows.*

venire meno *to faint.*

venire meno ad una promessa *to break a promise.*

Egli viene da famiglia umile. *He comes from a humble family.*

Mi è venuta un' idea! *I just got an idea!*

Mi venne in aiuto. *He came to my aid.*

Mi venne incontro. *He came to meet me.*

Mi vien male. *I feel sick.*

Non mi viene in mente il suo nome. *I can't*

remember his name.

Vieni su! *Come up!*

ventaglio *fan.*

ventata *gust; rush of wind.*

una ventata di freddo *a gust of cold air.*

ventesimo *twentieth,* noun & adj.

venti *twenty.*

venticello *light wind; breeze.*

ventilare *to ventilate.*

ventilare una stanza *to air a room.*

ventilato *airy, ventilated.*

ventilatore, m. *ventilator.*

ventilazione, f. *ventilation.*

ventina *about twenty.*

una ventina di persone *about twenty people.*

VENTO *wind.*

farsi vento *to fan oneself.*

parlare al vento *to talk into deaf ears.*

vento contrario *contrary wind.*

vento favorevole *fair wind.*

Tira vento. *It's windy.*

ventoso *windy.*

ventrìloquo *ventriloquist.*

ventura *luck, fortune.*

andare alla ventura *to trust to chance.*

augurare buona ventura *to wish good luck.*

per mia buona ventura *luckily for me.*

venturo *next, future, coming.*

la settimana ventura *next week.*

le generazioni venture *the coming generations; the future generations.*

venturoso *lucky, fortunate.*

venusto *beautiful, lovely, handsome.*

VENUTA *coming, arrival.*

La sua venuta fu una sorpresa per tutti. *His coming was a surprise to everyone.*

verace *veracious, true.*

veramente *truly, really.*

Mi ha fatto veramente piacere. *I was really pleased.*

Veramente? *Really?*

veranda *veranda.*

verbale, m. *minutes.*

leggere il verbale *to read the minutes.*

verbale *verbal.*

verbo *verb.*

VERDE *green.*

essere al verde *to be penniless.*

verde bottiglia *green bottle.*

verdechiaro *light green.*

verdecupo *dark green.*

verdetto *verdict.*

verdura *verdure, vegetables, greens.*

Fa bene mangiare un po' di verdura. *It is good for one to eat some vegetables.*

minestra di verdura *vegetable soup.*

vergogna *shame, disgrace.*

vergognarsi *to be ashamed.*

vergognosamente *shamefully.*

vergognoso *shameful.*

verifica *inspection, examination.*

verifica dei conti *inspection of the accounts.*

verifica dei passaporti *examination of passports.*

verificare *to verify; to inspect.*

verificarsi *to occur; to happen.*

Si è verificato un increscioso incidente, *An unfortunate incident happened.*

verismo *realism.*

VERITÀ *truth.*

dire la verità *to tell the truth.*

in verità *in truth.*

la verità dei fatti *the truth of the matter.*

veritiero *truthful.*

verme, m. *worm.*

vermiglio *vermilion, red.*

vermut, m. *vermouth.*

vernacolo *vernacular, dialect.*

vernice, f. *varnish.*

verniciare *to varnish.*

VERO, noun *truth.*

a dire il vero *to tell the truth.*

Non c'è una parola di vero in quanto mi ha raccontato. *There isn't a word of truth in what he told me.*

VERO *true.*

Non è vero. *It's not true.*

Venite con noi, è vero? *You are coming with us, isn't that so?*

verosimile *likely, probable.*

VERSARE *to pour; to spill; to shed.*

versare lacrime *to shed tears.*

versare una somma *to pay a sum.*

versare un bicchiere d'acqua *to pour a glass of water.*

Si è versato il caffè addosso. *He spilled the coffee over himself.*

versatile *versatile.*

versatilità *versatility.*

versione, f. *version.*

versione in italiano *Italian version; Italian translation.*

una versione nuova *a new version.*

Ognuno mi ha dato una versione diversa dell' accaduto. *Everyone gave me a different version of what happened.*

VERSO *verse, line.*

per un verso o per l'altro *one way or the other.*

scrivere dei versi *to write verses (poetry).*

versi sciolti *blank verse.*

Questo dramma è scritto in versi. *This drama is written in verse.*

VERSO *toward.*

verso la fine del mese *towards the end of the month.*

verso nord *northward.*

Egli viene verso di me. *He is coming toward me.*

vertenza *quarrel, question.*
  risolvere una vertenza *to settle a quarrel.*
verticale *vertical.*
verticalmente *vertically.*
vertice *top; summit.*
  conferenza al vertice *summit conference.*
vertigine, f. *dizzy spell; dizziness.*
vertiginoso *dizzy.*
  un altezza vertiginosa *a dizzy height.*
vèscovo *bishop.*
vespa *wasp.*
vespaio *wasps' nest.*
vestaglia *dressing gown.*
VESTE, f. *dress, gown.*
  in veste di *in the guise of.*
  veste da camera *dressing gown.*
  veste da sposa *bridal gown.*
vestiario *clothes.*
vestibolo *hall.*
vestigio, vestigia *trace, vestige.*
VESTIRE *to dress.*
  vestire bene *to dress well.*
  vestirsi *to dress oneself.*
VESTITO *suit, dress.*
  vestito da sera *evening gown.*
veterano *veteran.*
veterinario *veterinary, noun & adj.*
veto *veto.*
vetràio *glass blower; glazier.*
vetrata *glass door; glass window.*
  vetrata di chiesa *stained glass window.*
vetreria *glass works.*
vetrina *shop window.*
VETRO *glass.*
  vetro colorato *stained glass.*
vetta *summit.*
vettovaglie, f. pl. *food provisions.*
vettura *carriage, coach.*
  l'ultima vettura *the last coach.*
  In vettura! *All aboard!*
vetturino *driver, cabbie.*
vezzo *charm, coaxing.*
VI *there.*
  Non ho desiderio di andarvi. *I don't wish to go there.*
  Vi andrò se potrò. *I'll go there if I can.*
VI *you; to you; both sing. & pl.*
  Vi restituirò il libro domani. *I will give the book back to you tomorrow.*
  Vi rivedo con piacere. *I am pleased to see you again.*
VIA *street, road, way.*
  in via *on the way.*
  la via più breve *the shortest way.*
  per via di *by way of.*
  Via Veneto *Veneto Street.*

VIA *away, off.*
  andar via *to go away.*
  e così via *and so forth.*
  mandar via *to send away.*
viabilità *road condition.*
viaggetto *trip.*
VIAGGIARE *to travel.*
  viaggiare in prima classe *to travel first class.*
viaggiatore, m.; **viaggiatrice,** f. *traveler, passenger.*
VIAGGIO *journey, voyage.*
  essere in viaggio *to be traveling; to be on the way.*
  fare un viaggio *to take a voyage; to take a trip.*
  mettersi in viaggio *to set out; to start out.*
  Buon viaggio! *Happy journey! Bon Voyage!*
viale, m. *avenue.*
  viali alberati *tree-lined avenues.*
viandante, m. *passerby, pedestrian.*
viavai *coming and going; hustle and bustle.*
  C'è un viavai continuo in questa casa. *There is a continuous hustle and bustle in this house.*
vibrare *to vibrate.*
  vibrare un colpo *to strike a blow.*
vice *vice.*
  vicepresidente *vice-president.*
  vicedirettore *assistant director.*
vicenda *vicissitude, event.*
  a vicenda *in turn.*
  le vicende della vita *the vicissitudes of life.*
  volersi bene a vicenda *to love one another.*
vicendevole *mutual.*
vicendevolmente *mutually, reciprocally.*
viceversa *vice versa; on the contrary.*
  Se viceversa vuole rimanere qui, faccia pure. *If on the other hand you prefer to remain here, do so.*
vicinanza *nearness, proximity, vicinity, neighborhood.*
  essere in vicinanza di *to be close to; to be approaching.*
  La mia casa è nelle vicinanze della sua. *My home is near his.*
  La sua vicinanza è un gran conforto per me. *His nearness is a great comfort to me.*
vicinato *neighborhood.*
vicino, noun *neighbor.*
  La mia vicina mi ha salutato dalla finestra. *My neighbor greeted me from the window.*
VICINO *near.*
  vicino casa mia *near my home.*
  Siamo vicini alla fine del lavoro. *We are close to the end of the work.*
vicolo *lane.*
video cassetta *video cassette.*

video registratore *VCR (video cassette recorder).*

videodisco *videodisc.*

VIETARE *to forbid; to prohibit.*
Il medico mi ha vietato di fumare. *The doctor has forbidden me to smoke.*

VIETATO *forbidden, prohibited.*
Vietato l'Ingresso! *No Admittance!*
Vietato Fumare! *No Smoking!*
Vietata la Sosta! *No Parking!*

vigente *in force.*
leggi vigenti *laws in force.*
norme vigenti *current regulations.*

vigere *to be in force.*
Questa legge vige ancora. *This law is still in force.*

vigilante *vigilant.*

vigilanza *vigilance.*

vigilare *to watch over; to guard.*

vigile, m. *policeman.*
vigile del fuoco *fireman.*

vigilia *eve, vigil.*
la vigilia di capodanno *New Year's Eve.*
la vigilia di Natale. *Christmas Eve.*

vigliacco *coward.*

vigna *vineyard.*

vigneto *vineyard.*

vignetta *vignette, cartoon.*

vigore, m. *vigor, strength.*
con vigore instancabile *with untiring strength.*
in pieno vigore *in full strength.*
Questa legge non è ancora in vigore. *This law is not in force yet.*

vigorosamente *vigorously.*

vigoroso *vigorous, strong.*

vile *low, mean, cowardly.*

villa *villa; country house.*

villaggio *village.*

villanamente *rudely, roughly.*

villanìa *rudeness.*

villano *an unrefined man; a peasant.*

villeggiatura *holiday, country vacation.*
luogo di villeggiatura *vacation spot.*

villino *cottage.*

vilmente *cowardly, meanly.*

viltà *cowardice.*

vincente *winning; (as noun) winner.*
il numero vincente *the winning number.*
Il vincente riceverà un premio. *The winner will receive a prize.*

VINCERE *to win; to overcome; to get the better of.*
vincere una battaglia *to win a battle.*
vinto dalla stanchezza *overcome by fatigue.*
Non voglio lasciarmi vincere dalla collera. *I don't want to let my anger get the better of me.*

vincitore, m.; **vincitrice,** f. *winner.*

vincolare *to bind.*
vincolarsi *to bind oneself.*

vincolo *tie, bond.*
vincolo di sangue *blood tie.*

VINO *wine.*
vino bianco *white wine.*
vino leggero *light wine.*
vino rosso *red wine.*
vino spumante *sparkling wine.*

VINTO *won, overcome, conquered.*
darsi per vinto *to give up; to give in.*
È un uomo vinto dalle sventure. *He is a man who has been overcome by misfortune.*
Non te la do vinta. *I won't let you have your own way.*

viola *violet,* noun & adj.

violare *to violate.*

violazione, f. *violation.*

violentemente *violently.*

violento *violent.*

violenza *violence.*

violinista, m. *violinist.*

violino *violin.*

vipera *viper.*

virgola *comma.*
punto e virgola *semicolon.*

virgolette, f. pl. *quotation marks.*

virile *manly, virile.*

virilmente *manfully.*

virtù, f. *virtue.*
in virtù di *in virtue of.*

virtuale *virtual*

virtuoso *virtuous.*

virus, m. *virus.*

visibile *visible.*

visibilità *visibility.*

visibilmente *visibly.*

visione, f. *vision.*
prendere visione di *to examine.*
prima visione *premiere.*

VISITA *visit.*
biglietto da visita *visiting card.*
fare una visita a *to pay a visit to.*
farsi fare una visita medica *to submit to a medical examination.*

VISITARE *to visit; to call on somebody.*
visitare un amico *to visit a friend.*

visivo *visual*

VISO *face.*

visone, m. *mink.*
una pelliccia di visone *a mink coat.*

vispo *lively.*
un bimbo vispo *a lively child (boy).*

VISTA *sight, view.*
a prima vista *at first sight.*
aver la vista buona *to have good eyesight.*
aver la vista corta *to be short-sighted.*

conoscere di vista *to know by sight.*
in vista *in sight.*
perdere di vista *to lose sight of.*
punto di vista *point of view.*
una vista panoramica *a panoramic view.*

visto, m. *visa.*

vistoso *showy, gaudy.*

visuale *view.*

VITA *life, waist.*
essere corta di vita *to be short-waisted.*
essere lunga di vita *to be long-waisted.*
intorno alla vita *around the waist.*
in vita *alive.*
pieno di vita *full of life.*

vitale *vital.*

vitalità *vitality.*

vitamina *vitamin.*

vite, f. *screw, vine.*

vitello *calf.*
cotoletta di vitello *veal cutlet.*
fegato di vitello *calves' liver.*

vittima *victim.*

VITTO *food.*
vitto e alloggio *food and lodging.*
Il prezzo della camera comprende anche il vitto. *The price of the room includes meals.*

vittoria *victory.*

vittoriosamente *victoriously.*

vittorioso *victorious.*

viva *hurrah! long live!*

vivace *lively, vivacious.*

vivacemente *vivaciously.*

vivacità *vivacity, liveliness.*

vivaio *nursery.*

vivamente *keenly, deeply.*

vivanda *food.*

vivente *living.*
Non ho parenti viventi. *I have no living relatives.*

VIVERE *to live.*
Egli vive alla giornata. *He lives from hand to mouth.*
modo di vivere *way of life.*

viveri, m. pl. *victuals; food supplies.*

vivido *vivid.*

VIVO *alive, living, vivid.*
argento vivo *quicksilver.*
con suo vivo dispiacere *with great sorrow on his part.*
I miei genitori sono ancora vivi. *My parents are still alive.*
un vivo ricordo *a vivid memory.*

viziare *to spoil.*

viziato *spoiled.*

vizio *fault, vice.*

vocabolario *vocabulary; dictionary.*

vocabolo *word, term.*

vocale *vocal;* (also noun, f.) *vowel.*
corde vocali *vocal cords.*

vocazione *vocation.*

VOCE, f. *voice.*
abbassare la voce *to lower one's voice.*
alzar la voce *to shout.*
a voce alta *in a loud voice.*
a voce bassa *in a low voice.*
Corre voce che ... *There is a rumor that ...*

voga *fashion, vogue.*
essere in voga *to be in fashion.*

vogare *to row.*

VOGLIA *wish, desire.*
Hai voglia di fare una passeggiata? *Do you feel like going for a walk?*
Non ho voglia di uscire questa sera. *I don't wish to go out this evening.*

VOI *you,* pl. familiar; also formal.

volante, m. *wheel.*
Ero al volante quando è avvenuto lo scontro. *I was at the wheel when the crash occurred.*

volante *flying.*

VOLARE *to fly.*
volare via *to fly away.*

volata *flight.*
Faccio una volata a casa. *I rush home.*

volente *willing.*
volente o nolente *willing or not.*

volentieri *willingly.*
mal volentieri *unwillingly.*

volere, m. *will.*
il volere di Dio *the will of God.*
il volere del popolo *the will of the people.*
Volere è potere. *Where there is a will, there is a way.*

VOLERE *to want; to wish.*
voglia o non voglia *whether he wishes or not.*
voler dire *to mean.*
Non voglio mangiare ora. *I don't want to eat now.*
Vorrei riposare un po'. *I would like to rest a while.*

volgare *vulgar.*

volgarità *vulgarity.*

volgarmente *vulgarly.*

VOLGERE *to turn.*
volgere al termine *to come to an end; to draw to a close.*
volgere gli occhi insù *to look up.*
volgere lo sguardo intorno *to look about; to look around.*
volgere le spalle a *to turn one's back to.*

volo *flight.*

volo (al) *right away.*

volontà *will.*
di spontanea volontà *of one's free will.*
le ultime volontà del defunto *the last will of*

the deceased.

volontariamente *voluntarily.*

volontario *voluntary.*

volpe, f. *fox.*

    volpe argentata *silver fox.*

volpone, m. *old fox.*

VOLTA *time.*

    di volta in volta *from time to time.*

    due per volta *two at a time.*

    la prossima volta *next time.*

    qualche volta *sometimes.*

    questa volta *this time.*

    una alla volta *one at a time.*

    una volta per sempre *once and for all.*

    C'era una volta ... *Once upon a time ...*

    Ora è la mia volta! *Now it's my turn!*

VOLTARE *to turn.*

    voltare a destra *to turn to the right.*

    voltare una pagina *to turn a page.*

    voltarsi *to turn around.*

voltato *turned.*

    Gli occhi di tutti erano voltati verso di lui. *All eyes were turned toward him.*

volto *face.*

volume, m. *volume.*

vongola *clam.*

VOSTRO, -a, -i, -e (il vostro; la vostra; i vostri; le vostre) *your, yours.*

    il vostro amico *your friend.*

    vostro padre *your father.*

    Questo libro è il vostro. *This book is yours.*

votare *to vote.*

votato *consecrated.*

voto *vow, vote.*

    dare il proprio voto a *to cast one's vote for.*

    fare un voto *to make a vow.*

vulcano *volcano.*

vulnerabile *vulnerable.*

vulnerabilità *vulnerability.*

vuotare *to empty.*

    vuotare il sacco *to get something off one's chest* (to empty the sack).

vuoto, noun *emptiness; empty space; vacuum.*

    andare a vuoto *to come to nothing.*

VUOTO *empty.*

    a tasche vuote *with empty pockets; penniless.*

    Non posso andare a mani vuote. *I can't go empty-handed.*

    Questo fiasco è vuoto. *This bottle is empty.*

Z

zabaione, m. *eggnog.*

zafferano *saffron.*

zaffiro *sapphire.*

zàino *knapsack, pack; backpack.*

con lo zaino in spalla *with the backpack on his back.*

zampa *paw.*

zampillare *to gush; to spring.*

    La fontana zampillava. *The fountain was gushing.*

zampillo *jet, squirt, stream.*

zanna *tusk, fang.*

zanzàra *mosquito.*

zappa *hoe.*

zappare *to hoe; to dig.*

zàttera *raft.*

zebra *zebra.*

zebrato *zebra-striped.*

zecca *mint; tick.*

    nuovo di zecca *brand-new.*

zèffiro *breeze.*

zelante *zealous.*

zelo *zeal.*

zènzero *ginger.*

zeppo *full.*

    Questa valigia è piena zeppa. *The suitcase is quite full.*

zero *zero.*

    sopra zero *above zero.*

    sotto zero *below zero.*

zeta *z.*

    dall'A alla Z *from start to finish, from A to Z.*

ZIA *aunt.*

zibellino *sable.*

zigomo *cheekbone.*

    aver gli zigomi alti *to have high cheekbones.*

zimarra *robe; gown.*

zimbello *laughingstock.*

    essere lo zimbello *to be the laughingstock.*

zinco *zinc.*

zingaro *gypsy.*

ZIO *uncle.*

zitella *maid.*

zittire *to hush; to shush.*

ZITTO *silent.*

    stare zitto *to keep quiet.*

    Zitto! *Quiet!*

zoccolo *wooden shoe; hoof.*

    gli zoccoli del cavallo *the horse's hooves.*

zodìaco *zodiac.*

zolfo *sulphur.*

zolla *clod, sod.*

zolletta *lump (of sugar).*

zona *zone.*

zoo *zoo.*

zoologìa *zoology.*

zoologico *zoological.*

    giardino zoologico *zoo.*

zoppicare *to limp.*

zoppo *lame.*

    essere zoppo *to be lame.*

    sedia zoppa *wobbly chair.*

zucca *pumpkin, pate.*
    aver la zucca pelata *to be bald-headed.*
    aver sale in zucca *to be sensible.*
    semi di zucca *pumpkin seeds.*
zuccherare *to sugar; to sweeten.*
zuccherato *sugared, sweetened.*
ZUCCHERO *sugar.*
    due zollette di zucchero *two lumps of sugar.*
    zucchero di canna *cane sugar.*
    zucchero in pólvere *powdered sugar.*
zucchino *squash.*
zuccone, m. *blockhead.*
zufolare *to whistle; to hiss.*
zuppa *soup.*
zuppiera *tureen, bowl.*

GLOSSARY OF PROPER NAMES

Adriana *Adriane.*
Alberto *Albert.*
Alessandro *Alexander.*
Alfredo *Alfred.*
Alice *Alice.*
Andrèa *Andrew.*
Anita *Anita.*
Antonio *Anthony.*
Arnoldo *Arnold.*
Arrigo *Harry.*
Arturo *Arthur.*
Beatrice *Beatrice.*
Bianca *Blanche.*
Carlo *Charles.*
Carlotta *Charlotte.*
Carolina *Carol.*
Caterina *Katherine.*
Daniele *Daniel.*
Davide *David.*
Donato *Donald.*
Edmondo *Edmund.*
Edoardo *Edward.*
Eleanora *Eleanor.*
Elizabetta *Elizabeth.*
Enrico *Henry.*
Evelina *Evelyn.*
Federico *Frederick.*
Ferdinando *Ferdinand.*
Francesca *Frances.*
Francesco *Francis.*
Gabriele *Gabriel.*
Gianna *Jean, Jane.*
Gilberto *Gilbert.*
Giorgio *George.*
Giovanna *Joan.*
Giovanni *John.*
Giuditta *Judith.*
Giulia *Julia.*
Giuliano *Julian.*
Giuseppe *Joseph.*

Gregorio *Gregory.*
Guglielmo *William.*
Guido *Guy.*
Irene *Irene.*
Isabella *Isabel.*
Liliana *Lillian.*
Lorenzo *Lawrence.*
Lucìa *Lucy.*
Luigi *Lewis, Louis.*
Luisa *Louise.*
Marco *Mark.*
Marìa *Mary.*
Maurizio *Maurice.*
Michele *Michael.*
Paolo *Paul.*
Pietro *Peter.*
Raffaele *Raphael.*
Raimondo *Raymond.*
Riccardo *Richard.*
Roberto *Robert.*
Rosa *Rose.*
Silvia *Sylvia.*
Teresa *Theresa.*
Tommaso *Thomas.*
Vincenzo *Vincent.*
Viviana *Vivian.*

GLOSSARY OF GEOGRAPHICAL NAMES

Adriatico *Adriatic.*
Africa *Africa*
America *America*
    America del Nord *North America.*
    America del Sud *South America.*
    America Centrale *Central America.*
Argentina *Agrentina.*
Asia *Asia.*
Atlantico *Atlantic.*
Australia *Australia*

Belgio *Belgium.*
Bermunde f. pl. *Bermuda.*
Brasile *Brazil*
Brusselles *Brussels.*

Canadà *Canada.*
Cina *China.*
Confederacione Stati Independenti
    Commonwealth of Independent States

Danimarca *Denmark.*
Dover *Dover.*

Egitto *Ggypt.*
Europa *Eurpoe.*

Firenze *Florence.*
Francia *France.*

Galles *Wales.*
Germania *Germany.*
Genova *Genoa.*
Giappone *Japan.*
Ginevra *Geneva.*
Gran Bretagna *Great Britain.*
Grecia *Greece.*

India *India.*
Inghilterra *England.*
Irlanda *Ireland.*
Islanda *Iceland.*
Italia *Italy.*

Lisbona *Lisbon.*
Londra *London.*
Messico *Mexico.*
Milano *Milan.*
Mosca *Moscow.*

Napoli *Naples.*
Norvegia *Norway.*
Nuova Zelanda *New Zealand.*

Olanda *Holland.*

Pacifico *Pacific.*
Padova *Padula.*
Parigi *Paris.*
Persia *Persia.*
Polonia *Poland.*
Portogallo *Portugal.*
Prussia *Prussia.*

Reno *Rhine.*
Roma *Rome.*
Rumania *Rumania.*
Russia *Russia.*

Scardegna *Sardinia.*
Scozia *Scotland.*
Siberia *Siberia.*
Sicilia *Sicily.*
Sorrento *Sorrento.*
Spagna *Spain.*
Stati Uniti *United States.*
Svezia *Sweden.*
Svizzera *Switerland.*

Toscana *Tuscany.*
Turchia *Turkey.*

Ungheria *Hungary.*

Venezia *Venice.*
Vesuvio *Vesuvius.*
Vienna *Vienna.*

English-Italian

A

a (an) uno, un, una.
abandon (to) abbandonare.
abbreviate (to) abbreviare.
abbreviation abbreviazione, f.
abdicate (to) abdicare.
ability abilità, talento.
able (to be) potere; essere capace di; avere la
    forza di.
able *(adj)* abile, capace.
aboard a bordo.
abolish (to) abolire.
abortion aborto.
about circa; a proposito di *(with reference to);* in
    giro *(in circulation).*
    about the end of the month verso la fine del
        mese.
    What's it about? Di che si tratta?
above sopra; in alto.
    above all sopratutto.
abroad all' estero.
absence assenza.
absent assente, distratto.
absentminded distratto.
absolute assoluto.
absorb (to) assorbire.
abstain from astenersi dal.
abstract astratto.
absurd assurdo, ridicolo.
abundance abbondanza.
abundant abbondante.
abuse abuso.
abuse (to) abusare, insultare.
academy accademia.
accelerate (to) accelerare.
accelerator acceleratore, m.
accent accento.
accent (to) accentare, accentuare.
accept (to) accettare.
accident accidente, m.; incidente, m.
accidental accidentale, casuale.
accidentally accidentalmente.
accommodate (to) accomodare, adottare.
accommodation accomodamento; alloggio
    (lodging); sistemazione.
accompany (to) accompagnare.
accomplish (to) compi(e)re, finire, perfezionare.
accord accordo.
according to secondo.
account conto; resoconto; relazione, f. *(report).*
    on account of a causa di.
accuracy esattezza, accuratezza.
accurate esatto.

accuse (to) accusare.
accustom (to) abituare, abituarsi a.
ace asso.
ache dolore, m.
    headache mal di testa.
ache (to) dolere; fare male.
    It hurts me. Mi fa male. (Mi duole.)
achieve (to) compiere; raggiungere.
achievement compimento, successo.
acid acido.
acknowledge (to) riconoscere, convenire.
acoustics acustica.
acquaintance conoscenza.
    to make someone's acquaintance fare la
        conoscenza di qualcuno.
acquire (to) acquistare.
across attraverso.
act atto, legge, decreto.
act (to) agire; rappresentare *(represent).*
    to act as fare da.
action azione, f.
active attivo.
activity attività.
actor attore.
actual reale, vero.
acute acuto.
adapt (to) adattare.
add (to) aggiungere; fare la somma; addizionare;
    sommare.
addition addizione, f.
    in addition to oltre a.
additive additivo.
address indirizzo *(street, location);* recapito;
    discorso *(speech).*
address (to) indirizzare.
    to address oneself to rivolgersi a.
adequate sufficiente, adeguato.
adhesive tape nastro adesivo.
adjective aggettivo.
adjoining vicino, confinante.
    adjoining rooms stanze contigue.
administer (to) amministrare.
administration amministrazione, f.; governo.
admiral ammiraglio.
admiration ammirazione, f.
admire (to) ammirare.
admission ammissione, f.
    ticket of admission biglietto d'ingresso.
admit (to) riconoscere, ammettere, contenere.
admittance ammissione, f.; permesso d'entrare.
    Free admittance Entrata libera.
    No admittance Vietato l'ingresso.
adopt (to) adottare.
    adopted child figlio adottivo.
adorn (to) ornare.
adult adulto.
advance progresso, avanzata, a conto.
    in advance in anticipo.

advance (to) progredire.
advantage vantaggio.
adventure avventura, speculazione, rischio.
adverb avverbio.
advertise (to) avvisare; fare della pubblicità.
advertisement avviso; annuncio pubblicitario.
advertising pubblicità.
advice consiglio.
    to take someone's advice seguire il consiglio
    di qualcuno.
advise (to) consigliare.
aesthetics estetica.
affair affare, *m.;* relazione amoroaz.
affect (to) influire, concernere, riguardare,
    ostentare.
affected affettato, studiato.
affection affezione, *f.;* affetto.
affectionate affettuoso.
affirm (to) affermare.
afloat a galla.
    to be afloat galleggiare.
afraid pauroso, intimorito.
after dopo; in seguito; più tardi.
afternoon pomeriggio; dopo pranzo.
afterwards dopo.
again di nuovo.
    never again mai più.
against contro.
age epoca; età *(of a person)*, periodo.
    of age maggiorenne.
    under age minorenne.
age (to) invecchiare.
agency agenzia.
agent agente, rappresentante, *m.*
aggravate (to) aggravare, esasperare.
aggressor aggressore.
agile agile.
ago fa.
    five years ago cinque anni fa.
    long ago molto tempo fa.
agree (to) consentire; essere d'accordo.
agreeable convenevole, ameno.
agreed inteso, d'accordo.
agreement patto, accordo.
    as by agreement come si è convenuto.
agricultural agricolo.
agriculture agricoltura.
ahead in avanti.
    to get ahead of oltrepassare.
aid assistenza, aiuto.
aid (to) assistere, aiutare.
    first aid pronto soccorso.
aim mira, fine, *m.*, intento.
aim (to) prendere di mira; mirare.
air aria.
    by air per via aerea.
airmail posta aerea.
airplane aeroplano.

air raid incursione aerea.
aisle corridoio; passaggio; navata *(of a church)*.
alarm allarme, *m.;* sveglia.
alarm (to) allarmare; dare l'allarme.
albumen albume
alcoholic alcolico.
    non-alcoholic analcolico.
alien straniero.
alienation alienazione.
alike simile.
alive vivo.
    more dead than alive più morto che vivo.
all tutto.
all *(adj.)* tutto, tutta, tutti, tutte;
    all day tutto il giorno.
allow (to) permettere.
allowed permesso.
ally alleato.
almost quasi.
alone solo.
along lungo.
aloud ad alta voce.
also anche.
alter (to) alternare, cambiare.
alternate (to) alternare.
alternately a vicenda; alternamente.
although benchè, sebbene.
altitude altitudine, *f.*
always sempre.
amaze (to) stupire.
amazed (to be) essere sorpreso; essere
    stupefatto.
amazement stupore, *m.*
ambassador ambasciatore, *m.*
ambitious ambizioso.
amend (to) correggere, modificare.
amends riparazione, *f.*
amendment emendamento.
American americano.
among fra; nel mezzo.
amount somma.
amount (to) ammontare.
ample ampio, vasto.
amuse (to) intrattenere, divertire.
amusement intrattenimento, divertimento;
    spasso.
amusing divertente.
analogy analogia.
analyze (to) analizzare.
anarchy anarchia.
anatomy anatomia.
ancestor antenato.
anchor àncora.
ancient antico.
and e.
anecdote aneddoto.
angel angelo.
anger collera.

angry irato, collerico.
   to get angry adirarsi.
animal animale, *m.*
animate (to) animare.
ankle caviglia
annex (to) annettere.
annexed annesso.
annihilate (to) annientare.
anniversary anniversario.
announce (to) annunciare.
announcement annuncio.
announcer annunciatore, annunciatrice.
annoy infastidire, disturbare, contrariare.
annual annuale, annuo.
annul (to) annullare.
anonymous anonimo.
another un altro, un'altra.
   in another hour un'ora più tardi.
answer risposta.
answer (to) rispondere.
anterior anteriore.
antibiotic antibiotico.
anticipate (to) anticipare.
antique antico.
antique dealer antiquario.
anxiety ansia.
anxious ansioso; desideroso *(eager).*
any qualunque, qualche, del.
anybody chiunque, qualcuno.
anyhow comunque.
anyone chiunque, qualcuno.
anything qualunque cosa; qualche cosa.
anyway in qualunque modo.
anywhere dovunque.
apart a parte.
apartment appartamento.
apiece ciascuno; per uno; a testa.
apologize (to) scusarsi.
apparel abbiglia mento.
apparent evidente.
appeal (to) rivolgersi a; ricorrere a.
appear (to) apparire.
appearance aspetto; apparizione, esteriorità *f.*
appease (to) placare.
appendix appendice, *f.*
appetite appetito.
applaud (to) applaudire.
applause applauso.
apple mela.
application domanda; richiesta *(request);*
   assiduità *(diligence).*
apply (to) essere adatto *(to be suitable);*
   sollecitare *(to apply for);* rivolgersi a *(to
   apply to).*
appoint (to) nominare, stabilire.
appointment appuntamento; nomina *(to a
   position).* por domanda.
appreciate (to) apprezzare.

appreciation apprezzamento.
approach (to) avvicinare, accostare.
appropriate appropriato, adatto.
approval approvazione, *f.*
approve (to) approvare.
apricot albicocca.
April aprile.
apron grembiule, *m.*
arbitrary arbitrario.
arcade arcata, portico, galleria.
archaeology archeologia.
architect architetto.
architecture architettura.
ardent ardente.
arduous arduo; difficile.
area area, spazio.
argue (to) discutere, litigare.
argument discussione, *f.;* argomento.
arise (to) levarsi, sorgere.
arm braccio.
   arm in arm a braccetto.
armchair poltrona.
armistice armistizio.
arms reduction riduzione degli arma-menti.
army esercito.
around in giro *(in circulation);* intorno a.
arouse (to) svegliare, sollevare, aizzare.
arrange (to) aggiustare, assettare, stabilire.
arrangement disposizione, *f;* accordo
   (agreement).
arrest arresto, cattura.
arrest (to) arrestare, catturare.
arrival arrivo.
arrive (to) arrivare.
arsenal arsenale.
art arte, *f.*
Fine Arts Belle Arti, *f.*
artery arteria.
artichoke caríciofo.
article articolo, oggetto.
artificial artificiale.
artist artista, *m & f.*
artistic artistico.
as come *(like);* mentre *(while).*
   as ... as ... così ... come ...
   as it were per così dire.
   as little as tanto poco quanto.
   as long as finchè.
   as much altrettanto.
   as much ... as ... tanto ... quanto ...
ascertain (to) constatare.
ash cenere, *f.*
ashamed vergognoso.
   to be ashamed of aver vergogna di.
ash tray portacenere, *m.*
aside a parte.
ask (to) chiedere, domandare.
   to ask a question fare una domanda.

asleep addormentato.
   to fall asleep addormentarsi.
asphalt asfalto.
asphyxia asfissia.
aspire (to) aspirare.
aspirin aspirina.
assault assalto.
assemble (to) riunire.
assembly assemblea.
assign (to) assegnare, destinare.
assist (to) assistere, aiutare.
assistance assistenza, soccorso.
associate socio.
associate (to) associare.
assume (to) assumere.
assurance sicurezza.
   self-assurance confidenza in se stesso.
assure (to) assicurare.
astonish (to) stupire.
astounded stupefatto.
astounding stupefacente.
astronaut astronauta.
at a.
   at first in principio; dapprima.
   at last finalmente.
   at once immediatamente, subito.
   at the same time nello stesso tempo.
atheism ateismo.
athlete atleta, *m.*
athletic atletico.
athletics sports, *m. pl.*
atmosphere atmosfera.
atom atomo.
atrocious atroce.
attach (to) attaccare, aderire (a).
attack assalto, attacco.
attack (to) assalire, attaccare.
attain (to) ottenere, conseguire, raggiungere.
attempt tentativo, attentato.
attempt (to) tentare.
attend (to) assistere, frequentare.
   to attend to occuparsi di.
attention attenzione, *f.*
attic soffitta.
attitude atteggiamento.
attorney avvocato.
attract (to) attirare.
attraction attrazione, *f.*; attrattiva.
attractive seducente.
auction asta.
audience udienza, uditorio.
audiovisual audiovisivo.
August agosto.
aunt zia.
author autore, *m.*
authority autorità.
authorize (to) autorizzare.
automatic automatico.

automobile automobile, *f.*; vettura.
autonomy autonomia.
autumn autunno.
available utilizzabile, disponibile.
average media, *f.*; medio *(adj.)*.
aviation aviazione.
avoid (to) evitare.
avoidable evitabile.
awake sveglio.
awake (to be) essere sveglio.
awaken (to) svegliare, destare.
award premio.
away assente, lontano.
   to go away andar via.
awful spaventoso.
awhile per qualche tempo.
awkward goffo.

B

baby bambino, bambina.
back *(noun)* dorso *(in body)*; spalliera *(of piece of furniture)*; fondo *(of room or place)*.
   to be back essere di ritorno.
back *(adv.)* indietro; di dietro; posteriore; retro.
background sfondo.
backwards indietro.
bacon pancetta.
bacteria batteri.
bad cattivo; guasto *(spoiled)*.
badge segno, insegna.
badly male.
bag sacco, borsa.
baker panettiere, fornaio.
bakery panetterìa, panificio.
balance equilibrio; saldo.
balance (to) pareggiare.
bald calvo.
ball palla; ballo *(dance)*.
balloon pallone, *m.*
balsam balsamo.
banana banana.
band orchestra, banda.
bandage benda.
banister balaustrata.
bank banca; sponda *(river)*; argine.
   bank account deposito in banca.
bank note biglietto di banca.
bankruptcy bancarotta, fallimento.
   to go bankrupt fallire.
banquet banchetto.
baptistry battistero.
bar bar, *m.*; tavoletta; barra.
barbaric barbaro.
barber barbiere, *m.*; parrucchiere, *m.*
barbershop barberìa.

bare nudo.
bargain affare, *m.*
barge barchetta.
baritone baritono.
barn capanna, granaio.
baroque barocco.
barrel barile, *m.*
barren sterile, arido.
base fondamento.
bashful timido.
basin bacino, catinella.
basket paniere, *m.;* canestro; cesto.
bas-relief bassorilievo.
bath bagno.
bathe (to) bagnare.
    bathing suit costume da bagno, *m.*
bathrobe accappatoio.
bathtub vasca.
battle battaglia.
be (to) essere.
    (to) be ahead essere in capo.
    (to) be hungry aver fame.
    (to) be right aver ragione.
    (to) be sleepy aver sonno.
    (to) be sorry dispiacersene.
    (to) be thirsty aver sete.
    (to) be wrong aver torto.
    (to) be tired sentirsi stanco.
beach spiaggia.
beaming raggiante.
bean fagiuolo.
bear (to) sostenere; soffrire con rassegnazione *(morally);* sopportare.
bearer portatore.
beat (to) battere; sbattere.
beautiful bello.
beauty bellezza.
because perchè.
    because of a causa di.
become (to) diventare.
    to become accustomed abituarsi.
becoming confacente.
    This dress is becoming to me.
    Questo vestito mi sta bene.
bed letto.
bedclothes coperte, *f. pl.*
bedroom camera da letto.
bedspread copriletto.
beef manzo, vaccina.
beefsteak bistecca.
beer birra.
beet bietola.
before prima; davanti; prima che.
    the day before la vigilia.
beg (to) mendicare.
beggar mendicante, *m. & f.*
begin (to) incominciare.
beginner principiante.

beginning principio, inizio.
behave (to) comportarsi, condursi.
behavior condotta; maniere, *f. pl.*
behind di dietro; dietro a.
Belgian belga, *m.*
belief credenza, opinione, *f.*
believe (to) credere.
bell campana, campanello.
belly pancia.
belong (to) appartenere; essere di.
below di sotto; in basso.
belt cintura.
bench panca, panchina.
bend (to) piegare, curvare.
beneath al di sotto; inferiore a.
benefit beneficio, vantaggio.
benefit (to) beneficare, giovare.
benign benigno.
beside presso; accanto a.
besides a parte; inoltre.
best il migliore; il meglio.
bet scommessa.
bet (to) scommettere.
betray (to) tradire.
better migliore, meglio.
between fra.
beyond oltre; al di là.
bicycle bicicletta.
bid offerta.
big grande.
bill conto.
    to pay the bill pagare il conto.
    bill of fare menu, *m.;* lista.
    bill-posting affissione.
billion miliardo, *m.*
bind (to) legare; rilegare.
bird uccello.
birth nascita.
birthday compleanno.
biscuit biscotto.
bishop vescovo.
bit pezzetto.
bit (a) un po'.
bite morsicatura; boccone, *m.*
bite (to) mordere.
bitter amaro.
bitterness amarezza.
black nero, negro.
blackbird merlo.
blade lama; lametta *(razor).*
blame colpa, biasimo.
blame (to) incolpare.
blank *(noun)* modulo *(form).*
blank *(adj)* in bianco.
blanket coperta.
bleed (to) sanguinare.
bless (to) benedire.
blessing benedizione, *f.*

blind (*noun*) tendina (*for window*).
blind cieco.
blind (to) accecare.
block blocco; caseggiato (*a city square*).
block (to) ostacolare, sbarrare.
blood sangue *m.*
blouse camicia, camicetta.
blow colpo, botta.
blow (to) soffiare.
blue blu, azzurro, turchino; triste.
blush rossore, *m.*
blush (to) arrossire.
board vitto e alloggio (*food and lodging*); asse, *f.* (*plank*).
boarding house pensione, *f.*
boast (to) vantare.
boat barca, battello.
    sailboat barca a vela.
    rowboat barca a remi.
boil (to) bollire.
boiler caldaia.
bold ardito.
bomb bomba.
    atomic bomb bomba atomica.
bond legame, *m.*, obbligazione.
bone osso.
book libro.
booklet libretto.
bookseller libraio.
bookstore librerìa.
border frontiera, confine.
boring noioso.
born (to be) nascere.
borrow (to) pigliare in prestito.
both ambedue, entrambi.
bother noia.
bother (to) annoiare.
    Don't bother. Non disturbatevi.
bottle bottiglia.
bottle opener apribottiglie.
bottom fondo.
bottom (*adj.*) ultimo; in fondo.
bounce (to) saltare.
boundary limite, *m.;* confine, *m.*
boundless sconfinato, illimitato.
bowl scodella.
box scatola.
boy ragazzo.
bra reggiseno.
bracelet braccialetto.
braces bretelle.
braid treccia.
brain cervello.
braised (beef) brasato.
brake freno.
branch ramo; succursale, *f.* (*business*).
brand marca, marchio.
brassiere reggiseno, *m.*

brave coraggioso, bravo.
bread pane, *m.*
break (to) rompere.
    to break out irrompere.
breakfast colazione, *f.*
    to have breakfast far colazione.
breast petto.
breast pocket taschino.
breath soffio, respiro.
breathe (to) respirare.
breeze brezza.
bribe (to) corrompere.
brick mattone, *f.*
bride sposa.
bridge ponte, *m.*
brief breve.
bright chiaro, vivo.
brighten (to) brillare.
brilliant brillante; smagliante.
bring (to) portare, condurre.
bring together (to) avvicinare.
bring up (to) educare.
British inglese, britannico.
broad largo.
brocade broccato.
broil (to) arrostire.
    broiled sulla graticola.
broken rotto.
bronchitis bronchite.
bronze bronzo.
brook ruscello.
broom scopa.
brother fratello.
brotherhood fratellanza.
brother-in-law cognato.
brown marrone.
bruise (to) ammaccare.
brush spazzola.
brute bruto, animale.
bubble bolla.
buckle fibbia.
bud bocciolo.
budget bilancio.
buffet buffet.
build (to) costruire, fabbricare.
building costruzione, *f.;* palazzo, edificio.
bulletin bollettino.
bumper paraurti.
bunch mazzo, gruppo.
bundle pacco.
burden onere.
burn (to) bruciare.
burst eruzione, *f.;* scoppio.
burst (to) scoppiare.
bury (to) seppellire.
bus autobus, *m.*
bush cespuglio, macchia.
business affare, *m.;* commercio.

businessman uomo d'affari; commerciante
(dealer).
busy occupato.
busy (to) affaccendarsi.
but ma.
butcher macellaio.
butcher shop macellerìa.
butter burro.
button bottone, *m.*
buy (to) comprare.
buyer compratore, *m.*
by per, a.
    by and by più in là; fra poco.
    by day di giorno.
    by then allora.

C

cab tassì, *m.*
cabbage cavolo.
cab driver autista, *m.*
cabinet gabinetto, armadio.
cable (to) mandare un cablogramma.
cable-car funivia.
cage gabbia.
cake torta.
cake of soap pezzo di sapone.
calculate (to) calcolare.
calculation calcolo.
calendar calendario.
calf vitello.
call chiamata, visita, grido.
call (to) chiamare.
    to call back richiamare.
    to call forth evocare.
    to call out gridare.
    to call on (someone) visitare.
calm sereno.
camera macchina fotografica.
camomile camomilla.
camp campo.
camp (to) accampare.
campfire falo.
can scatola, latta.
can (to be able) potere.
cancel (to) annullare.
candidate candidato.
candle candela.
candy caramella.
can-opener apriscatole.
cap berretto.
capacity capacità.
capital capitale, *f. (city);* capitale, *m. (money).*
capital *(adj.)* capitale, principale; eccellente.
capricious capriccioso.
captain capitano.

captive prigioniero.
capture (to) catturare.
car automobile, *f.;* vettura *(wagon).*
carafe caraffa.
carbon paper carta copiativa.
card carta; biglietto; scheda.
    game of cards partita a carte.
care cura.
    in care of presso *(on a letter).*
    take care of prendere cura di.
care (to) curare.
    to care for amare.
    to care to desiderare.
    I don't care. Non me ne curo.
career carriera.
careful cauto, attento.
careless incauto, trascurato.
cares noie, *f. pl.*
carpenter falegname, *m.*
carpet tappeto.
carrier portatore.
carry (to) portare.
carry out (to) eseguire; attuare; realizzare.
cart carrello.
carve (to) tagliare, scolpire.
case caso; recipiente, *m. (container);* cassa *or*
    cassetta *(box).*
    in that case in tal caso.
cash contanti, *m. pl.*
cash (to) incassare.
cashier cassiere, *m.*
cask fusto.
cast (to) gettare *(throw).*
castle castello.
casual casuale, fortuito.
cat gatto.
catch (to) afferrare.
category categorìa.
cathedral cattedrale, duomo.
Catholic cattolico.
cattle bestiame, *m.*
cause causa.
cause (to) causare.
cavity carie, cavità.
cease (to) cessare.
ceiling soffitto.
celebrate (to) celebrare, proclamare.
cellar cantina.
cement cemento.
cemetery cimitero.
censorship censura.
census censimento.
cent centesimo.
center centro.
centigrade centigrado.
central centrale.
century secolo.
ceramics ceramica.

cereal cereale, *m.*
cerebral cerebrale.
ceremony cerimonia.
certain certo.
certainty certezza.
certificate certificato, atto.
   birth certificate atto di nascita.
chain catena.
chain (to) incatenare.
chair sedia.
chairman presidente, *m.*
chalk gesso.
challenge sfida.
challenge (to) sfidare.
champagne champagne, *m.*
champion campione, *m.*
chance caso, azzardo, sorte, *f.*
   to take a chance correre il rischio.
chandelier lampadario.
change cambiamento; trasformazione; resto
   (money).
change (to) cambiare.
chapel cappella.
chapter capitolo.
character carattere, *m.;* personaggio *(in a play).*
characteristic caratteristica.
charge (to) far pagare; mettere a carico di;
   accusare *(to accuse).*
charitable caritatevole.
charity carità.
charm fascino.
charm (to) affascinare.
charming affascinante.
chase (to) inseguire.
chat (to) chiacchierare.
cheap a buon mercato.
cheat (to) ingannare, truffare, barare.
check freno; assegno *(bank).*
check (to) verificare *(verify);* reprimere *(hold
   back).*
cheek guancia.
cheer (to) rallegrare, acclamare, rianimare.
cheerful allegro, gaio.
cheese formaggio.
chemical sostanza chimica.
chemist chimico.
cherish (to) amare teneramente.
cherry ciliegia.
chest petto *(body);* cassa *(box).*
   chest of drawers stipo; armadio.
chestnut castagna.
chew (to) masticare.
chicken pollo.
chief capo.
chief *(adj.)* principale.
child bambino, bambina, fanciullo, fanciulla.
childbirth parto.
chimney camino; focolare, *m. (hearth).*

chin mento.
china porcellana.
chip scheggia.
chivalry cavalleria, cortesia.
chocolate cioccolato.
choice scelta; *(adj.)* scelto.
choir coro.
choke (to) strangolare, soffocare.
choose (to) scegliere.
chop braciola *(cut of meat).*
choreography coreografia.
Christian cristiano *(noun & adj.).*
Christmas Natale.
   Christmas Eve Vigilia di Natale.
   Merry Christmas! Buon Natale!
chronicle cronaca.
church chiesa.
cigar sigaro.
cinnamon cannella.
circle cerchio.
circular rotondo.
circulation circolazione, *f.*
circumstances circostanze, *f. pl.*
citizen cittadino.
city città.
city hall municipio.
civil civile.
civilization civilizzazione, *f.;* civiltà.
civilize (to) civilizzare, incivilire.
claim diritto, reclamo.
claim (to) reclamare, affermare.
clam vongola.
clamor clamore, *m.;* strepito.
clap (to) applaudire, battere le mani.
class classe, *f.*
classic classico.
classified advertisement annuncio.
classify (to) classificare.
clause clausola.
clean pulito.
clean (to) pulire.
   (to) dry clean pulire a secco.
cleanliness pulizia.
clear chiaro, limpido.
clear (to) schiarire.
   (to) clear up rasserenarsi.
clearly chiaramente.
clerk commesso.
clever scaltro.
cliff scogliera.
climate clima, *m.*
climb (to) arrampicarsi; scalare.
clip (to) attaccare, appuntare.
cloak mantello.
clock orologio.
cloister chiostro.
close vicino *(near).*
close (to) chiudere.

122

closed chiuso.

closet armadio, stanzino, ripostiglio.

cloth stoffa.

clothe (to) vestire.

clothes vestiti, indumenti, abbigliamento.

clothes hanger attaccapanni, *m.*

cloud nuvola

cloudy nuvoloso.

clover trifoglio.

clown pagliaccio.

club circolo *(organization)*; bastoni, *f. (playing cards).*

coach corriera, carrozza.

coal carbone, *m.*

coarse ruvido.

coast costa, litorale.

coat cappotto *(overcoat).*

cocoa cacào.

code codice, *m.*

coffee caffè, *m.*

    coffee with cream caffè con panna.

coffin bara.

coin moneta.

cold freddo.

    to be cold aver freddo; far freddo *(weather).*

coldness freddezza.

collaborate (to) collaborare.

collar collare, *m.;* colletto.

collect (to) raccogliere.

collection collezione, *f.;* raccolta.

collective collettivo.

college università.

colonial coloniale.

colony colonia.

color colore, *m.*

color (to) colorare.

column colonna.

comb pettine, *m.*

comb (to) pettinare.

combination combinazione, *f.*

combine (to) combinare.

come (to) venire.

    to come about accadere.

    to come back ritornare.

    to come by passare per.

    to come down scendere.

    to come for venire a prendere.

    to come in entrare.

    to come out uscire.

comedy commedia.

comet cometa.

comfort conforto, agio.

comfort (to) consolare, rassicurare.

comfortable confortevole.

comics fumetto.

comma virgola.

command comando.

command (to) comandare.

commander comandante, *m.*

commerce commercio.

commercial commerciale, pubblicità.

commission commissione, *f.*

commit (to) commettere.

common comune.

communicate (to) comunicare.

communication comunicazione, *f.*

community communità.

compact disk compact.

companion compagno, compagna.

company compagnià *(firm);* invitati *(guests).*

compare (to) paragonare, confrontare.

comparison paragone, *m.;* confronto.

compete (to) competere.

competent competente, abile.

competition competizione, *f.;* concorrenza.

complain (to) lagnarsi.

complaint lagnanza; reclamo.

complete completo.

complex complesso *(noun & adj.).*

complexion carnagione, *f.*

complicate (to) complicare.

complicated complicato.

compliment complimento.

compose (to) comporre.

composer compositore, *m.*

composition composizione, *f.*

comprehend (to) comprendere, includere.

compromise compromesso.

compromise (to) compromettere.

computer calcolatore, *m.;* calcolatrice, *f.;* computer.

conceive (to) concepire, immaginare.

concentrate (to) concentrare.

concept concetto.

concern ditta *(business);* ansietà *(anxiety).*

concern (to) concernere, riguardare.

concert concerto.

conclusion conclusione, *f.;* fine, *f.*

concrete *(adj.).* concreto.

condemn (to) condannare.

condense (to) condensare.

condition condizione, *f.*

conditional condizionale.

conditioner balsamo.

conduct condotta.

conduct (to) condurre, dirigere.

conductor conduttore, *m.;* direttore, *m.;* controllare.

confess (to) confessare.

confession confessione, *f.*

confidence confidenza, fiolucia.

confident confidente, sicuro.

confidential confidenziale.

confirm (to) confermare.

confirmation conferma.

conflict conflitto.

confusion confusione.
congratulate (to) congratulare.
congratulation congratulazione, *f.*
congress congresso.
conjunction congiunzione.
connect (to) unire.
connection connessione, *f.*; relazione, *f.*
conquer (to) conquistare.
conquest conquista.
conscience coscienza.
conscientious coscienzioso, scrupoloso.
conscious conscio, consapevole.
consent consenso.
consent (to) acconsentire.
consequence conseguenza.
conservative conservativo, conservatore.
conservatory conservatorio.
consider (to) considerare.
considerable considerabile.
consideration considerazione, *f.*
consist (to) consistere, constare.
consistent consistente; coerente.
console (to) consolare.
constant costante.
constitute costituire.
constitution costituzione, *f.*
constitutional costituzionale.
construct (to) costruire.
consul console, *m.*
contagious contagioso.
contain (to) contenere.
container recipiente, *m.*
contemporary contemporaneo.
contend (to) contendere, affermare, sostenere.
content (to) accontentare.
content (to be) essere contento.
content(s) contenuto.
continent continente, *m.*
continual continuo.
continue (to) continuare.
continuously continuamente.
contraceptive anticoncezionale.
contract contratto.
contract (to) contrattare.
contractor appaltatore, fornitore.
contradict (to) contraddire, smentire.
contradiction contraddizione, *f.*
contradictory contraddittorio.
contrary contrario, cocciuto.
   on the contrary contrariamente; al contrario.
contrary *(adj.)* contrario.
contrary to contrario a.
contrast contrasto.
contrast (to) contrastare.
contravention contravvenzione.
contribute (to) contribuire.
contribution contributo.
control controllo; potere, *m. (power or ability).*;

   remote control telecomando.
control (to) controllare.
controversy controversia.
convenience convenienza, vantaggio.
   at your convenience a vostro agio.
convenient conveniente, comodo.
convent convento.
convention convenzione, *f.*; congresso.
conversation conversazione, *f.*; adulterio.
converse (to) conversare.
convert (to) convertire.
convict (to) condannare.
conviction convinzione, *f.*
convince (to) convincere.
cook cuoco, cuoca.
cook (to) cucinare.
cool fresco.
cool (to) rinfrescare, raffreddarsi.
copy copia, articolo, testo.
copy (to) copiare.
cork sughero.
cork (to) tappare, turare.
corkscrew cavatappi. *m.*
corn grano.
corn-cob pannocchia.
corner angolo, spigolo.
corporation corporazione, *f.*
correct corretto, giusto.
   Am I correct? Ho ragione?
correct (to) correggere.
correction correzione, *f.*
correspond (to) corrispondere.
correspondence corrispondenza.
correspondent corrispondente, *m. & f.*
corresponding corrispondente.
corrupt corrotto.
corruption corruzione, *f.*
cost prezzo, costo.
   at any cost a qualunque costo.
cost (to) costare.
costume costume. *m.*
cottage capanna.
cotton cotone, *m. (cotton thread, material);*
   ovatta *(wadding).*
couch divano.
cough tosse, *f.*
cough (to) tossire.
count conte, *m. (title);* conto, *m. (computation, reckoning).*
count (to) contare.
counter banco *(store).*
countess contessa.
countless innumerevole.
country campagna; patria *(fatherland).*
country house casa di campagna.
countryman compatriota; contadino *(farmer).*
couple coppia.
courage coraggio.

course corso.
    of course naturalmente; s'intende.
court corte, *f.*, tribunale, *m.*
courteous cortese.
courtesy cortesia.
courtship corte, *f.*
courtyard cortile, *m.*
cousin cugino, cugina.
cover coperchio, (*lid*); coperta (*for a bed*).
cover (to) coprire; ricoprire; fare la cronaca.
cow mucca, vacca.
crack fessura.
crack (to) crepare, fendere.
cradle culla.
craftsman artigiano.
craftsmanship artigianato.
crash scontro, fracasso.
crash (to) fracassare.
crazy folle, pazzo.
cream crema.
crease piega.
create (to) creare.
creature creatura.
credit credito, fiducia, riputazione.
creditor creditore, *m.*
cricket grillo.
crime delitto.
criminal delinquente, *m.* (also *adj.*).
crisis crisi, *f.*
crisp croccante.
critic critico.
criticism critica.
crooked storto; disonesto (*morally*).
crop raccolta.
cross croce, *f.*
cross (*adj.*) adirato; di cattivo umore.
cross (to) traversare.
crossing passaggio.
crossroads bivio, crocevia, *m.*
crouch (to) appiattarsi.
crow corvo.
crowd folla.
crowd (to) affollare, ingombrare.
cruel crudele.
cruelty crudeltà.
cruise crociera.
crumb mollica, briciola.
crumble (to) sgretolarsi.
crust crosta.
crutch gruccia, stampella.
cry grido.
cry (to) piangere, gridare.
crypt cripta.
cuff polsino.
cunning scaltrezza.
cup tazza.
cure cura.
cure (to) curare.

curiosity curiosità.
curious curioso, strano.
curl riccio.
curl (to) arricciare.
current corrente, *f.*
current (*adj.*) corrente; in corso.
cursive corsivo.
curtain tendina; sipario (*theater*).
curve curva.
curved arcuato.
cushion cuscino.
custody custodia, arresto.
custom usanza; clientela.
customary abituale.
customer cliente, *m. & f.*
customhouse dogana.
custom jewelry bigiotteria.
customs official doganiere, *m.*
cut taglio.
cut (to) tagliare.
cycle ciclo.
cycling ciclismo.
Cypress cipresso.

D

dad, daddy papà, babbo.
dagger pugnale, *m.*
daily quotidiano.
dainty delicato.
dairy latterìa.
dairy products latticini, *m. pl.*
dam diga.
damage danno.
damage (to) danneggiare.
damp umido.
dance danza.
dance (to) ballare, danzare.
danger pericolo.
dangerous pericoloso.
dark buio; oscuro; scuro (*color*).
darkness oscurità; tenebre.
dash (to) precipitarsi.
date data, scadenaza.
date (to) datare.
daughter figlia.
daughter-in-law nuora.
dawn alba.
day giorno.
    all day tutto il giorno.
    day after tomorrow dopo domani; l'indomani, *m.*
    day before giorno prima.
    day before yesterday avantieri; ieri l'altro.
dazzle (to) abbagliare.
dazzling abbaglio, smagliante.

dead morto, morta.
deaf sordo. (Also *deaf person.*)
deaf and dumb sordomuto, sordomuta.
deafen (to) assordare.
deal affare, *m.*
deal (to) fare affari con; commerciare.
dealer mercante, *m.;* venditore, *m.;* negoziante.
dear caro.
death morte, *f.*
debatable discutibile.
debate discussione, *f.;* dibattito.
debate (to) discutere.
debris. rovine, *f. pl.*
debt debito.
debtor debitore, *m.*
debut esordio, debutto.
decadent decadente.
decaffeinated decaffeinato.
decanter caraffa.
decay decadenza; carie (tooth).
decay (to) decadere, appassire.
deceased defunto.
deceit inganno.
deceive (to) ingannare, illudere.
December dicembre.
decent decente.
decide (to) decidere.
decidedly decisamente.
decision decisione, *f.*
decisive decisivo.
deck ponte, *m.*
declare (to) dichiarare.
decline decadenza, abbassamento.
decline (to) declinare.
decorate (to) decorare.
decrease diminuzione, *f.*
decrease (to) diminuire.
decree decreto.
dedicate (to) dedicare.
deed atto.
deep profondo.
deer cervo.
defeat sconfitta.
defeat (to) sconfiggere.
defect difetto.
defend (to) difendere.
defense diffesa.
defiance sfida, disfida.
define (to) definire.
definite definitivo, preciso.
defy (to) sfidare.
degree grado; laurea.
delay ritardo.
delay (to) ritardare.
delegate delegato.
delegate (to) delegare.
deliberate *(adj.)* deliberato.
deliberate (to) deliberare.

deliberately deliberatamente.
delicacy delicatezza, ghiottoneria.
delicate delicato.
delicious delizioso.
delight delizia, compiacimento.
delight (to) dilettare.
deliver (to) recapitare, consegnare; partorire.
deliverance liberazione, *f.*
delivery liberazione, *f.;* consegna *(package).*
delude illudere.
demand domanda, richiesta.
demand (to) domandare, richiedere.
demonstrate (to) dimonstrare.
demonstration dimostrazione, *f.*
denial diniego, rifiuto.
denounce (to) denunziare.
dense denso.
density densità.
dental dentale.
dentifrice dentifricio.
dentist dentista, *m.*
deny (to) negare, refiutare.
department dipartimento, reparto.
depend (to) dipendere.
dependence dipendenza.
dependent *(adj.)* dipendente.
deplore (to) deplorare.
deposit deposito.
deposit (to) depositare.
depot deposito.
depress (to) deprimere.
depression depressione, *f.*
deprive (to) privare.
depth profondità.
derive (to) derivare.
dermatologist dermatologo.
descend (to) discendere, scendere.
descent discesa.
describe (to) descrivere.
description descrizione, *f.*
desert deserto.
desert (to) abbandonare.
deserve (to) meritare.
design disegno.
  interior design arredamento.
design (to) disegnare *(to draw).*
designed (for) destinato a.
designer stilista.
desirable desiderabile.
desire desiderio.
desire (to) desiderare.
desirous desideroso.
desk scrivanìa.
desolate desolato.
desolation desolazione, *f.*
despair disperazione, *f.*
despair (to) disperare.
desperate disperato.

despise (to) disprezzare; sdegnare.
despite malgrado
despondent abbattuto.
dessert frutta e dolci.
destine (to) destinare.
destiny destino.
destitute indigente.
destroy (to) distruggere.
destruction distruzione, *f.*
detach (to) staccare, separare.
detail dettaglio, particolare, *m.*
detain (to) trattenere.
detect (to) notare.
detergent detersivo; detergente.
determination determinazione, *f.*
determine (to) determinare, fissare, stabilire.
detest (to) detestare.
detour svolta.
detract from (to) detrarre, denigrare.
detriment detrimento.
devaluation svalutazione.
devalue (to) svalutare.
develop (to) sviluppare.
development sviluppo.
device espediente, apparecchio.
devil diavolo.
devise (to) immaginare.
devoid of privo di.
devote (to) dedicare.
devour (to) divorare.
dew rugiada.
diagnosis diagnosi.
dial quadrante *(clock).*
dialect dialetto.
dialogue dialogo.
diameter diametro.
    diamond diamante, *m.;* quadri, *m. pl.*
    (playing cards).
diaper pannolino.
diary diario.
dictate (to) dettare.
diction dizione.
dictionary dizionario, vocabolario.
didactic didattico.
die (to) morire.
diet dieta.
differ (to) differire.
difference differenza.
different diverso.
difficult difficile.
difficulty difficoltà.
dig (to) scavare.
digest (to) digerire.
dignity dignità.
dilemma dilemma.
dim oscuro, annebbiato, debole.
dimension dimensione, *f.*
diminish (to) diminuire.

dine (to) pranzare.
dinner pranzo.
dip (to) immergere, intingere.
diplomacy diplomazìa.
diplomat diplomatico.
direct (to) dirigere.
direction direzione, *f.;* senso; regia.
    in all directions in tutte le direzioni.
director direttore, *m.;* regista.
directory elenco, rubrica.
dirt sudiciume, *m.*
dirty sudicio, sporco.
disability incapacità.
disabled incapacitato.
disadvantage svantaggio.
disagree (to) differire; non essere d'accordo.
disagreeable contrario, sgradevole.
disagreement differenza, disaccordo.
disappear (to) sparire.
disappearance sparizione, *f.;* scomparsa.
disappoint (to) deludere l'aspettativa di.
disappointment disappunto.
disapprove (to) disapprovare.
disaster disastro.
disastrous disastroso.
discharge congedo *(from army or a position);*
    scarica *(of a gun).*
discharge (to) congedare *(military);* licenziare
    (from a position); scaricare *(firearm).*
discipline disciplina.
disclaim (to) negare, rinunziare.
disclose (to) svelare, palesare.
disclosure rivelazione, *f.;* palesamento.
discomfort disagio.
discontent malcontento.
discontented scontento.
discontinue (to) cessare.
discord discordia, dissenso, dissidio.
discotheque discoteca.
discount sconto.
discourage (to) scoraggiare.
discouragement scoraggimento.
discover (to) scoprire.
discovery scoperta.
discreet discreto.
discretion discrezione, *f.*
discuss (to) discutere.
discussion discussione, *f.*
disdain sdegno.
disdain (to) disdegnare.
disease malattìa.
disgrace vergogna, disonore, *m.*
disguise travestimento.
    in disguise travestito.
disgust disgusto.
disgusted disgustato.
disgusting disgustoso.
dish piatto.

dishes stoviglie.
dishwasher lavastoviglie.
dishonest disonesto.
disk disco.
dislike avversione, *f.;* antipatìa.
dislike (to) sentire avversione; sentire antipatìa; non amare.
dismiss (to) congedare, licenziare.
dismissal congedo.
disobey (to) disobbedire.
disorder disordine, *m.*
dispense (to) dispensare, distribuire.
display esposizione, *f.*
display (to) esporre.
displease (to) dispiacere.
disposal disposizione, *f.;* vendita *(sale).*
dispose (to) disporre.
disproportion sproporzione.
dispute disputa, contesa.
dispute (to) disputare, contestare.
disqualification squalifica.
dissatisfied scontento, insoddisfatto.
dissertation dissertazione.
dissolve (to) dissolvere, disfare.
distance distanza.
distant lontano, distante.
distinct distinto, chiaro.
distinction distinzione, *f.;* signorilità.
distinguish (to) distinguere.
distort (to) distorcere, deformare.
distract (to) distrarre.
distress afflizione, *f.;* affanno, imbarazzo.
distress (to) affliggere.
distribute (to) distribuire.
distribution distribuzione, *f.*
district quartiere, *m.*
distrust sfiducia.
distrust (to) non aver fiducia.
disturb (to) disturbare.
disturbance disturbo, disordine, *m.*
ditch fosso.
dive (to) tuffarsi.
divide (to) dividere, separare.
divine divino.
division divisione, *f.*
divorce divorzio.
divorce (to) divorziare.
dizziness vertigine, *f.*
dizzy stordito.
do (to) fare.
    to do again rifare.
dock darsena.
doctor dottore, *m.*
doctrine dottrina.
document documento.
dog cane, *m.*
dome cupola.
domestic domestico.

dominate (to) dominare; sovrastare.
door porta.
    next door la porta accanto.
    doorman portinaio.
dose dose, *f.*
dot punto; puntino.
double doppio.
doubt dubbio.
doubt (to) dubitare.
doubtful dubbioso.
doubtless senza dubbio.
dough pasta.
down giù; in basso.
downwards in giù.
dozen dozzina.
draft corrente, *f. (air);* leva *(military);* cambiale, *f. (bank).*
draft (to) reclutare *(military);* fare la pianta *(make a plan).*
drag (to) strascinare.
drain (to) scolare.
drama dramma, *m.*
draw (to) disegnare.
drawback svantaggio.
draw back (to) indietreggiare.
drawer tiretto, cassetto.
drawing room salone, *m.*
dread terrore, *m.;* paura.
dread (to) temere.
dreaded terribile, formidabile.
dream sogno.
dream (to) sognare.
dreamer sognatore, *m.*
dress abito, vestito, veste, *f.*
dress (to) vestirsi, vestire.
drink bevanda.
drink (to) bere.
drinkable potabile.
drip (to) sgocciolare.
drive (to) guidare *(car);* spingere *(to force or induce).*
driver conducente, *m.*
driver's license patente.
drop goccia *(of water);* caduta *(a fall).*
drop (to) lasciare cadere.
drown (to) annegare.
drug droga.
druggist farmacista, *m.*
drugstore farmacìa.
drum tamburo.
drunk ubriaco, ebbro.
dry asciutto, secco.
dry (to) asciugare, seccare.
dryness aridità.
dubbing doppiaggio.
duchess duchessa.
due dovuto.
duke duca, *m.*

dull fosco *(color);* ottuso *(stupid).*
dumb muto *(mute);* stupido *(stupid).*
during durante.
dust polvere, *f.*
dust (to) spolverare.
dusty polveroso.
duty dazio *(customs tolls);* dovere *(obligation).*
duty-free esente da dogama
dwell (to) dimorare, abitare.
dwelling dimora, abitazione, *f.*
dye tintura.
dye (to) tingere.
dynamism dinamismo.

E

each ciascuno, ciascuna, ogni.
    each other si; ci; l'un l'altro.
    each time ogni volta.
eager ansioso; desideroso di.
eagle aquila.
ear orecchio.
early presto; di buon'ora.
earn (to) guadagnare.
earnest zelante, fervido, sincero.
earth terra.
ease agio.
ease (to) alleviare, mitigare.
easily facilmente.
east est, *m.;* oriente, *m.*
Easter Pasqua.
eastern orientale.
easy facile.
eat (to) mangiare.
echo eco, *m. & f.*
ecology ecologia.
economical economico.
economize (to) fare delle economie;
    economizzare.
economy economia.
edge bordo, orlo; spigolo.
edition edizione, *f.*
editor editore, *m.;* redattore, *m.*
editorial articolo di fondo; *(adj.)* editoriale.
education educazione, *f.;* istruzione, *f.*
effect effetto.
effect (to) effettuare, compiere.
effective efficace.
efficiency efficienza.
efficient efficiente.
effort sforzo.
egg uovo.
    hard-boiled egg uovo sodo.
    scrambled eggs uova strapazzate.
eggplant melanzana.
egoism egoismo.

eight otto.
eighteen diciotto.
eighteenth diciottesimo.
eighth ottavo.
eightieth ottantesimo.
eighty ottanta.
either ... or ... sia ... che ...
    either ... or ... o ... o ...
    either one l'uno o l'altro.
    either one of the two ognuno dei due.
elastic elastico *(noun & adj.).*
elbow gomito.
elder anziano, maggiore.
elderly anziano.
eldest il più anziano; il maggiore.
elect scegliere, eleggere.
election elezione, *f.*
elector elettore, *m.*
electric(al) elettrico.
electricity elettricità.
elegant elegante.
element elemento, fattore, *m.*
elementary elementare.
elephant elefante, *m.*
elevator ascensore, *m.*
eleven undici.
eleventh undicesimo.
eliminate (to) eliminare.
eloquence eloquenza.
eloquent eloquente.
else altro.
    or else altrimenti.
    someone else qualche altro.
elsewhere altrove.
elude (to) eludere.
emancipate (to) emancipare.
embark (to) imbarcare, imbarcarsi.
embarrass (to) imbarazzare.
embarrassing imbarazzante.
embarrassment imbarazzo.
embassy ambasciata.
embody (to) incarnare.
embroider (to) ricamare.
embroidery ricamo.
emerge (to) emergere.
emergency emergenza.
eminent eminente, illustre.
emotion emozione, *f.*
emperor imperatore, *m.*
emphasis enfasi, *f.*
emphasize (to) accentuare.
emphatic enfatico.
empire impero.
employ (to) impiegare.
employee impiegato.
employer datore di lavoro, *m.*
employment impiego.
empty vuoto.

empty (to) vuotare.
enable (to) rendere abile; mettere in condizione di.
enamel smalto.
enclose (to) rinchiudere.
enclosed rinchiuso.
encourage (to) incoraggiare.
encouragement incoraggiamento.
end fine, f.
end (to) finire.
endeavor sforzo, tentativo.
endeavor (to) tentare; sforzarsi di.
endorse (to) firmare (a check); sottoscrivere a (an idea).
endure (to) durare (last): sopportare (bear).
enemy nemico, nemica.
energetic energico.
energy energìa.
    solar energy energia solare.
enforce (to) imporre.
engage (to) impegnare.
engagement impegno (social); fidanzamento (romantic).
engine macchina, motore, m.
engineer ingegnere, m.; macchinista, m. (railway).
English inglese (noun & adj.).
engrave (to) intagliare.
enjoy (to) godere.
enjoyment godimento.
enlarge (to) ingrandire.
enlist (to) arruolare, arruolarsi.
enormous enorme.
enough abbastanza.
    Enough! Basta!
enrich (to) arricchire.
enter (to) entrare.
enterprise impresa.
enterprising intraprendente.
entertain (to) intrattenere.
entertainment intrattenimento.
enthusiasm entusiasmo.
enthusiastic entusiasta.
entire intero.
entitle (to) intitolare (title); dare diritto di (give the right to).
entrance entrata.
entrust (to) affidare.
enumerate (to) enumerare.
envelope busta.
envious invidioso.
envy invidia.
episode episodio.
equal uguale.
equal (to) uguagliare.
equality uguaglianza.
equilibrium equilibrio.
equip (to) fornire; equipaggiare (ship, army).

equipment fornimento; equipaggiamento (army).
equity equità.
era era.
erase (to) cancellare.
eraser gomma.
erect diritto, eretto.
erect (to) erigere.
err (to) errare.
errand commissione, f.
error errore, m.
escalator scala mobile.
escape fuga.
escape (to) fuggire.
escort scorta, guida.
escort (to) scortare, accompagnare.
especially specialmente.
essay composizione, f. (school); tentativo (attempt).
essence essenza.
essential essenziale.
establish (to) stabilire.
establishment stabilimento.
estate beni, m. pl.; proprietà, patrimonio.
esteem stima.
esteem (to) stimare.
esthetic estetico.
estimate valutazione, f.; preventivo.
estimate (to) valutare.
estimation valutazione, f.; stima.
eternal eterno.
eternity eternità.
ether etere, m.,
ethics etica.
ethnic etnico.
Etruscan etrusco.
etymology etimologia.
European europeo (noun & adj.).
evade (to) evadere.
evasion evasione, f.
eve vigilia.
    on the eve of la vigilia di.
even pari, uguale.
even (adv.) anche.
evening sera, serata.
    tomorrow evening domani sera.
    yesterday evening ieri sera.
    Good evening! Buona sera!
event avvenimento.
ever sempre.
every ogni.
everybody tutti, tutte.
everyone ognuno, ognuna.
everything tutto.
everywhere ovunque, dappertutto.
evidence evidenza.
evident evidente.
evil male, m.

evil *(adj.)* cattivo.
evoke (to) evocare.
evolution evoluzione.
evolve (to) evolvere.
exact preciso.
exaggerate (to) esagerare.
exaggeration esagerazione, *f.*
exalt (to) esaltare.
exaltation esaltazione, *f.*
examination esame, *m.*
   to take an examination fare un esame.
examine (to) esaminare.
example esempio.
exceed (to) eccedere, oltrepassare.
excel (to) eccellere.
excellence eccellenza.
excellent eccellente.
except eccetto, salvo.
except (to) eccettuare.
exception eccezione, *f.;* strappo.
exceptional eccezionale.
exceptionally eccezionalmente.
excess eccesso.
exchange cambio; scambio.
excite (to) eccitare.
   to get excited accalorarsi.
excitement eccitamento.
exclaim (to) esclamare.
exclamation esclamazione, *f.*
exclamation mark punto esclamativo.
exclude (to) escludere.
exclusive esclusivo.
excursion escursione, *f.*
excuse scusa.
excuse (to) scusare.
   Excuse me. Mi scusi.
execute (to) eseguire *(to carry out);* giustiziare *(a prisoner).*
execution esecuzione, *f.*
exempt esente.
exercise esercizio.
exercise (to) esercitare, esercitarsi.
exert (to) adoprarsi.
exertion sforzo.
exhaust (to) sfinire, esaurire.
exhaustion esaurimento.
exhibit (to) esibire.
exhibition esibizione, *f.;* mostra; rassegna.
exile esilio; esule.
exile (to) esiliare.
exist (to) esistere.
existence esistenza.
exit uscita.
exodus esodo.
expand (to) espandere.
expansion espansione, *f.*
expansive espansivo.
expect (to) attendere, aspettare, aspettarsi.

expectation aspettativa.
expedition spedizione, *f.*
expel (to) espellere.
expense spesa.
expensive costoso, caro.
experience esperienza.
experience (to) provare.
experiment esperimento.
expert esperto.
expire (to) spirare, morire.
explain (to) spiegare.
explanation spiegazione, *f.*
explode (to) esplodere.
exploit gesta, *f. pl.*
exploit (to) sfruttare.
explore (to) esplorare.
explosion esplosione, *f.*
export esportazione, *f.*
export (to) esportare.
expose (to) esporre.
express espresso *(noun & adj.).*
express (to) esprimere.
expression espressione, *f.*
expressive espressivo.
expulsion espulsione, *f.*
exquisite squisito.
extend (to) estendere.
extensive estensivo.
extent estensione, *f.;* limite, *m.*
   to some extent fino ad un certo punto.
exterior esteriore.
exterminate (to) sterminare.
external esteriore.
extinct estinto.
extinction estinzione, *f.*
extinguish (to) estinguere.
extra in più; supplementare.
extract estratto.
extract (to) estrarre.
extradition estradizione.
extraordinary straordinario.
extravagance stravaganza.
extravagant stravagante.
extreme estremo.
extremely estremamente.
extremist estremista.
extremity estremità.
extroverted estroverso.
eye occhio.
eyebrow sopracciglio.
eyeglasses occhiali, *m. pl.*
eyelash ciglio *pl.,* ciglia.
eyelid palpebra.

F

fable favola.
fabric stoffa, tessuto.
face viso, faccia.
face (to) affrontare.
facilitate (to) facilitare.
facility facilità.
facsimile (fax) facsimile.
fact fatto.
    in fact infatti.
factory fabbrica.
faculty facoltà.
fade (to) sbiadire.
fail fallo, mancanza.
    without fail senz' altro; senza fallo.
fail (to) fallire, mancare.
faint fievole (*sound, voice*); debole; fioco.
faint (to) svenire.
fair giusto; equo; biondo (*blond*).
faith fede, *f.*
faithful fedele.
faithfulness fedeltà.
fall caduta; cascata (*of water*).
fall (to) cadere.
false falso.
fame fama, reputazione, *f.;* notorietà.
familiar noto.
family famiglia.
famine carestìa.
famous famoso.
fan ventaglio.
    electric fan ventilatore elettrico.
fancy fantasia, capriccio.
fantastic fantastico.
far lontano.
    far away molto lontano.
farce farsa.
fare prezzo della corsa.
farm fattorìa, podere, *m.*
farmer agricoltore, *m.*
farming agricoltura.
farther più lontano.
farthest il più lontano.
fashion moda.
    old-fashioned passato di moda; fuori di
        moda.
fashion show sfilata di moda.
fashionable di moda.
fast veloce, fisso.
fasten (to) attaccare; allacciare.
fat grasso (*noun & adj.*).
fatal fatale.
fate destino.
father padre, *m.*
father-in-law suocero.
faucet rubinetto.
fault colpa.

favor favore, *m.;* cortesia.
favor (to) favorire, preferire.
favorable favorevole.
favorite favorito (*noun & adj.*).
fax machine facsimile.
fear timore, *m.;* paura.
    to be afraid aver paura.
fearless intrepido.
feasible attuabile.
feather piuma.
feature caratteristica, lineamento.
February febbraio.
federal federale.
federation federazione.
fee onorario, paga.
feeble debole.
feed (to) nutrire.
feel (to) sentire; tastare (*to touch*).
    to feel well sentirsi bene.
feeling sensibilità, sentimento.
fellow compagno, camerata, *m.*
fellowship compagnia, società.
fellow-worker collega, *m. & f.*
female femmina.
feminine femminile.
fence siepe, *f.;* chiusura, steccato.
fencing scherma.
fender parafango.
ferocious feroce.
ferry chiatta.
    ferry-boat nave-traghetto.
fertile fertile.
fertilize (to) fertilizzare.
fertilizer fertilizzante, *m.*
fervent fervente.
fervor fervore, *m.*
festival festa, festival.
fetch (to) andare a cercare.
feudal feudale.
fever febbre, *f.*
few pochi, poche, *m. & f. pl.*
fiber fibra.
fiber optics fibre ottiche.
fiction finzione, *f.;* invenzione, *f.;* romanzo.
field campo, ambito.
fierce violento.
fiery focoso.
fifteen quindici.
fifteenth quindicesimo.
fifth quinto.
fiftieth cinquantesimo.
fifty cinquanta.
fig fico; *pl.* fichi.
fight lotta.
fight (to) lottare, combattere.
figure forma (*form*); cifra (*number*).
file lima (*tool*); fascicolo (*papers*).
file (to) archiviare.

filigree filigrana.
fill (to) riempire.
film pellicola.
filthy sudicio.
final finale.
finance finanza.
financial relativo alle finanze; finanziario.
find (to) trovare, ritrovare.
   to find out scoprire.
fine multa, contravvenzione.
fine *(adj.)* fine *(not coarse)*; bello.
   Fine! Bene!
finger dito.
finish (to) terminare, completare.
fire fuoco, incendio.
firearms armi da fuoco.
fireplace focolare, *m.*
firm ditta.
firm *(adj.)* fermo, fisso.
first *(adj.)* primo.
   for the first time per la prima volta.
first *(adv.)* prima.
   at first dapprima; da principio.
fish pesce, *m.*
fish (to) pescare.
fisherman pescatore, *m.*
fist pugno.
fit *(noun)* attacco; crisi, *f. (illness).*
fit *(adj.)* idoneo, capace.
fit (to) essere idoneo; essere della stessa misura.
fitness convenienza; attitudine, *f.;*
   proporzione, *f.*
five cinque.
fix (to) accomodare, aggiustare.
flag bandiera.
flame fiamma.
flank fianco, lato.
flash baleno.
flashlight lampadina tascabile; pila.
flat appartamento *(living quarters);* bemolle, *m.*
   (in music).
flat *(adj.)* piatto, piano.
flatter (to) adulare.
flattery adulazione, *f.*
flavor gusto.
fleet flotta.
flesh carne, *f.*
flexibility flessibilità.
flexible flessibile.
flight volo *(in air);* fuga *(escape).*
fling (to) gettare.
flint pietra focaia.
float (to) galleggiare.
flood inondazione, *f.*
flood (to) inondare.
floor pavimento.
Florentine fiorentino.
flourish (to) prosperare.

flow (to) scorrere.
flower fiore, *m.*
   flower-bed aiunola.
fluctuate (to) fluttuare *(economy).*
fluent scorrevole.
   He is fluent in Italian. Parla correntemente
     l'Italiano.
fluid fluido.
fly mosca.
fly (to) volare.
foam schiuma.
foam (to) fare la schiuma.
fog nebbia.
fold piega.
fold (to) piegare.
foliage fogliame, *m.*
follow (to) seguire.
following seguente.
fond (to be) sentire tenerezza; affezionarsi.
fondness tenerezza.
food nutrimento, cibo.
fool sciocco *(noun & adj.).*
foolish sciocco.
foot piede, *m.*
football gioco del calcio.
footstep passo.
for per.
   for example per esempio.
   for the first time per la prima volta.
   for the most part per la maggior parte.
   for the present per il momento.
forbid (to) vietare.
force forza.
force (to) obbligare.
ford guado.
forecast previsione.
foreground primo piano.
forehead fronte, *f.*
foreign straniero.
foreigner straniero, forestiero.
forest foresta.
forget (to) dimenticare.
forgetfulness oblio, dimenticanza.
forgive (to) perdonare.
forgiveness perdono.
fork forchetta.
form forma.
form (to) formare.
formal formale.
formation formazione, *f.*
former precedente.
formerly precedentemente.
formula formula.
forsake (to) abbandonare.
fort forte, *m.*
fortieth quarantesimo.
fortress rocca, fortezza.
fortunate fortunato.

fortunately fortunatamente.
fortune fortuna.
forty quaranta.
forward avanti.
forward (to) spedire *(goods, letters)*.
fossil fossile.
foster (to) nutrire, proteggere.
found trovato.
found (to) fondare.
foundation fondazione, *f. (society or order)*;
  fondamento *(base)*.
founder fondatore, *m.*
fountain fontana.
four quattro.
fourteen quattordici.
fourteenth quattordicesimo.
fourth quarto.
fowl uccello, pollo.
fox volpe, *f.*
fragment frammento.
fragrance fragranza, profumo.
fragrant fragrante, profumato.
frail fragile.
frame cornice, *f.*
frame (to) incorniciare.
frank franco.
frankness franchezza.
free libero *(without restraint)*; gratuito
  (gratuitous).
free (to) liberare.
freedom libertà.
freeze (to) gelare.
freight merce, *f.;* carico.
freight train treno merci.
French francese *(noun & adj.)*.
frenzy frenesia.
  frenzied frenetico.
frequent frequente.
frequently frequentemente.
fresh fresco.
friction frizione, *f.*
Friday venerdì.
friend amico, amica.
  to be friends with essere in buoni rapporti.
friendly amichevole.
friendship amicizia.
frieze fregio.
frighten (to) spaventare.
frightening spaventoso.
fringe frangia.
frivolity frivolezza.
frog rana.
from da.
front (in front of) davanti a.
frontier frontiera.
fruit frutto, frutta.
fruit salad macedonia.
fry (to) friggere.

frying pan padella.
fuchsia fucsia *(color)*.
fuel combustibile, *m.*
fugitive fuggitivo, latitante.
fulfill (to) adempire, realizzare.
fulfillment realizzazione, adempimento.
full pieno.
fully pienamente.
fun divertimento; spasso.
  to have fun divertirsi.
function funzione, *f.*
function (to) funzionare.
fund fondo.
fundamental fondamentale.
funds fondi, *m. pl.*
funny buffo.
fur pelliccia *(coat)*.
furious furioso, frenetico, violento.
furnace fornace, *f.*
furnish (to) fornire *(provide)*; ammobiliare *(a
  house)*, arredare.
furnishings arredamento.
furniture mobilia.
furrow solco, fosso.
further più lontano; ulteriore.
fuse miccia, fusibile.
fury furia.
fuse miccia, fusibile.
future futuro, avvenire.
  in the future nel futuro.
futurism futurismo.

G

gaiety gaiezza.
gain guadagno.
gain (to) guadagnare.
gallant galante, valoroso, cavalleresco.
gallery galleria.
gallop galoppare.
gamble (to) giocare.
game partita; gioco.
gang banda.
gangplank passerella.
garage rimessa, autorimessa.
garbage rifiuti, *m. pl.*
garden giardino, orto.
gardener giardiniere, *m.*
garlic aglio.
gas benzina *(for car)*; gas *(chemical)*.
gate cancello.
gather (to) raccogliere, riunire.
gathering riunione, *f.*
gaudy vistosa, appariscente, di cauttivo gusto.
gay gaio.
gem gemma.

gender genere, *m.*
general generale *(noun & adj.).*
generality generalità.
generalize (to) generalizzare.
generation generazione, *f.*
generosity generosità.
generous generoso.
genius genio.
gentle gentile, garbato, calmo.
gentleman gentiluomo, signore.
    Gentlemen. Signori.
    Ladies and gentlemen. Signore e signori.
gentleness gentilezza.
genuine genuino, autentico.
geographical geografico.
geography geografia.
geology geologia.
germ germe, *m.*
German tedesco *(noun & adj.).*
germane pertinente, relativo.
gesture gesto.
get (to) ottenere, diventare.
    Get down! Scenda! Scendete! Scendi!
    Get up! Si alzi! Alzatevi! Alzati!
giant gigante, *m.*
gift dono; talento *(talent).*
gifted dotato; con talento *(talented).*
girdle fascia.
girl fanciulla; ragazza.
give (to) dare, donare.
give back (to) restituire, rendere.
give up (to) abbandonare.
glad felice.
gladly volentieri.
glance (to) intravedere; dare un' occhiata; gettare uno sguardo.
gland ghiandola.
glass bicchiere, *m.;* vetro.
    glasses occhiali, *m. pl.*
    looking glass specchio.
glitter splendore, *m.*
glitter (to) splendere, brillare.
goal traguardo.
globe globo.
gloomy lugubre, fosco.
glorious glorioso.
glory gloria.
glove guanto.
go (to) andare.
    (to) go away partire.
    (to) go back ritornare.
    (to) go down discendere.
    (to) go forward avanzare.
    (to) go out uscire.
    (to) go to bed coricarsi.
    (to) go to sleep addormentarsi.
    (to) go up salire.
    (to) go with accompagnare.

goblet calice, coppa.
God Dio.
gold oro.
golden d'oro.
goldsmith orafo.
good buono.
    Good! Bene!
    Good afternoon. Buon pomeriggio.
    Good evening. Buona sera.
    Good morning. Buongiorno.
    Good night. Buona sera; buona notte.
good-bye arrivederci, addio.
goodness bontà.
goods merce, *f.*
good will buona volontà.
goose oca.
gossip pettegolezzo.
gossip (to) pettegolare.
govern (to) governare, controllare, dominare.
gothic gottico; rosso, barbarico,
    gothic novel romanzo dell'orrore
governess governante, *f.*
government governo.
grace grazia.
graceful grazioso.
grade grado, voto.
grain grano.
grammar grammatica.
    grammar school scuola elementare.
grand grandioso. imponente, splendido.
    Grand! Magnifico!
grandchild nipote, *m. & f.*
grand-daughter nipote, *f.*
grandfather nonno.
grandmother nonna.
grandson nipote, *m.*
grant concessione, *f.;* dono.
grant (to) concedere, accordare.
    Granted! D'accordo!
grape uva.
grapefruit pompelmo.
grapevine vite.
grasp (to) afferrare *(seize);* comprendere *(understand).*
grass erba.
grateful riconoscente, grato.
gratitude riconoscenza, gratitudine, *f.*
gratuity mancia, gratifica.
grave tomba.
grave *(adj.)* grave, serio.
graveyard cimitero.
gravel ghiaia.
gray grigio.
grease grasso.
great grande *(person);* enorme *(size);* lungo *(time).*
greatness grandezza.
greedy avido.

green verde.
greet (to) salutare.
greeting saluto.
grief pena.
grieve (to) penare.
grin (to) sogghignare.
grind (to) macinare.
groan gemito.
groan (to) gemere.
grocer venditore di generi alimentari.
grocery store negozio di generi alimentari.
groom sposo.
gross grosso; lordo.
    domestic gross product prodotto interno lordo.
ground terra.
ground floor pianterreno.
group gruppo.
group (to) raggruppare.
grouping raggruppamento.
grow (to) crescere.
growth crescita.
grudge rancore, *m.*
    hold a grudge against volerne a.
guard guardia.
guard (to) fare le guardia a.
guardian tutore, amministratore, curatore.
guess congettura.
guess (to) indovinare.
guest invitato.
guide guida.
guilt colpa.
guilty colpevole.
gum gengiva *(of the teeth).*
    chewing gum gomma (da masticare).
gun fucile, *m.;* schioppo.
gush getto.
gymnasium palestra.
gymnastics ginnastica.

H

habit abitudine, *f.*
    to be in the habit of aver l'abitudine di.
habitual abituale.
hail grandine, *f.*
hair capelli.
hairdo pettinatura.
hair dryer asciugacapelli.
hairpin forcina.
hairdresser parrucchiere, *m.*
half *(noun)* metà.
half *(adj.)* mezzo.
half hour mezz'ora.
hall sala, corridoio.
ham prosciutto.

hammer martello.
hand mano, *f.*
    handmade fatto a mano.
hand (to) consegnare, passare.
handbag borsetta.
handbook manuale.
handful manata.
handkerchief fazzoletto.
handle manico.
handle (to) maneggiare, toccare.
handsome bello.
handy destro, abile *(person);* conveniente *(thing).*
hang (to) appendere.
hanger attaccapanni.
happen (to) succedere, avvenire.
happening avvenimento, accaduto.
happiness felicità.
happy felice.
harbor porto *(ship);* rifugio *(refuge).*
hard difficile *(difficult);* duro *(not soft).*
harden (to) indurire.
hardly appena.
hardness durezza.
hardship privazione, *f.*
hardware chincaglia.
hardware store chincaglierìa.
hare lepre, *m & f.*
harlequin arlecchino.
harm male, *m.;* danno.
harm (to) nuocere; fare del male a.
harmful nocivo.
harmless innocuo.
harmonious armonioso.
harmonize (to) armonizzare.
harmony armonia.
harsh aspro.
harvest raccolto.
harvest (to) vendemmiare *(for grapes).*
haste fretta.
hasten (to) affrettarsi.
hat cappello.
hate odio.
hate (to) odiare, dispiacere.
hateful odioso.
hatred odio.
haughty altero.
have (to) avere.
    to have a bath fare un bagno.
haven asilo, rifugio.
hay fieno.
haze bruma.
he egli.
head testa; capo *(leader or chief).*
headache mal di testa.
headphones cuffie.
headlights anabbaglianti.
heal (to) guarire; cicatrizzarsi *(a wound).*

health salute, *f.*
health food alimenti dietetici.
healthy sano.
heap mucchio.
heap up (to) ammucchiare.
hear (to) udire, sentire.
    to hear from ricevere notizie da.
hearing udito; udienza.
heart cuore, *m;* cuori, *m. pl. (playing cards).*
    by heart a memoria.
heat calore.
heat (to) scaldare.
heater scaldatore, riscaldatore, calorifero.
heating riscaldamento.
heaven cielo.
heavy pesante.
hedge siepe, *f.*
heed (to) badare.
heel calcagno, tallone, *m.*
height altezza.
heir erede, *m. & f.*
hello ciao.
helm elmo, timone.
help aiuto, soccorso.
help (to) aiutare, soccorrere.
    I cannot help it. Non ci posso nulla.
helper aiutante, *m.;* assistente, *m.*
helpful utile.
hem orlo.
hen gallina.
henceforth d'ora in poi.
her *(pron.)* lei, la, le.
    to her a lei.
her *(adj.)* il suo; la sua; i suoi; le sue.
herb erba.
herd branco, mandra, gregge, *m.*
here qui.
    Here! Ecco! Tenga! Tenete! Tieni!
herewith con ciò.
hero eroe, *m.;* protagonista, *m. (theater).*
heroine eroina.
herring aringa.
hers il suo; la sua; i suoi; le sue.
herself se stessa; ella stessa.
hesitant esitante.
heterogeneous eterogeneo.
hide (to) nascondere; nascondersi *(oneself).*
hideous mostruoso.
high alto.
higher più in alto.
hijack (to) dirottare.
hill collina.
him *(pron.)* lui, lo, gli.
    to him a lui.
himself se stesso; egli stesso.
hinder (to) ostacolare.
hinge cardine, *m.*
hint allusione, *f.;* accenno.

hint (to) alludere.
hip fianco.
hire (to) affittare; moleggiare; prendere in
    servizio *(person).*
his il suo; la sua; i suoi; le sue.
hiss (to) sibilare; fischiare *(a play).*
historian storico.
historic storico.
history storia.
hitch contrattempo.
hoar-frost brina.
hoarse rauco.
hoe zappa.
hold presa.
hold (to) tenere.
    to hold back trattenere.
holder possessore.
hole buco.
holiday giorno di festa.
holiness santità.
hollow vuoto.
holocaust olocausto.
holy santo.
homage omaggio.
home casa.
    at home a casa.
hometown città nativa.
homosexual omosessuale.
honest onesto.
honesty onestà.
honey miele, *m.*
honor onore, *m.*
honor (to) onorare.
honorable onorevole.
hood cappuccio.
hoof zoccolo.
hook gancio.
hook (to) agganciare.
hope speranza.
hope (to) sperare.
hopeful fiducioso.
hopeless disperato.
horizon orizzonte, *m.*
horizontal orizzontale.
horn tromba *(musical);* corno *(animal).*
horrible orribile.
horror orrore, *m.*
horse cavallo.
horseback (on) a cavallo.
hosiery calze.
hospitable ospitale.
hospital ospedale, *m.*
host ospite, *m.*
hostess ostessa, padrona di casa.
hostile ostile.
hot caldo.
    to become hot accaldarsi.
hotel albergo.

hour ora.
house casa.
household famiglia *(family)*.
housekeeper massaia.
housemaid donna di servizio.
how come.
   how long quanto tempo.
   how many quanti, quante.
   how much quanto.
   how often quante volte.
   however comunque.
   How are you? Come sta? Come state? Come
     stai?
   How beautiful! Com' è bello!
howl ululato, ululo.
howl (to) ululare.
human umano.
humane umano.
humanity umanità.
humble umile.
humid umido.
humiliate (to) umiliare.
humility umiltà.
humor umore, *m.;* stato d'animo.
hundred cento.
hundredth centesimo.
hunger fame, *f.*
hungry (to be) aver fame.
hunt caccia.
hunt (to) andare a caccia.
hunter cacciatore, *m.*
hurrah! viva! evviva!
hurricane uragano.
hurry fretta.
   to be in a hurry aver fretta.
hurry (to) affrettarsi.
hurt (to) far male, offendere, far dispiacere.
husband marito.
hypertension ipertensione.
hyphen trattino.
hypocrisy ipocrisìa.
hypocrite ipocrita, *m.*
hypothesis ipotesi, *f.*

I

I io.
ice ghiaccio.
ice cream gelato.
icy ghiacciato.
idea idea.
ideal ideale, *m.* (also *adj.*).
idealism idealismo.
idealist idealista, *m.*
identical identico.
identity identità.

idiom idioma, frase idiomatica.
idiot idiota *(noun & adj.);* cretino, sciocco.
idle pigro, inattivo.
idleness ozio.
idol idolo.
if se.
ignoble ignobile.
ignorance ignoranza.
ignorant ignorante.
ignore (to) ignorare, trascurare.
ill malato.
to become ill ammalarsi.
illegible illeggibile.
illegitimacy illegittimità.
illegitimate illegittimo.
illicit illecito.
illness malattìa.
illusion illusione, *f.*
illustrate (to) illustrare.
illustration illustrazione, *f.*
image immagine, *f.*
imaginary immaginario.
imagination immaginazione, *f.*
imagine (to) immaginare.
imitate (to) imitare.
imitation imitazione, *f.*
immediate immediato.
immediately immediatamente.
imminent imminente.
immobility immobilità.
immoral immorale.
immorality immoralità.
immortal immortale.
immortality immortalità.
impartial imparziale.
impassive impassibile.
impatience impazienza.
impatient impaziente.
imperative imperativo.
imperfect imperfetto.
impersonal impersonale.
impertinence impertinenza.
impertinent impertinente.
impetuosity impetuosità.
impetuous impetuoso.
impious empio, irreligioso.
import importanza, valore.
import (to) importare.
import importazione.
importance importanza.
of the utmost importance della massima
    importanza.
important importante.
imposing imponente.
impossible impossibile.
impress (to) imprimere.
impression impressione, *f.*
   to be under the impression that avere

l'impressione che.
imprison (to) imprigionare
improbable improbabile; inverosimile.
improve (to) migliorare, approfittare.
improvement miglioramento.
improvise (to) improvvisare.
imprudence imprudenza.
imprudent imprudente.
impulse impulso, slancio.
impudent sfacciato, impudente.
impure impuro.
in in, dentro.
inadequate inadeguato.
inaugurate (to) inaugurare.
incapable incapace, inabile.
incapacity incapacità.
inch pollice, *m.*
incident incidente, *m.*
include (to) includere, comprendere.
included incluso.
income rendita, entrata.
    income tax imposta sul reddito.
incomparable incomparabile.
incompatible incompatibile.
incompetent incompetente.
incomplete incompleto.
incomprehensible incomprensibile.
inconsistent incoerente.
inconvenience inconveniente, *m.;* disturbo, scomodità.
inconvenient inconveniente, incomodo.
incorrect non corretto, scorretto.
increase aumento.
increase (to) aumentare.
incredible incredibile.
indebted indebitato, obbligato.
indecision indecisione, *f.*
indecisive indecisivo, indeciso.
indeed infatti.
independence indipendenza.
independent indipendente.
index indice, *m.*
index finger indice, *m.*
indicate (to) indicare.
indicative indicativo.
indifference indifferenza.
indifferent indifferente, mediocre, scadente.
indigestion indigestione.
indignant indignato.
indignation indignazione, *f.*
indirect indiretto.
indirectly indirettamente.
indiscretion indiscrezione, *f.;* imprudenza.
indispensable indispensabile.
indisposition malessere; indisposizione.
individual individuo.
individual *(adj.)* individuale, particolare.
indivisible indivisibile.

indolence indolenza.
indolent indolente.
indoors in casa; dentro.
    to go indoors rientrare.
indorse (to) girare, approvare.
induce (to) indurre.
induct (to) iniziare, installare.
indulge (to) favorire; concedere; essere indulgente, tollerare.
indulgence indulgenza.
indulgent indulgente.
industrial industriale.
industrious industrioso.
industry industria.
ineffective inefficace.
inexhaustible inesauribile.
inexplicable inesplicabile.
inexpressible inesprimibile.
infallible infallibile.
infamous infame.
infancy infanzia, minore età.
infant neonato, *m.;* neonata, *f.*
infantry fanteria.
infection infezione, *f.*
infer (to) inferire, dedurre.
inference deduzione, inferenza, *f.*
inferior inferiore.
infernal infernale.
infinite infinito.
infinity infinità.
inflict (to) infliggere.
influence influenza.
influence (to) influenzare.
inform (to) informare; far sapere.
information informazione, *f.;* notizia.
ingenious ingegnoso, semplice.
ingenuity ingegno, ingegnosità.
ingratitude ingratitudine, *f.*
inhabit (to) abitare.
inhabitant abitante, *m.*
inherit (to) ereditare.
inheritance eredità.
inhuman inumano.
initial iniziale, *f.* (also *adj.*)
initiate (to) iniziare.
initiative iniziativa.
injection puntura.
injurious offensivo, dannoso, nocivo.
injury danno, ingiuria.
injustice ingiustizia.
ink inchiostro.
inkwell calamaio.
inland interno.
inn albergo, osteria.
innate innato.
inner interno.
innkeeper albergatore, *m.*
innocence innocenza.

innocent innocente.
inquire (to) domandare, ricercare.
inquiry inchiesta, indagine, *f.*
inscription iscrizione, *f.*
insect insetto.
insensible insensibile.
inseparable inseparabile.
inside di dentro; all'interno.
insight percezione, *f.*
insignificant insignificante.
insincere non sincero; falso.
insinuate (to) insinuare.
insist (to) insistere.
insistence insistenza.
insoluble insolubile.
insomnia insonnia.
inspect (to) esaminare, ispezionare.
inspection ispezione, *f.;* esame, *m.*
inspiration ispirazione, *f.;* estro.
inspire (to) ispirare.
install (to) installare.
installment installazione, *f.;* rata *(payment).*
instance esempio.
instant istante, *m.;* attimo.
instantaneous istantaneo.
instantly all'istante; istantaneamente.
instead of invece di.
instigate (to) istigare.
instinct istinto.
instinctive istintivo.
institute istituto.
institute (to) istituire.
institution istituzione, *f.*
instruct (to) istruire, informare, ordinare.
instruction istruzione, *f.*
instructor istruttore, *m.*
instrument strumento.
insufficiency insufficienza.
insufficient insufficiente.
insular insulare.
insult insulto, offesa.
insult (to) insultare, offendere.
insuperable insuperabile.
insurance assicurazione, *f.*
insure (to) assicurare.
integral integrale.
intellect intelletto.
intellectual intellettuale, *m.* (also *adj.*).
intelligence intelligenza.
intelligent intelligente.
intend (to) intendere.
intense intenso.
intensity intensità.
intention intenzione, *f.*
interest interesse, *m.*
    interest rate tasso d'interesse
interesting interessante.
interfere (to) interferire, intromettersi.

interfering invadente.
interference interferenza.
interior interiore, *m;* interno (also *adj.*).
interjection interiezione.
intermediate intermediario (also *noun*).
interminable interminabile.
international internazionale.
interpose (to) interporre.
interpret (to) interpretare.
interpretation interpretazione, *f.*
interpreter interprete, *m.*
interrupt (to) interrompere.
interruption interruzione, *f.*
interval intervallo; intermezzo.
interview intervista, colloquio.
intimacy intimità.
intimate intimo.
intimidate (to) intimidire.
into entro, dentro.
intolerable intollerabile.
intolerance intolleranza.
intolerant intollerante.
intonation intonazione, *f.*
intransigent intransigente.
introduce (to) presentare.
introduction presentazione, *f.*
    letter of introduction lettera di
      presentazione.
introverted introverso.
intuition intuito, intuizione, *f.*
invade (to) invadere.
invariable invariabile.
invasion invasione, *f.*
invent (to) inventare.
invention invenzione, *f.*
inventor inventore, *m.*
invert (to) invertire.
invest (to) investire.
investment investimento.
invisible invisibile.
invitation invito.
invite (to) invitare.
invoice fattura.
invoke (to) invocare.
involuntary involontario.
involve (to) implicate.
iodine iodio.
iron ferro; ferro da stiro *(for pressing).*
iron (to) stirare.
irony ironìa.
irregular irregolare.
irreparable irreparabile.
irresistible irresistibile.
irritate (to) irritare.
irritation irritazione, *f.*
island isola.
isolate (to) isolare.
issue emissione, *f.*

it lo, la, esso, essa.
   it is è.
   It's here. È qui.
   It's late. È tardi.
Italian Italiano *(noun & adj.)*.
italicize scrivere in corsivo; sottolineare; mettere in rilievo.
item dettaglio *(detail)*; articolo.
its il suo; la sua; i suoi, le sue.
itself se stesso; se stessa; da se.
ivy edera.

J

jacket giacca *(for a suit)*.
jail prigione, *f.*
jam marmellata.
Japanese giapponese.
jar vaso.
jaw mascella.
jealous geloso.
jealousy gelosia.
jelly marmellata.
jest scherzo.
Jew ebreo *(noun & adj.)*.
jewel gioiello.
job impiego *(occupation)*; lavoro *(work)*.
join (to) unire, entrare a far parte.
joint giuntura.
joke burla, scherzo.
joke (to) burlare, scherzare.
jolly allegro.
journal giornale, *m.*; diario.
journalism giornalismo.
journalist giornalista, *m.*
journey viaggio.
joy gioia.
joyous gioioso.
judge giudice, *m.*
judge (to) giudicare.
judgment giudizio, discernimento.
judicial giudiziario.
juice succo.
July luglio.
jump salto.
jump (to) saltare.
jumper scamiciato.
June giugno.
junior più giovane; minore.
jurisdictional giurisdizionale.
jurisprudence giurisprudenza.
just giusto *(adj.)*; appena *(adv.)*.
   just now proprio ora.
justice giustizia.
justify (to) giustificare.

K

keen acuto.
keep (to) tenere.
   (to) keep back tenere indietro.
   (to) keep from impedire *(prevent)*; astenersi *(refrain)*.
   (to) keep quiet tacere.
   (to) keep in mind tener conto di; ricordare.
   (to) keep still star fermo.
kernel gheriglio; nocciolo *(of a discussion)*.
kettle pentola.
key chiave, *f.*
keyhole buco della serratura.
kick calcio.
kick (to) dare un calcio.
kid capretto *(leather)*; bambino.
kidney rene, *m.*
kill (to) uccidere.
kilogram chilogrammo (kg.).
kin parente, *m. & f.*
kind *(noun)* sorta, qualità.
kind *(adj.)* benigno, gentile, amabile.
kindly benignamente.
   Will you kindly ... Volete avere la bontà di ...
kindness bontà.
king re, *m.*
kingdom regno.
kiss bacio.
kiss (to) baciare.
kitchen cucina.
kite aquilone, *m.*
knee ginocchio.
   on one's knees in ginocchio.
kneel (to) inginocchiarsi.
knife coltello.
   penknife temperino.
knight cavaliere, *m.*
knit (to) lavorare a maglia.
knitting lavorazione a maglia.
knock colpo, battito.
knock (to) bussare.
knot nodo.
know (to) sapere, conoscere.
knowledge conoscenza, sapere, *m.*; sapienza.
known conosciuto.

L

label etichetta.
labor lavoro, fatica.
labor union sindacato.
laboratory laboratorio.
labyrinth labirinto.
lace merletto, pizzo.
lace (to) allacciare.

lack mancanza.
lack (to) mancare.
ladder scala a pioli.
lady signora.
    the lady of the house la padrona di casa.
    Ladies. Signore.
    Ladies and gentlemen. Signore e signori.
lagoon laguna.
lake lago.
lamb agnello.
lame zoppo.
lamp lampada.
lance lancia.
land terra, terreno.
land (to) sbarcare *(ship)*; atterrare *(airplane)*.
landing atterraggio.
landscape paesaggio.
lane vicolo.
language linguaggio.
    foreign language lingua straniera.
languish (to) languire.
languor languore, *m.*
lantern lanterna.
lapel risvolto.
large grande, spazioso.
last ultimo.
    at last finalmente.
    last month il mese scorso.
    last night ieri sera.
last (to) durare.
lasting duraturo.
latch saliscendi, *m.*
late tardi.
lately ultimamente, poco fa.
Latin latino.
latter ultimo.
laugh (to) ridere.
    to laugh at ridere di.
laughter risata, riso.
laundry lavanderia.
lavish prodigo, generoso, profuso.
lavish (to) prodigare.
law legge, *f.*
lawful legale.
lawn prato.
lay (to) deporre, collocare.
layer strato.
laziness pigrizia.
lazy pigro.
lead piombo.
lead (to) condurre, guidare.
leader capo; duce, *m.*
leadership direzione, *f.*
leaf foglia *(of a tree)*; foglio, *m.*
league lega.
leak (to) gocciolare.
lean (to) appoggiarsi.
leap salto.

leap (to) saltare.
learn (to) apprendere, imparare.
learned erudito, colto.
learning cultura, erudizione, *f.*
lease (to) affittare.
least minore.
    at least almeno.
leather cuoio.
leave congedo, permesso.
    leave (to) abbandonare *(desert)*; partire;
        lasciare *(quit)*.
    to leave again ripartire.
lecture conferenza, lezione universitaria.
left sinistra *(noun & adj.)*.
    left-handed mancino.
    to the left a sinistra.
leftover rimanente.
leftovers avanzi.
leg gamba.
legal legale.
legend leggenda.
legislation legislazione, *f.*
legitimacy legittimità.
legitimate legittimo.
leisure agio, ozio.
lemon limone, *m.*
    lemon juice succo di limone.
lemonade limonata.
lend (to) prestare.
length lunghezza; durata *(of time)*.
lengthen (to) allungare.
lesbian lesbica.
less meno.
lesson lezione, *f.*
let (to) lasciare, permettere; affittare *(rent)*.
    To Let. Si Affitta; affittasi.
    to let alone lasciare in pace.
letter lettera.
level livello.
liable responsabile.
liar mentitore, *m.;* bugiardo.
liberal liberale.
liberty libertà.
librarian bibliotecaria.
library biblioteca.
license licenza, permesso, licenziosità.
lick (to) leccare.
lie menzogna.
    lie (to) mentire *(tell a falsehood)*; sdraiarsi
        (lie down); coricarsi *(go to bed)*.
lieutenant tenente *(first lieutenant)*; sottotenente
    second lieutenant).
life vita.
lift (to) sollevare, alzare.
light luce, *f.;* lume, *m.*
light *(adj.)* chiaro; leggero *(in weight)*; lieve.
light (to) accendere.
lighten (to) alleggerire.

light up (to) illuminare.
lighthouse faro.
lighting illuminazione, *f*.
lightning fulmine, *m*.
like simile *(adj.)*; come *(adv.)*.
like (to) voler bene a; piacere.
    Would you like to go? Le piacerebbe
    andare?
likely probabile.
likeness somiglianza.
likewise altrettanto.
liking piacere, *m.;* gusto.
limb membro, estremità, arto.
limit limite, *m*.
limit (to) limitare.
limp fiacco.
limp (to) zoppicare.
line linea, corda, riga, verso, discendenzo.
    A-line svasato.
    straight line retta.
line Equatore
line up (to) allineare.
lined foderato.
linen lino *(textile);* biancheria.
linger (to) indugiarsi, indugiare.
lining fodera.
link anello *(in a chain)*.
link (to) concatenare, legare.
lion leone,
lip labbro.
lipstick rossetto.
liquid liquido *(noun & adj.);* limpido; instabile.
liquor liquore, *m*.
list lista, elenco; tabella.
listen (to) ascoltare.
literary letterario.
literature letteratura; lettere.
little piccolo.
    little by little poco a poco.
little (a) un po' di; poco.
live vivo.
live (to) vivere.
lively vivace.
liver fegato.
load carico.
load (to) caricare.
loan prestito.
loan (to) prestare.
lobster aragosta.
local locale.
locate (to) situare.
location sito, posizione, posto; locazione.
lock serratura.
lock (to) chiudere a chiave.
locomotive locomotiva.
log tronco.
logic logica.
logical logico.

loneliness solitudine, *f*.
lonely solitario.
long lungo.
    a long time lungo tempo.
    before long quanto prima.
    long ago tempo fa; molto tempo fa.
longing desiderio.
look sguardo; aspetto *(appearance)*.
look (to) guardare; sembrare *(seem)*.
    Look out! Attenzione!
to look for ricercare.
loose sciolto, slegato.
loosen (to) sciogliere, slegare.
lord signore, *m.;* padrone, *m.;* Iddio *(God)*.
lose (to) perdere.
loss perdita.
lost perduto.
lot (a) molto, tanto.
    a lot of money molto denaro.
    a lot of people molta gente.
loud forte.
    Speak louder. Parlate più forte.
love amore, *m*.
love (to) amare.
lovely amabile, bello.
low basso.
lower (to) abbassare.
loyal leale, fedele.
loyalty lealtà, fedeltà.
luck fortuna.
lucky fortunato.
luggage bagaglio.
luminous luminoso.
lump massa.
lunch colazione, *f*.
lung polmone, *m*.
luxe lusso.
    de luxe di lusso.
luxurious lussuoso.
luxury lusso.
lyric lirica, lyrics, parole di una canzone.

M

macaroni maccheroni, *m. pl*.
macaroons amaretti.
machine macchina.
mad folle, irato.
    to be bad about essere entusiast.
madam signora.
madness follia.
magazine periodico, rivista.
magistrate magistrato.
magnificent magnifico.
maid cameriera, serva.
mail posta.

mail (to) impostare.
main principale.
main road via principale.
main street strada principale.
maintain (to) mantenere, affermare, sostenere.
maintenance mantenimento, manutenzione.
majesty maestà.
major maggiore, *m.* (also *adj.);* importante.
majority maggioranza, maggiore età.
make (to) fare.
male maschio.
malice malizia, dolo.
man uomo.
manage (to) gestire, amministrare.
management gestione, *f.;* amministrazione, *f.*
manager amministratore, *m.*
mania mania, follia.
mankind umanità.
manner maniera, modo.
manners buone maniere, educazione.
    good manners buone maniere.
maneuver manovra.
manual manuale.
manufacture manifattura, lavorazione.
manufacture (to) fabbricare.
manufacturer fabbricante, *m.*
manuscript manoscritto (also *adj.*).
many molti, molte.
map carta, mappa.
March marzo.
march (to) marciare.
margin margine, *m.*
marine marino.
marionette marionetta.
mark segno.
mark (to) segnare; prendere nota *(heed).*
market mercato.
marriage matrimonio.
marry (to) sposare.
marvel meraviglia.
marvelous meraviglioso.
masculine maschile, virile.
mask maschera.
mask (to) mascherare.
mason muratore, *m.*
mass massa *(quantity);* messa *(religious rite).*
massacre massacro.
massage massaggio.
mast albero.
master padrone, *m.*
master (to) dominare.
masterpiece capolavoro.
match fiammifero, cerino; incontro *(sports);*
    unione, *f. (marriage).*
match (to) agguagliare.
material materiale, *m.* (also *adj.*); importante;
    essenziale.
maternal materno.

mathematics matematica.
matter affare, *m.;* cosa, materia.
matter (to) importare.
mattress materasso.
mature maturo.
maturity maturità.
mausoleum mausoleo.
maximum massimo.
May maggio.
may potere *(to be able).*
mayor sindaco.
me me, mi.
meadow prateria; prato.
meal pasto.
mean cattivo.
mean (to) voler dire; significare.
meaning significato.
means mezzo; mezzi *(resources).*
meanwhile frattanto.
    in the meanwhile nel frattempo.
measure misura.
measure (to) misurare.
meat carne, *f.*
mechanic meccanico *(noun & adj.).*
mechanically meccanicamente.
medal medaglia.
meddle (to) intromettersi.
mediate (to) intervenire.
medical medico.
medicine medicina.
medieval medievale.
mediocre mediocre.
mediocrity mediocrità.
meditate (to) meditare.
meditation meditazione, *f.*
medium mezzo; intermedio; medio *(adj.).*
meet (to) incontrare.
meeting incontro; riunione, *f. (reunion);*
    convegno.
melancholy malinconia.
melt (to) squagliare, liquefare, sciogliersi.
member membro.
memorize (to) imparare a memoria.
memory memoria.
mend (to) rappezzare, rattoppare.
mental mentale, pazzo.
mention menzione, *f.*
mention (to) menzionare.
merchandise merce, *f.*
merchant mercante, *m.;* commerciante, *m.,*
    negoziante.
merciful clemente.
merciless inclemente.
mercury mercurio.
mercy clemenza, misericordia.
merit merito.
merry allegro.
merry-go-round giostra.

message messaggio, ambasciata.
messenger messaggero, fattorino.
metal metallo.
metallic metallico.
metaphor metafora, traslato.
meter metro.
method metodo.
metropolis metropoli, *f.*
microphone microfono.
microwave oven forno a microonde.
middle in mezzo; intermedio.
    in the middle of the night durante la notte.
Middle Ages Medio Evo.
midnight mezzanotte, *f.*
might forza, potere, *m.*
mild mite.
mildness mitezza.
military militare.
milk latte, *m.*
milkman lattaio.
mill mulino.
miller mugnaio.
million milione, *m.*
millionaire milionario *(noun & adj.).*
mind mente, *f.*
mind (to) fare attenzione.
    Do you mind? Le dispiace?
mine miniera *(coal or steel).*
mine il mio; la mia; i miei; le mie.
miner minatore, *m.*
mineral minerale, *m.* (also *adj.).*
minimum minimo.
minister ministro.
ministry ministero.
mink visone, *m.*
minor minore; poco importante; più giovane;
    minorenne.
minority minoranza.
minute minuto.
    Any minute now. Da un momento all'altro.
    Just a minute! Un minuto!
    Wait a minute. Attenda un minuto.
miracle miracolo.
mirror specchio.
miscarry (to) abortire.
miscellaneous vario, miscellaneo.
mischief cattiveria, malizia.
mischievous cattivo, malizioso.
miser avaro.
miserable miserabile, infelice, sventurato.
miserably miseramente, con infelicità.
misery miseria.
misfortune sfortuna, disgrazia.
mishap infortunio, accidente, *m.*
misprint errore (di stampa), *m.*
Miss Signorina.
miss (to) mancare; sentire la mancanza di.
mission missione, *f.*

missionary missionario.
mist bruma, foschia.
mistake errore, *m.*
mistake (to) sbagliare, errare.
mister Signore.
    Mr. Rossi Signor Rossi.
mistrust diffidenza.
mistrust (to) diffidare.
mistrustful diffidente.
misunderstand (to) capire male.
misunderstanding malinteso.
misuse abuso.
misuse (to) abusare.
mix (to) mischiare.
mixture miscuglio; mistura *(liquids and drugs).*
mob folla.
mobile mobile.
mobility mobilità.
mobilization mobilitazione, *f.*
mobilize (to) mobilitare.
mock (to) deridere.
mockery derisione, *f.*
mode moda.
model modello *(noun & adj.).*
model (to) modellare.
moderate moderato, conveniente.
moderate (to) moderare.
moderation moderazione, *f.*
modern moderno.
modernize (to) rimodernare.
modest modesto, pudore.
modesty modestia, pudore.
modification modifica.
modify (to) modificare.
moist umido.
moisten (to) inumidire.
moment momento.
    any minute now da un momento all'altro.
    Just a moment! Un momento!
monarchy monarchia.
monastery monastero.
Monday lunedì.
money denaro.
monk monaco.
monkey scimmia.
monologue monologo.
monopoly monopolio.
monotonous monotono.
monotony monotonìa.
monster mostro.
monstrosity mostruosità.
month mese, *m.*
    last month il mese passato.
    next month il mese prossimo.
monthly mensile.
monument monumento.
monumental monumentale.
mood umore, *m.*

moody di cattivo umore.
moon luna.
    honeymoon luna di miele.
moonlight chiaro di luna.
moral morale, *f. (both fable and morality).*
morale morale, *m.*
moralist moralista, *m.*
morality moralità.
more di più.
morning mattina.
    this morning stamane.
mortal mortale, *m. (also adj.).*
mortgage ipoteca; finanziamento.
mortgage (to) ipotecare; finanziare.
mosquito zanzara.
most il più; la più; i più; le più.
mostly in gran parte; la maggior parte.
moth tignola.
mother madre.
mother-in-law suocera.
mother-of-pearl madreperla.
motion movimento, mozione, *f.*
motionless immobile.
motivate (to) motivare.
motive motivo.
motor motore, *m.*
motor (to) andare in auto.
motorcycle motocicletta.
motor-coach auto; corriera.
motorist automobilista, *m.*
mount monte, *m.*
mount (to) montare.
mountain montagna.
mountainous montagnoso.
mourn (to) lamentare.
mournful triste, lugubre.
mourning lutto.
mouse topo.
mouth bocca.
movable movibile, mobile.
move movimento.
move (to) muovere, muoversi; proporre;
    sloggiare *(household)*; traslocare.
movement movimento.
movies cinema, *m.*
moving commovente *(touching).*
Mr. Signore.
Mrs. Signora.
much molto.
mud fango.
muddy fangoso.
mule mulo.
multicolored variopinto, multicolore.
multiple molteplice *(numerous).*
multiply (to) moltiplicare.
multitude moltitudine, *f.*
mumble (to) borbottare.
municipal municipale.

municipality municipalità
munitions munizioni, *f.*
murder omicidio.
murder (to) assassinare.
murmur mormorio.
murmur (to) mormorare.
muscle muscolo.
muscular muscolare.
museum musèo.
mushroom fungo.
music musica.
musical musicale.
musician musicista, *m.*
must *(have to)* dovere.
mustard mostarda.
mute muto.
mutter mormorio, borbottamento.
mutter (to) mormorare, borbottare.
mutton montone, *m.;* carne di castrato. *f.*
my il mio; la mia; i miei; le mie.
myself io stesso; me stesso.
mysterious misterioso.
mystery mistero.
mystery story romanzo poleitesco, libro giallo.

N

nail unghia *(finger-);* chiodo *(carpentry).*
nail (to) inchiodare.
naive ingenuo.
naked nudo.
name nome, *m.*
    first name nome.
    last name cognome.
    What is your name? Come si chiama?
    My name is ... Mi chiamo ...
name (to) nominare, chiamare.
nameless senza nome; anonimo.
namely specialmente, cioè.
nap sonnellino.
napkin salvietta, tovagliolo.
    sanitary napkin assorbente igienico.
narrow stretto.
narrow (to) restringere.
nasty offensivo, spiacevole.
nation nazione, *f.*
national nazionale.
nationality nazionalità
nationalization nazionalizzazione, *f.*
nationalize (to) nazionalizzare.
native nativo, indigeno.
natural naturale.
naturalness naturalezza.
nature natural; indole.
    human nature natura umana.
naughty birichino.

naval navale.
navy marina.
Neapolitan napoletano.
near vicino.
nearly quasi.
neat nitido; ben tenuto.
neatness nitidezza.
necessarily necessariamente.
necessary necessario.
necessity necessità.
neck collo.
necklace collana.
necktie cravatta.
need bisogno, esigenza.
need (to) aver bisogno.
needle ago.
needless inutile.
needy bisognoso.
negative negativa *(denial or film)*.
negative *(adj.)* negativo.
neglect negligenza.
neglect (to) trascurare.
negotiate (to) trattare, passare, superare.
negotiation trattativa; **-s** pratiche.
Negro Black.
neighbor vicino.
neighborhood rione, *m.;* vicinato.
neither nessuno.
    neither one nè l'uno, nè l'altro.
    neither ... nor ... nè ... nè ...
nephew nipote.
nerve nervo, coraggio, sangue freddo,
    spacciataggine.
    What a nerve! Che sfacciato!
nervous nervoso.
nest nido.
net rete, *f.*
net *(adj.)* netto.
neurotic nevrotico.
neuter neutro.
neutral neutrale, *m.* (also *adj.*).
never mai.
nevertheless ció nonostante.
new nuovo.
news notizia.
newsdealer giornalaio.
newspaper giornale, *m.*
next prossimo.
nice piacevole.
nickname nomignolo, soprannome, *m.*
niece nipote.
night notte, *f.;* sera.
nightmare incubo.
nine nove.
nineteen diciannove.
nineteenth diciannovesimo.
ninetieth novantesimo.
ninety novanta.

ninth nono.
no no.
    no longer non più.
    No Smoking! Vietato Fumare!
nobility nobiltà.
noble nobile.
nobody nessuno.
nocturnal notturno.
nod cenno, saluto.
noise rumore, *m.*
noisy rumoroso.
nominate (to) nominare; propurre la
    candidatura.
nomination nomina.
none nessuno.
    She has none. Non ne ha.
nonsense assurdità, sciocchezza.
noon mezzogiorno.
nor nè ... non ...
    neither ... nor ... nè ... nè ...
normal normale.
north nord.
northern a nord; settentrionale.
northwest nord-ovest.
nose naso.
nostalgia nostalgia.
nostril narice, *f.*
not non.
    not at all niente affatto.
note nota, commenta; fama, biglietto.
note (to) notare.
noted conosciuto.
nothing niente.
notice avviso.
    Notice to the public. Avviso al pubblico.
notice (to) notare.
notify (to) notificare.
notion nozione, *f.;* opinione, idea.
noun nome, *m.*
nourish (to) nutrire.
nourishment nutrimento.
novel romanzo *(literary)*.
novel *(adj.)* nuovo.
novelty novità.
November novembre.
now ora.
    now and then di tanto in tanto.
    nowadays di questi tempi.
nowhere in nessun posto.
nuclear nucleare.
nuclear energy energia nucleare.
nuclear reactor reattore nucleare.
nude nudo.
nuisance seccatura.
null nullo, invalido.
numb insensibile, addormentato.
number numero.
number (to) numerare.

nun monaca.
nurse infermiera.
nursery giardino d'infanzia; asilo infantile.
nut noce, *f.*

O

oak quercia.
oar remo.
oat avena.
oath giuramento.
obedience obbedienza.
obedient obbediente.
obey (to) obbedire.
object oggetto; scopo *(aim).*
object (to) opporsi, obbiettare.
objection obbiezione, *f.*
   I see no objection to it. Non ho nulla da
   obbiettare.
objective obbiettivo *(noun)*; oggettivo *)adj.).*
objectively oggettivamente.
objectivity oggettivismo.
obligation obbligo.
obligatory obbligatorio.
oblige (to) obbligare, fare unfarore.
obliging gentile, cortese.
oblique obliquo.
obscene osceno.
obscure oscuro.
obscure (to) offuscare; oscurare.
obscurity oscurità.
observation osservazione, *f.*
observatory osservatorio.
observe (to) osservare.
observer osservatore, *m.*
obsolete obsoleto.
obstacle ostacolo.
obstinacy ostinazione, *f.*
obstinate ostinato.
obstruct (to) ostruire.
obvious ovvio.
obviously ovviamente.
occasion occasione, *f.*
occasion (to) cagionare, causare.
occasionally occasionalmente, irregolarmente.
occupation impiego.
occupy (to) occupare.
occur (to) avvenire, accadere.
occurrence avvenimento.
ocean oceano.
October ottobre.
odd dispari *(numbers)*; disuguale *(not matched)*;
   bizzarro *(strange).*
odor odore, *m.*
of di.
   of course certo.

offend (to) offendere, insultare, trasgredire;
   scandalizzare..
offense offesa.
offensive offensiva *(military).*
offensive *(adj.)* offensivo, pericoloso,
   sgradevole, disgustoso.
offer offerta.
offer (to) offrire.
offering offerta.
office ufficio.
officer ufficiale, *m.*; agente, funzionario.
official funzionario; ufficiale, *m.* (also *adj.).*
often sovente, spesso.
   How often? Quante volte?
oil olio; petrolio *(mineral).*
old vecchio.
   He is two years old. Ha due anni.
old age vecchiaia.
old man vecchio.
olive oliva.
   olive oil olio d'oliva.
on su, sopra.
once una volta.
   all at once d'un tratto.
   at once immediatamente.
   once a year una volta l'anno.
   once in a while di tanto in tanto.
oncology oncologia.
one *(pron.)* uno, qualcuno, si.
one *(adj.)* uno, un, una.
oneself se stesso; si.
onion cipolla.
only soltanto, solamente.
opaque opaco.
open *(adj.)* aperto.
   in the open all'aperto.
open (to) aprire.
opening apertura.
opera opera, melodrama.
operate (to) operare.
operation operazione, *f.*
opinion opinione, *f.*
opponent opponente, *m.*
opportune opportuno.
opportunist opportunista.
opportunity opportunità.
oppose (to) opporre.
opposite opposto.
opposition opposizione, *f.*
oppress (to) opprimere.
oppression oppressione, *f.*
oppressive oppressivo.
oppressor oppressore.
optician ottico.
optimism ottimismo.
optimist ottimista, *f.*
optimistic ottimista.
option opzione.

optional facoltativo.
or o
    either ... or ... o ... o ...
oral verbale, orale.
orange arancia, arancio, arancione (color).
orator oratore, *m.*
oratory oratoria.
orchard orto, frutteto.
orchestra orchestra.
ordeal prova.
order ordine, *m.;* ordinazione.
    in order to per.
    to put in order mettere in ordine.
order (to) ordinare.
ordinary ordinario.
organ organo.
organism organismo.
organization organizzazione, *f.*
organize (to) organizzare.
Orient (the) Oriente, *m.*
oriental orientale.
origin origine, *f.*
originality originalità
originate (to) creare.
ornament ornamento.
orphan orfano, orfana.
orthodox ortodosso.
orthopedics ortopedia.
ostentation ostentazione, *f.*
other altro, altra, altri, altre.
ought dovere.
ounce oncia.
our(s) il nostro; la nostra; i nostri; le nostre.
ourselves noi stessi, noi stesse.
out fuori.
    out of danger fuori pericolo.
outcome conseguenza, risultato.
outdo (to) sorpassare.
outer esteriore.
outfit corredo *(clothes, trousseau);*
    equipaggiamento.
outlast (to) sopravvivere.
outlaw proscritto, bandito.
outlaw (to) proscrivere, bandire.
outlay spesa.
outlet sbocco.
outline delineazione, *f.;* schizzo.
outline (to) delineare; tracciare a grandi linee.
outlook prospettiva.
output rendimento, produzione, *f.*
outrage oltraggio.
outrageous oltraggioso, eccessivo, violento.
outside fuori.
oval ovale, *m.* (also *adj.*).
oven forno.
overcoat cappotto.
overcome (to) sormontare.
overflow (to) inondare, traboccare.

overhang (to) sovrastare; minacciare.
overhead in alto.
overlook (to) trascurare.
overpower (to) sopraffare.
overrule (to) dominare, respingere.
overrun (to) invadere.
overseas oltre mare.
oversight inavvertenza.
overtake (to) raggiungere, sorpassare.
overthrow (to) rovesciare.
overwhelm (to) sopraffare.
owe (to) dovere.
own proprio.
own (to) possedere.
owner proprietario, possessore.
ox bue.
oxygen ossigeno.
oyster ostrica.

P

pace passo.
pacific pacifico.
pacifist pacifista.
pack pacco, pacchetto.
pack (to) imballare, impaccare.
package pacco.
packet pacchetto.
pact patto.
page pagina.
pain dolore, *m.*
pain (to) far male; addolorare.
painful doloroso.
painless indolore.
paint pittura, colore, *m.*
    Wet paint. Pittura fresca.
paint (to) dipingere.
painter pittore, *m.*
painting pittura, quadro.
pair paio.
pale pallido.
paleness pallore.
palm palmo.
pamphlet opuscolo.
pan padella.
pancake frittella.
pane vetro.
panel pannello, gruppo di esperti,
    commissionare.
panic panico.
panorama panorama, *m.*
panties mutandine, *f. pl.*
pants pantaloni, *m. pl.*
paper carta; giornale; saggio; essamescritto.
parachute paracadute, *m.*
parade parata.

paradise paradiso.
paragraph paragrafo; comma.
parallel parallelo.
paralysis paralisi, *f.*
paralyze (to) paralizzare.
parcel pacco.
pardon perdono.
pardon (to) perdonare.
parent genitore, *m.;* genitrice, *f.;* parente, *m.*
parenthesis parentesi, *f.*
park parco; giardino pubblico.
park (to) parcheggiare.
    No parking! Divieto di sosta!
parkway autostrada.
parliament parlamento.
Parmesan parmigìano.
part parte, *f.*
part (to) separarsi, dividere.
partial parziale.
partially parzialmente; in parte.
particular particolare, *m.* (also *adj.*);difficile
    esigente.
particularity particolarità.
particularly particolarmente.
partner socio, socia, *(business);* compagno di
    giuoco *(in games).*
party partito *(political);* ricevimento *(social);*
    partita *(sports).*
pass permesso *(permission).*
pass (to) passare.
    to pass a law varare una legge.
passage passaggio; brano; traversata.
passenger passeggero.
passion passione, *f.* sofferenza; emozione
passive passivo.
past passato (also *noun).*
    half-past seven le sette e mezzo.
    past ten o'clock le dieci passate.
    the past year l'anno passato.
past *(prep.)* oltre *(beyond).*
paste colla *(glue);* conserva *(preserve).*
paste (to) incollare.
pastry paste, *f. pl.;* dolci, *m. pl. (sweets).*
pastry shop pasticcerìa.
patch pezza; rappezzo; benda *(bandage);* toppa.
patch (to) rattoppare.
patent brevetto, patente, *f.*
paternal paterno.
paternity paternità.
path sentiero.
pathetic patetico.
patience pazienza.
patient paziente, *m. or f.* (also *adj.*).
patriot patriota, *m.*
patriotism patriottismo.
patron cliente abituale.
patronize (to) patrocinare, proteggere,
    incoraggiare.

pattern modello; campione, *m.;* disegno.
pause pausa.
pause (to) fare una pausa; arrestarsi; esitare.
pave (to) pavimentare.
pavement selciato, lastricato.
paw zampa.
pay stipendio.
pay (to) pagare, fruttare.
    to pay in cash pagare in contanti.
payment pagamento, ricompensa.
pea pisello.
peace pace, *f.*
peaceful pacifico, tranquillo.
peach pesca.
peak cima.
peanut arachide.
pear pera.
pearl perla.
peasant contadino, contadina.
pebble sassolino, sasso.
peculiar peculiare, strano, bizzarro.
pecuniary pecuniario.
pedal pedale, *m.*
pedantic pedante.
pedestrian pedone, *m.*
peel buccia, corteccia.
peel (to) spellare, sbucciare.
pen penna.
    fountain pen penna stilografica.
penalty pena, multa.
pencil matita.
penetrate (to) penetrare.
peninsula penisola.
penitence penitenza.
pension pensione, *m.*
penthouse attico.
people gente, *f.;* popolo.
pepper pepe, *m.;* peperone.
peppermint menta.
perceive (to) scorgere, capire.
per cent per cento.
percentage percentuale, *f.*
perennial perenne.
perfect perfetto.
perfect (to) perfezionare.
perfection perfezione, *f.*
perfectly perfettamente.
perform (to) compiere; eseguire; rappresentare
    (in a play).
performance compimento; esecuzione;
    rappresentazione *(of a play).*
perfume profumo.
perfume (to) profumare.
perhaps forse.
peril pericolo.
period punto fermo *(punctuation);* epoca *(era).*
periodical periodico (also *adj.*).
perish (to) perire.

permanent permanente, *f.* (also *adj.*).
permission permesso.
permit permesso, licenza.
permit (to) permettere, concedere.
peroxide acqua ossigenata; perossido.
perplex (to) confondere; rendere perplesso.
persecute (to) perseguitare.
persecution persecuzione, *f.*
perseverance perseveranza.
persist (to) persistere, perseverare.
person persona.
personal personale.
personality personalità.
personnel personale, *m.*
perspective prospettiva *(art.).*
persuade (to) persuadere.
pertaining appartenente, riferendosi a.
pertinent pertinente.
perversion perversione.
petal petalo.
petty meschino.
pharmacist farmacista.
pharmacy farmacia.
phenomenon fenomeno.
philosopher filosofo.
philosophy filosofia.
photograph fotografia, foto.
   to take a photograph fare una fotografia.
photostatic copy copia fotostatica.
phrase frase, *f.*
physic medicina.
physical fisico.
physician medico.
physiology fisiologia.
piano pianoforte, *m.*
pick (to) scegliere *(choose);* rompere col piccone
   (to break up with a pick); mangiucchiare
   (nibble on food); sottrarre da *(a pocket).*
pick up (to) raccogliere.
picnic merenda all'aperto; campagnata.
picture ritratto, disegno, dipinto, quadro,
   fotografia.
   to take a picture fare una fotografia.
picturesque pittoresco.
pie torta di frutta.
piece pezzo, brano.
pig maiale, *m.*; sudicio.
pigeon piccione, *m.*
pile ammasso, mucchio.
pile (to) ammassare.
pill pillola.
pillar colonna.
pillow guanciale, *m.*
pilot pilota, *m.*
pin spilla.
pinch (to) pizzicare.
pinewood pineta.
pink *(adj.)* rosa.

pin-striped gessato.
pious pio.
pipe pipa *(for smoking);* tubo *(plumbing);*
   zampogna *(musical).*
pitiful pietoso.
pity pietà.
   What a pity! Che peccato!
place luogo, località, posto.
   in my place al mio posto.
   to lose one's place perdere il segno.
   to take place aver luogo.
place (to) mettere.
plain *(adj.)* chiaro *(clear);* semplice *(simple);*
   bruttino.
plan progetto, piano.
plan (to) progettare.
plane aeroplano, aereo *(airplane);* pialla
   (carpenter's tool).
planet pianeta.
plant pianta.
plant (to) piantare.
plaster intonaco; gesso *(walls).*
plate piatto.
platform piattaforma, programa.
platter largo piatto.
play gioco; lavoro teatrale *(theatrical).*
play (to) giocare; recitare *(to act);* suonare
   (musical instruments).
player giocatore, *m.*
plea causa, processo, supplica.
plead (to) perorare *(court case);* dichiararsi
   (plead guilty or innocent).
plead with (to) supplicare.
pleasant piacevole.
please (to) piacere, accontentare.
   if you please per piacere.
pleased contento, soddisfatto.
pleasure piacere, *m.*
pledge pegno, garanzia.
pledge (to) garantire.
plenty abbondanza.
plenty *(adj.)* abbondante.
plot complotto *(conspiracy);* pezzo di terra *(of*
   ground); intreccio *(of a play).*
plough aratro.
plough (to) arare.
plum prugna.
plunder (to) saccheggiare.
plural plurale, *m.* (also *adj.*).
plus più.
pneumonia polmonite, *f.*
pocket tasca.
poem poesia, poema, *m.*
poet poeta, *m.*
poetic poetico.
poetry poesia.
point punto.
point (to) indicare.

pointed appuntito *(sharp)*; acuto *(incisive)*.
poise equilibrio.
poison veleno.
poison (to) avvelenare, intossicare.
poisoning avvelenamento, intossicazione.
polar polare.
police polizia.
policeman vigile urbano; poliziotto.
policy politica; linea di condotta.
polish lucido, vernice. *f.*
polish (to) lucidare, lustrare.
polished raffinato, distinto.
polite cortese.
politeness cortesia.
political politico.
politics politica.
pollution inquinamento.
polychrome policromo.
pond stagno, laghetto.
poor povero.
popular popolare.
population popolazione, *f.*
porcelain porcellana.
pork carne di maiale, *f.*
port porto.
portable portatile.
porter portabagagli.
portion porzione.
portrait ritratto.
position posizione, *f.*; situazione, *f.*
positive positivo.
possess (to) possedere.
possession possesso.
possibility possibilità.
possible possibile, eventuale.
post palo *(pole or support)*; posta *(mail)*.
postage affrancatura.
    postage stamp francobollo.
poster manifesto, affisso, cartellone, *m.*
posterity posterità.
post office posta; ufficio postale.
postpone (to) posticipare.
pot pentola, vaso, recipiente, *m.*
potato patata.
pound libbra.
pour (to) versare.
    It's pouring! Piove a dirotto!
poverty povertà.
powder polvere, *f.*
    face-powder cipria.
power potere, *m.*; forza.
powerful potente.
practical pratico.
practice pratica, abitudine, *f.*; esercizio.
practice (to) esercitarsi, esercitare, praticare.
praise elogio, lode, *f.*
praise (to) elogiare.
prank scherzo.

pray (to) pregare.
prayer preghiera.
preach (to) predicare.
precaution precauzione, *f.*
precede (to) precedere.
preceding precedente.
precept precetto.
precious prezioso.
precise preciso.
precision precisione, *f.*
predecessor predecessore, *m.*
preface prefazione, *f.*
prefer (to) preferire.
preference preferenza.
prehistoric preistorico.
prejudice pregiudizio.
preliminary preliminare.
preparation preparazione.
prepare (to) preparare.
preposition preposizione.
prescribe (to) prescrivere.
prescription ricetta medica.
presence presenza.
present dono *(gift)*; presente *(present time)*.
present *(adj.)* presente, attuale.
present (to) presentare.
preserve (to) preservare, conservare.
preside (to) presiedere.
presidency presidenza.
president presidente, *m.*
press stampa.
press (to) stirare *(iron clothes)*; premere;
    comprimere.
pressing urgente.
pressure pressione, *f.*
prestige prestigio.
presume (to) presumere.
pretend (to) pretendere di; vantarsi di; fingere
    di.
pretext pretesto.
pretty *(adj.)* bello, grazioso.
pretty *(adv.)* quanto.
    pretty nearly quasi.
    pretty soon quanto prima.
prevail (to) prevalere.
prevent (to) impedire.
prevention prevenzione, *f.*
previous precedente.
    the previous year l'anno precedente.
prey preda.
price prezzo, costo.
pride orgoglio; fierezza.
priest prete.
prime primo, principale.
prince principe.
princess principessa.
principal principale.
principle principio.

print (to) stampare.
printer stampante.
priority precedenza
prison prigione, *f.*
prisoner prigioniero, prigioniera.
private privato.
privilege privilegio.
prize premio.
prize (to) stimare molto.
probable probabile.
probably probabilmente.
problem problema, *m.*
procedure procedura.
   usual procedure prassi.
proceed (to) procedere.
process processo.
procession processione, *f.*
proclaim (to) proclamare.
produce (to) produrre.
product prodotto.
production produzione, *f.*
productive produttivo.
profession professione, *f.*
professional professionale.
professor professora, *m.*
profile profilo.
profit profitto, utile, *m.*
profit (to) trarre profitto.
profits profitti, utili.
program programma, *m.*
progress progresso.
progress (to) progredire.
prohibit (to) vietare.
prohibition divieto, proibizione, *f.*
project progetto.
project (to) progettare.
prolong (to) prolungare.
promise promessa.
promise (to) promettere.
promoter promotore.
promotion promozione, *f.*
prompt pronto.
promptness prontezza.
pronoun pronome, *m.*
pronounce (to) pronunciare, pronunziare
pronunciation pronuncia.
proof prova.
proper proprio, corretto.
property proprietà *(country home)*; beni, *m. pl.*
   (estate, in legal sense); beni immobili *(real*
   estate).
proportion proporzione, *f.*
proportional proporzionale.
proposal proposta.
propose (to) proporre.
prosaic prosaico.
prose prosa.
prospect prospetto, *(business)*; prospettiva,

   (panorama).
prosper (to) prosperare.
prosperity prosperità
prosperous prospero.
protagonist protagonista.
protect (to) proteggere.
protection protezione, *f.*
protective protettivo.
protector protettore, *m.*
protest protesta.
protest (to) protestare.
Protestant protestante, *m. (also adj.).*
proud orgoglioso, fiero.
prove (to) provare.
provenance provenienza.
proverb proverbio.
provide (to) provvedere.
provided that purchè
providential provvidenziale.
province provincia.
provincial provinciale.
provoke (to) provocare.
proximity prossimità
prudence prudenza.
prune prugna secca.
psychological psicologico.
psychology psicologia
public pubblico *(also adj.).*
publication pubblicazione, *f.*
publish (to) pubblicare.
publisher editore, *m.*
pudding budino.
puddle pozzanghera.
pull (to) tirare.
pulpit pulpito.
pulse polso.
pump pompa.
punish (to) punire.
punishment punizione, *f.*
pupil allievo, allieva; pupilla *(eye).*
purchase acquisto.
purchase (to) acquistare.
pure puro.
purify (to) depurare, purificare.
purity purezza.
purple porpora.
purpose scopo.
purse borsa.
pursue (to) inseguire.
pursuit inseguimento.
push (to) spingere.
put (to) mettere.
   (to) put away mettere via.
   (to) put off rimandare; rinviare.
   (to) put off balance sbilanciare.
   (to) put on indossare *(clothes).*
   (to) put out spegnere *(light).*
puzzle perplessità, indovinello, cruciverba, *m.*
puzzle (to) render perplesso; indovinare.

quaint strano, bizzarro.
qualify (to) essere adatto; qualificare.
qualified qualificato.
quality qualità
quantity quantità
quarrel litigio.
quarrel (to) litigare.
quarter quarto; quartiere *(district).*
queen regina.
queer strano, bizzarro.
quench (to) dissetare *(thirst);* estinguere *(flame).*
question questione, *f.;* domanda.
question (to) domandare; interrogare; mettere in dubbio.
quick rapido.
quickly rapidamente.
    Come quickly! Venga subito!
quiet *(adj.)* quieto, tranquillo.
    Keep quiet. Stai zitto.
quiet (to) calmare, tranquillizzare.
quit (to) abbandonare, lasciare.
quite completamente; del tutto; proprio; affatto.
    quite good proprio buono.
quote (to) citare.

R

rabbi rabbino
rabbit coniglio; lepre, *m. & f.*
race corsa *(horse race,* etc.); razza *(of people).*
racial razziale.
racism razzismo.
racist razzista.
radio radio, *f.*
rag cencio, straccio.
rage furia, collera, ira, indignazione.
ragged cencioso.
rail rotaia *(train);* sbarra *(wood or iron);* cancellata *(fence).*
railroad ferrovia.
railroad station stazione ferroviaria.
rain pioggia.
rain (to) piovere.
rainbow arcobaleno.
rainy piovoso.
raise aumento *(in pay).*
raise (to) sollevare *(lift);* innalzare, produrre *(produce);* rincarare *(prices).*
raisin uva secca.
rake rastrello.
rally (to) riunire insieme.
range estensione, *f.;* catena *(mountains).*
range (to) percorrere, disporre.
rank grado, fila.

ransom riscatto.
rapid rapido.
rapidity rapidità.
rapidly rapidamente.
rapture estasi, *f.*
rare raro, eccezionale.
raspberry lampone.
rat topo.
rate velocità *(of speed);* tariffa *(fare).*
    first rate di prim' ordine; tasso.
rate (to) valutare.
rather piuttosto.
    rather good piuttosto buono.
    rather than piuttosto che.
    I'd rather go. Preferirei andare.
ratify (to) ratificare.
ration razione, *f.*
rational razionale, ragionevole.
rave (to) delirare.
raw crudo.
ray raggio.
razor rasoio.
    razor blade lametta.
reach portata, estensione, *f.*
reach (to) stendere; arrivare; pervenire; raggiungere; allungare *(with the arm).*
react (to) reagire.
reaction reazione, *f.*
reactionary reazionario.
read (to) leggere.
    to re-read rileggere.
reading lettura.
ready pronto.
    to get ready prepararsi.
    ready-to-wear confezione.
real reale, vero.
realization realizzazione, *f.;* comprensione, *f.*
realize (to) rendersi conto di.
really in verità; veramente.
rear di dietro.
rear (to) crescere *(children).*
reason ragione, *f.*
reasonable ragionevole, abbastanza buono.
reasoning ragionamento.
reassure (to) rassicurare.
rebel ribelle, *m.* (also *adj.*).
rebel (to) ribellarsi.
rebellion ribellione, *f.*
rebirth rinascita.
rebuild (to) ricostruire.
recall richiamo.
recall (to) richiamare, ricordare.
receipt ricevuta.
receive (to) ricevere.
receiver ricevitore, *m. (telephone).*
recent recente.
reception accoglienza; ricevimento *(social).*
recess recesso; sospensione del lavoro *(rest*

period).
reciprocal reciproco, inverso, invertito.
recite (to) recitare, dire la lezione.
recognize (to) riconoscere.
recollect (to) richiamare alla mente; ricordare.
recollection ricordo.
recommend (to) raccomandare.
recommendation raccomandazione, *f.*
reconcile (to) riconciliare.
reconstitute (to) ricostituire
record disco *(phonograph);* registro, documento *(file);* primato *(sports).*
recover (to) ritrovare *(find);* guarire, ricuperare *(from illness).*
recovery guarigione, *f.*
recruit recluta.
rectangle rettangolo.
recycle (to) riciclare.
recycling riciclaggio.
red rosso.
Red Cross Croce Rossa.
redeem (to) redimere, riscattare.
    to redeem a promise mantenere una promesa.
redouble (to) raddoppiare.
reduce (to) ridurre, dimagrire.
reduction riduzione, *f.*
reed canna.
refer (to) riferire, alludere.
reference riferimento, referenza, allusione, *f.*
    referring to con riferimento.
refine (to) raffinare.
refinement raffinatezza.
reflect (to) riflettere.
reflection riflesso.
reform riforma, miglioramento.
reform (to) formare di nuovo; riformare.
refrain ritornello.
refrain (to) trattenersi.
refresh (to) rinfrescare, rianimare, rinvigorire.
refreshment rinfresco, ristoro.
refrigerator frigorifero.
refuge rifugio
    to take refuge rifugiarsi.
refugee profugo.
refund (to) rimborsare.
refusal rifiuto, opzione.
refuse (to) rifiutare.
refute (to) confutare.
regard riguardo, stima, respetto.
    in regard to a proposito di; riguardo a.
regards ossequi, rispettosi saluti.
regatta regata.
regime regime, *m.*
regiment reggimento.
region regione, *f.*
regional regionale.
register registro.

register (to) registrare, iscriversi.
regret rimpianto, rammarico.
regret (to) rimpiangere, rammaricarsi di.
regular regolare.
regulate (to) regolare.
regulation regola; ordinamento.
rehearsal prova.
rehearse (to) provare.
reign regno.
reign (to) regnare.
reinforce (to) rinforzare.
reject scarto.
reject (to) respingere, rifiutare.
rejoice (to) gioire, rallegrarsi.
relapse ricaduta.
relate (to) raccontare.
    relating to attinente a, che riguarda.
relation relazione, *f.;* rapporto.
    in relation to in riferimento a.
relationship rapporto, parentela.
relative *(noun)* parente, *m. & f.*
relative *(adj.)* relativo, affine.
relax (to) rilassarsi; rallentare; riposare *(rest);* calmarsi *(calm).*
relaxation diminuzione, *f.;* rallentamento; ricreazione, *f.*
release liberazione, *f.;* scarico.
relent (to) cedere; divenire meno severo.
relentless inflessibile.
relevant pertinente, relativo, in questione.
reliable degno di fiducia; fidato.
reliance fiducia.
relic reliquia.
relief sollievo, soccorso.
relieve (to) sollevare.
religion religione, *f.*
religious religioso.
relinquish (to) abbandonare, cedere.
relish gusto, sapore, *m.*
relish (to) trovar piacevole.
reluctance riluttanza.
reluctant riluttante.
rely upon (to) fare assegnamento su (di).
remain (to) rimanere.
remainder resto, residuo.
remark osservazione, *f.;* commento.
remark (to) osservare, notare.
remarkable notevole, straordinario.
remedy rimedio.
remember (to) ricordare.
remembrance ricordo.
remind (to) richiamare alla mente.
remorse rimorso.
remote remoto.
removal rimozione, *f.*
remove (to) rimuovere.
renew (to) rinnovare.
rent affitto.

rent (to) dare in affitto; prendere in affitto.
repair riparazione, *f.*; condizione.
repair (to) riparare.
repeat (to) ripetere.
repent (to) pentirsi.
repentance pentimento.
repetition ripetizione, *f.*
reply risposta.
reply (to) rispondere.
report notizia, resoconto, rapporto, relazione.
represent (to) rappresentare.
representation rappresentazione, *f.*;
   dichiarazione.
representative rappresentante, deputato.
repress (to) reprimere.
reprimand rimprovero.
reprimand (to) rimproverare.
reprisal rappresaglia.
reproach rimprovero.
reproach (to) rimproverare.
reproduce (to) riprodurre.
reproduction riproduzione.
republic repubblica.
reputation riputazione, *f.*
request domanda, richiesta.
request (to) richiedere.
require (to) esigere; aver bisogna di; chiedere.
rescue salvezza, soccorso.
rescue (to) salvare, soccorrere.
research ricerca.
resemblance somiglianza; rassomiglianza.
resemble (to) rassomigliare.
resent (to) offendersi di.
resentment risentimento.
reservation riserva; prenotazione *(for tickets,*
   etc.).
reserve riserva.
reserve (to) riservare; prenotare *(tickets, tables,*
   etc.).
resign (to) dimettersi; dare le dimissioni.
resignation dimissione, *f. (from a position);*
   rassegnazione, *f. (acquiescence).*
resist (to) resistere.
resistance resistenza.
resolute risoluto.
resolution soluzione, *f. (solution or*
   explanation); risoluzione, *f. (determination);*
   deliberazione mozione.
resolve (to) risolvere.
resort stazione climatica.
resort (to) ricorrere.
resource risorsa.
respect rispetto.
respect (to) rispettare.
respectful rispettoso.
respective rispettivo.
respite tregua, rinvio.
responsibility responsabilità.

responsible responsabile, competente.
rest riposo.
rest (to) riposare.
restaurant ristorante, *m.*
restless inquieto, irrequieto.
restoration restauro.
restore (to) restaurare.
restrain (to) reprimere, trattenere.
restraint restrizione; controllo.
restrict (to) restringere, limitare.
restriction restrizione, *f.*
result risultato, esito.
result (to) risultare, resolversi.
résumé curriculum vitae.
resume (to) riprendere, riassumere.
retail vendita al minuto
retail (to) vendere al minuto.
retain (to) trattenere, ritenere.
retaliate (to) vendicarsi di; ritorcere.
retaliation rappresaglia.
retire (to) ritirarsi, andare in pensione.
retired pensionato.
retirement ritiro, isolamento.
retract (to) ritrarre.
retreat ritirata.
return ritorno.
return (to) ritornare; restituire *(give back).*
reveal (to) rivelare.
revelation rivelazione, *f.*
revenge vendetta.
revenue entrata, reddito, ricavo.
reverence riverenza.
reverend reverendo.
reverse inverso, contrario *(noun & adj.).*
reverse (to) rovesciare, invertire, rivoltare.
revert (to) tornare indietro; spettare *(go to, as in*
   a will).
review rivista *(periodical);* recensione.
review (to) recensire *(a book, play,* etc.).
   to pass in review *(as troops)* passare in
   rivista.
revise (to) rivedere, emendare; revisionare.
revision revisione, *f.*
revive (to) fare rivivere; rianimare; risvegliare
   (memories).
revoke (to) revocare.
revolt (to) ribellarsi *(rebel);* disgustare *(disgust*
   or *offend).*
revolution rivoluzione, *f.*
revolutionize rivoluzionare.
revolve (to) roteare *(rotate);* meditare *(think,*
   consider).
reward ricompensa.
reward (to) ricompensare.
rhyme rima.
rib costola.
ribbon nastro.
rice riso.

rich ricco.
richness ricchezza.
rid (to get) sbarazzarsi.
    to get rid of something sbarazzarsi di qualche cosa.
riddle enigma, indovinello.
ride corsa *(in a car)*; galoppata *(on horseback)*; passeggiata.
ride (to) andare.
    to ride a horse andare a cavallo.
    to ride a bicycle andare in bicicletta.
    to ride in a car andare in auto.
    to go for a boatride andare in barca.
    to go for a plane ride andare in aeroplano.
ridiculous ridicolo.
rifle fucile, *m.*
right destra, bene, *m.*
    to have a right aver il diritto di.
    to be right aver ragione.
    to the right a destra.
    Right! Bene!
right *(adj.)* corretto, diritto, esatto, giusto.
righteous giusto, retto.
righteousness giustizia, rettitudine, *f.*
rightful giusto, legittimo.
rigid rigido.
rigor rigore, *m.*
rigorous rigoroso.
ring anello *(finger)*; cerchio *(circle)*; recinto *(enclosure)*; suono *(of a bell)*.
ring (to) suonare.
rinse (to) sciacquare.
riot tumulto, rivolta.
ripe maturo.
ripen (to) maturare.
rise ascesa, salita.
rise (to) alzarsi, levarsi, sollevarsi.
risk rischio.
risk (to) rischiare; mettere in pericolo.
rite rito.
ritual rituale, *m.* (also *adj.*).
rival rivale, *m. & f.* (also *adj.*).
rivalry rivalità.
river fiume, *m.*
road strada, via.
    ring-road circonvallazione.
roar ruggito *(of an animal)*; rombo *(of cannon, motor)*.
roar (to) ruggire.
roast arrosto.
roast (to) arrostire.
rob (to) derubare.
robber ladro.
robbery furto.
robe mantello.
robust robusto.
rock roccia, scoglio.
rock (to) dondolare, cullare.

rocky roccioso.
rod bacchetta, asta.
role ruolo.
roll rotolo; rullìo *(drums)*; panino *(bread)*.
roll (to) rotolare.
    (to) roll up arrotolare, avvolgere.
Roman romano, romana *(noun & adj.)*.
Romanesque romanico.
romantic romantico.
romanticism romanticismo.
roof tetto.
room camera *(of a house)*; spazio *(space or area)*.
    make room for fare largo.
    There's no room. Non c'è spazio.
root radice, *f.*
rope corda.
rose rosa.
rosy roseo.
rot (to) marcire.
rough ruvido, rozzo.
round *(adj.)* rotondo.
round *(adv.)* attorno; in giro.
round ripresa *(in boxing)*; giro *(inspection)*; ronda *(patrol)*.
round off (to) arrotondire.
route via, percorso.
row fila.
row (to) remare.
royal reale.
rub (to) strofinare.
rubber gomma (also *tire*); caucciù (also *overshoes*).
rubbish scarti, *m.pl*; rifiuti, *m.pl.*
rude rude; grossolano; scortese *(impolite)*.
ruffle increspatura.
ruffle (to) increspare.
ruin rovina.
ruin (to) rovinare.
rule regola, dominio; norma.
rule (to) regolare, governare.
ruler governante *(boss)*; sovrano *(of a country)*; riga *(for drawing lines)*.
rumor dicerìa; voce generale, *f.*
run (to) correre.
    to run away fuggire.
rural rurale.
rush assalto, impeto.
rush (to) precipitarsi.
rush hour ora di punta.
Russian russo, russa *(noun & adj.)*.
rust ruggine, *f.*
rustic rustico.
rusty arrugginito.
rye segala.

S

sacred sacro.
sacrifice sacrificio.
sacrifice (to) sacrificare.
sacrilege sacrilegio.
sad triste.
sadden (to) rattristare.
saddle sella.
sadness tristezza.
safe salvo, sicuro.
safe (to be) essere al sicuro.
safely sicuramente.
safety sicurezza.
sail vela.
sail (to) salpare, navigare.
sailor marinaio.
saint santo, m.; santa, f. (also adj.).
sake amore, motivo, scopo.
   for my sake per amor mio.
   for the sake of per amor di.
salad insalata.
salami salame.
salary stipendio.
sale vendita.
salt sale, m.
salt (to) salare.
salute saluto.
salute (to) salutare.
salvation salvezza.
same medesimo, stesso.
   all the same lo stesso.
sample campione, m.
sanctuary santuario.
sand sabbia.
sandal sandalo.
sandwich panino ripieno.
sandy sabbioso.
sane sano.
sanitary sanitario.
sap linfa.
sarcasm sarcasmo.
sarcastic sarcastico.
sardine sardina.
satiate (to) saziare.
satin raso.
satisfaction soddisfazione, f.
satisfactory soddisfacente.
satisfy (to) soddisfare.
saturate (to) saturare.
Saturday sabato.
sauce salsa, insolenzo.
saucer piattino.
sausage salsiccia.
savage selvaggio (noun & adj.), violento, incivile, feroce.
save (prep.) tranne, eccetto.
   save (to) salvare (person); fare delle

economie (money).
   to save time guadagnar tempo.
savings risparmi, m. pl.
saviour salvatore, m.
say (to) dire.
scales bilancia.
scalp cuoio capelluto.
scan (to) scandire, scrutare.
scandal scandalo.
scanty scarso, ristretto.
scar cicatrice, f., diffamazione.
scarce scarso, raro.
scarcely appena, scarsamente.
scare (to) spaventare.
scarf sciarpa.
scatter (to) spargere.
scene scena.
scenery paesaggio (landscape); scenario (theater).
sceptic(al) scettico (noun & adj.).
schedule tabella, lista, inventario, orario.
scheme disegno, piano, schema.
scholar dotto, erudito.
school scuola.
science scienza.
scientific scientifico.
scientist scienziato.
scissors forbici, f. pl.
scold (to) rimproverare.
scope scopo, campo, prospettiva.
score punteggio.
scorn sdegno.
scorn (to) sdegnare.
scornful sdegnoso.
scrape grattare.
scratch (to) graffiare.
scream urlo, grido.
scream (to) gridare, urlare.
screen paravento; schermo (movie).
screw vite, f.
screwdriver cacciavite, m.
scribble (to) scribacchiare.
scruple scrupolo.
scrupulous scrupoloso.
scrutinize (to) scrutare.
sculpture scultura.
sea mare, m.
seagull gabbiano.
seal sigillo.
seal (to) sigillare.
seam cucitura.
search ricerca.
search (to) ricercare.
seashore spiaggia.
seasickness mal di mare, m.
season stagione, f.
seasonal stagionale.
season (to) condire.

seat sedile, *m.;* posto.
seat (to) sedere.
seaweed alga, alghe.
second secondo *(unit of time).*
second *(adj.)* secondo *(numeral).*
secondary secondario.
secret segreto *(noun & adj.).*
secretariat segreteria.
secretary segretario, segretaria.
sect setta.
section sezione, *f.*
secular laico.
secure *(adj.)* sicuro.
secure (to) procurarsi, ottenere, *(get or obtain);*
    assicurare *(make secure).*
security sicurezza, cauzine.
seductive seducente.
see (to) vedere.
    to see again rivedere.
seed seme, *m.*
seek (to) cercare; sforzarsi di.
seem (to) sembrare.
seize (to) afferrare, catturare, impadronirsi.
seldom raramente.
select (to) scegliere, selezionare.
selection scelta, assortimento, selezione.
self stesso, stessa.
self-confidence fiducia in se stesso.
selfish egoista, egoistico.
selfishness egoismo.
sell (to) vendere.
semi- mezzo, metà
semicolon punto e virgola.
semolina semolino.
senate senato.
senator senatore, *m.*
send (to) inviare; mandare.
senior maggiore, *m.* or *f.;* anziano. (also *adj.*).
sensation sensazione, *f.*
sense senso.
senseless insensibile.
sensibility sensibilità
sensible sensibile, ragionevole.
sensitive sensibile, sensitivo, delicato,
    suscettibile.
sensitiveness sensibilità
sentence proposizione, *f.;* sentenza.
sentiment sentimento.
sentimental sentimentale *(also used as noun).*
separate separato.
separate (to) separare.
separately separatamente.
separation separazione, *f.*
September settembre, *m.*
sergeant sergente, *m.*
series serie, *f.*
serious serio.
seriously seriamente.

sermon sermone, *m.;* predica.
servant servo, *m.;* serva, *f.*
serve (to) servire, rompiere.
service servizio, assistenza.
session sessione, *f.*
set serie, *f.;* assortimento.
set *(adj.)* fisso, stabilito.
set (to) mettere a posto.
settle (to) fissare, stabilire.
settlement sistemazione, *f.;* accomodamento;
    colonizzazione, *f. (colonization).*
seven sette.
seventeen diciassette.
seventeenth diciassettesimo.
seventh settimo.
seventieth settantesimo.
seventy settanta.
several diversi, parecchi.
    several times diverse volte.
severe severo.
severity severità.
sew (to) cucire.
sewer fogna.
sex sesso.
shabby meschino, logoro.
shade ombra.
shade (to) ombreggiare.
shadow ombra.
shady ombreggiato.
shake (to) scuotere; agitare; tremare *(tremble).*
shallow poco profondo.
shame vergogna.
shame (to) gettar vergogna su.
shameful vergognoso.
shameless impudente.
shape forma.
shape (to) formare.
shapeless informe; senza forma.
share parte, *f.;* porzione, *f.;* azione, *f. (of stock);*
    quota.
share (to) dividere; ripartire.
shareholder azionista, *m.*
shark squalo.
sharp diesis, *m. (in music).*
sharp *(adj.)* tagliente.
sharpen (to) affilare.
shave (to) radersi.
she essa, ella, lei.
shed capannone, *m.*
shed (to) versare; spandere; perdere *(leaves).*
sheep pecora.
sheer puro; sottile *(thin).*
sheet lenzuolo.
shelf scaffale, *m.*
shell guscio.
shellfish crostaceo.
shelter ricovero.
shelter (to) ricoverare.

shepherd pastore, *m.*
shield scudo.
shield (to) proteggere.
shift cambiamento.
shift (to) cambiare, trasferire, spostarsi.
shine splendore, *m. (of the sun);* lucidatura.
shine (to) brillare.
ship nave, *f.*
　　steamship vaporetto.
ship (to) spedire.
shipment imbarco, spedizione, *f.*
shirt camicia.
shiver brivido.
shiver (to) rabbrividire, tremare.
shock scossa.
shock (to) urtare, sbalordire.
shoe scarpa.
shoemaker calzolaio.
shoot (to) sparare.
shooting sparata, sparatoria.
shop bottega.
shop (to) fare delle spese; fare delle compere.
shore riva.
sandy shore arenile.
short corto, breve.
shortly fra poco.
shorten (to) abbreviare.
shorthand stenografia.
shorts mutande, *f. pl.*
shot colpo.
shoulder spalla.
shout grido.
shout (to) gridare.
shove (to) spingere.
shovel pala, paletta.
show spettacolo.
show (to) mostrare.
shower doccia.
shrill stridente.
shrimp gambero, gamberetto.
shrink (to) ritirarsi.
　　unshrinkable irrestringibile.
shrub arbusto.
shun (to) evitare.
shut *(adj.)* chiuso.
shut (to) chiudere.
shy timido.
sick infermo, malato.
sickness infermità, malattia.
Sicilian siciliano, siciliana *(noun & adj.).*
side lato, parte.
　　side dish contorno.
sidewalk marciapiede, *m.*
siege assedio.
sigh sospiro.
sigh (to) sospirare.
sight vista.
sign segno, simbolo, targa, cartello.

sign (to) firmare; sottoscrivere.
signal segnale, *m.*
signature firma.
significance significato.
signify (to) significare.
silence silenzio.
silence (to) far tacere.
silent silenzioso.
silk seta.
silken di seta; delicato *(soft).*
silly sciocco.
silver argento.
silverware posate.
silvery argentato.
similar simile.
similarity somiglianza.
simple semplice.
simplicity semplicità.
simply semplicemente.
simulate (to) simulare.
simultaneous simultaneo.
sin peccato.
sin (to) peccare.
since da quando.
sincere sincero.
sincerely sinceramente.
　　Yours sincerely Vostro sincero amico.
sincerity sincerità.
sing (to) cantare.
singer cantante, *m. & f.*
single solo; celibe *(unmarried man);* nubile
　　(unmarried woman); singolo.
singular singolare.
sinister sinistro.
sink lavandino *(kitchen).*
sink (to) affondare.
sinner peccatore, *m.;* peccatrice, *f.*
sip (to) centellinare, sorbire.
sir signore.
　　Thank you, sir! Grazie, signore!
sister sorella.
sister-in-law cognata.
sit (to) sedere, accomodarsi.
site sito, luogo.
situation situazione, *f.*
six sei.
sixteen sedici.
sixteenth sedicesimo.
sixth sesto.
sixtieth sessantesimo.
sixty sessanta.
size misura.
skate (to) pattinare.
skates pattini, *m. pl.*
skeleton scheletro.
sketch schizzo, abbozzo.
ski sci.
ski (to) sciare.

skill destrezza.
skillful destro, abile.
skin pelle, *f.*
skirt sottana, gonna.
skull teschio, cranio.
sky cielo.
slam (to) sbattere.
slander calunnia.
slang gergo.
slap schiaffo.
slate lavagna.
slaughter macello.
slave schiavo, schiava.
slavery schiavitù.
sleep sonno.
sleep (to) dormire.
sleeve manica.
slender snello.
sleigh slitta.
slice fetta.
slide (to) scivolare.
slight lieve, esile.
slight (to) disprezzare.
slip (to) scivolare.
slipper pantofola.
slippery sdrucciolevole.
slope pendìo.
slot fessura.
slovenly disordinato.
slow lento.
slowness lentezza.
slumber sonno.
slumber (to) sonnecchiare, dormire.
sly furbo.
small piccolo.
smart elegante; abile *(skillful)*; piccante.
smash (to) fare a pezzi.
smear macchia.
smear (to) lordare, macchiare.
smell odore, *m.*
smell (to) odorare, fiutare.
smile sorriso.
smile (to) sorridere.
smoke fumo.
smoke (to) fumare.
smoker fumatore, *m.*
smooth liscio.
smother (to) soffocare.
smuggle (to) far entrare di contrabbando.
snake serpente, *m.;* rettile, *m.*
snapshot istantanea.
snatch frammento *(fragment).*
sneer (to) sogghignare.
sneeze (to) starnutire.
sniff (to) annusare.
snore (to) russare.
snow neve, *f.*
snow (to) nevicare.

so (thus) così.
　　and so on e via di seguito.
soak (to) mettere a bagno.
soap sapone, *m.*
sob singhiozzo.
sober sobrio.
sociable socievole.
social sociale.
socialism socialismo.
society società.
sock calzino.
socket orbita.
soft morbido, cedevole.
soften (to) ammorbidire.
soil (to) sporcare.
solar solare.
soldier soldato.
sole unico, solo; suola *(shoes);* sogliola *(fish).*
solemn solenne.
solemnity solennità.
solicit (to) sollecitare.
solid solido; massiccio, tinta unita.
solidarity solidarietà.
solitary solitario.
solitude solitudine, *f.*
solution soluzione, *f.*
solve (to) risolvere.
some del; qualche; alcuni, *m. pl;* alcune, *f. pl.*
somebody qualcuno.
somehow in un modo o in un'altro.
someone qualcuno, *m.;* qualcuna, *f.*
something qualche cosa.
sometime un tempo; qualche volta.
sometimes talvolta; delle volte.
somewhat piuttosto.
somewhere in qualche luogo.
son figlio.
song canzone, *f.*
son-in-law genero.
soon presto.
soot fuliggine, *f.*
soothe (to) calmare.
sophisticated sofisticato.
sore piaga, ferita.
sorrow dolore, *m.*
sorry spiacente.
　　to be sorry about essere spiacente di.
　　I am sorry. Mi dispiace.
sort sorta; generale; *m.*
sort (to) scegliere; selezionare.
soul anima.
sound suono.
sound (to) suonare.
soup minestra, brodo.
sour acido *(milk,* etc.); acerbo *(fruit);* amaro
　　(bitter).
source fonte, *f.*
south sud, *m.pl.,* meridione, *m.*

southern meridionale (also *noun, m.);* al sud.
southwest sudovest, *m.*
sovereign sovrano, sovrana (also *adj.*).
sow (to) seminare.
space spazio.
space (to) spaziare.
spacecraft astronave.
spacious spazioso.
spade vanga; badile; *m.;* picche, *f. (playing cards).*
spaghetti spaghetti.
Spanish spagnolo *(noun & adj.).*
spare disponibile; di ricambio *(said of a tire).*
spare (to) risparmiare, disporre.
spark scintilla.
sparkle (to) scintillare.
sparkling frizzante.
sparrow passero.
speak (to) parlare.
speaker oratore, *m.;* parlatore, *m.*
special speciale, particolare.
specialty specialità.
specific specifico.
specify (to) specificare.
spectacle spettacolo.
spectacular spettacolare.
spectator spettatore, *m.*
speculate (to) speculare.
speech discorso.
speed velocità.
speedy rapido, veloce.
spell incanto.
spell (to) compitare, scrivere.
   How do you spell this word? Come si scrive questa parola?
spelling ortografia.
spend (to) spendere.
sphere sfera; ambito.
spice spezie *f. pl.*
spider ragno.
spill (to) versare; far cadere.
spin (to) filare.
spirit spirito.
spiritual spirituale.
spit sputo; spiedo.
spit (to) sputare.
spite dispetto.
spite (to) contrariare.
spiteful dispettoso.
splash (to) schizzare.
splendid splendido.
splendor splendore, *m.*
split (to) fendere, spaccare.
spoil (to) guastare, sciupare.
spokesperson portavoce.
sponge spugna.
spontaneous spontaneo.
spoon cucchiaio.

spoonful cucchiaiata.
sport sport, *m.;* giuoco.
spot luogo determinato *(location);* punto; macchia (stain).
spread (to) stendere, spandere.
spring primavera *(season);* balzo *(leap);* molla *(machine);* sorgente, *f. (of water).*
spring (to) saltare; balzare; nascere; derivare; provenire da; far scattare *(a trap).*
sprinkle (to) spruzzare, aspergere, cospargere.
sprout (to) germogliare.
spry vivace, attivo.
spur (to) spronare.
spurn (to) respingere, disprezzare.
spy spia.
spy (to) spiare.
squadron squadrone, *m.*
squalid squallido.
squander (to) sprecare.
square quadrato; piazza (city).
squeeze (to) spremere.
squirrel scoiattolo.
stability stabilità.
stabilize (to) stabilizzare.
stable stalla.
stable *(adj.)* stabile.
stack catasta, mucchio.
stack (to) ammucchiare.
stadium stadio.
staff bastone, *m.;* stato maggiore *(military).*
stage palcoscenico.
stain macchia.
stain (to) macchiare.
stairs scale, *f. pl.*
stammer balbuzie, *f.*
stammer (to) balbettare.
stamp francobollo *(postage);* marchio *(seal).*
stand edicola *(newsstand);* leggio *(music);* posizione.
stand (to) stare in piedi; subire *(endure).*
star stella.
stare (to) fissare.
start (to) sobbalzare, trasalire, cominciare.
   (to) start again ricominciare.
starve (to) morir di fame.
state stato; *(adj.)* statale; rango.
state (to) affermare, dichiarare.
stateless apolide.
stately imponente.
statement dichiarazione, *f.*
stateroom cabina.
station stazione, *f.*
   first aid station pronto soccorso.
stationery articoli di cancelleria.
statistics statistiche, *f. pl.*
statue statua.
statute statuto.
stay permanenza, soggiorno.

stay (to) restare, soggiornare.
steady fermo, saldo.
steak bistecca.
steal (to) rubare.
steam vapore, *m.*
steamer piroscafo; vapore, *m.*
steel acciaio.
steep ripido.
steeple campanile, *m.*
steer (to) dirigere, guidare.
stem ramo, stelo, fusto.
stenographer stenografa, *f.;* stenografo, *m.*
stenography stenografia.
step gradino.
step (to) camminare.
sterile sterile.
sterilized sterilizzato.
stern severo.
stew stufato.
stew (to) cuocere in umido; stufare.
steward dispensiere *m.;* cameriere, *m. (on a ship).*
stick bacchetta.
stick (to) conficcare, appiccicare.
stiff rigido.
stiffen (to) irrigidire.
stiffness rigidezza.
still *(adj.)* quieto, calmo.
    Keep still! Stá quieto!
still *(adv.)* ancora, sempre.
stimulate (to) stimolare.
stimulating stimolante.
stimulus stimolo.
sting puntura.
sting (to) pungere.
stinginess tirchieria.
stingy tirchio.
stir (to) agitare, incitare, muoversi.
stitch punto; puntura *(of pain).*
stock bestiame, *m. (cattle);* merce, *f. (wares).*
stock exchange borsa valori.
stocking calza.
stomach stomaco, pancia.
stone pietra.
stool sgabello.
stop fermata.
stop (to) fermare, arrestare, smettere.
store negozio.
stork cicogna.
storm tempesta.
story storia.
    short story novella, racconto.
stove stufa.
straight diritto.
straighten (to) raddrizzare.
strain sforzo, tensione, *f.*
strange strano.
stranger straniero.

strap cinghia.
straw paglia.
strawberry fragola.
stream corrente, *f.;* ruscello.
street strada.
streetcar tranvài, *m.*
strength forza.
strengthen (to) rafforzare.
strenuous strenuo.
stress pressione, *f.;* forza, enfasi, *f.*
stretch stiramento; sforzo *(effort);* tratto *(of road).*
stretch (to) stendere, allargare; sgranchire.
strict stretto, rigido, severo.
stride passo lungo; andatura.
stride (to) camminare a gran passi.
strife contesa, conflitto.
strike sciopero.
strike (to) colpire, battere.
string spago.
strip (to) spogliare.
stripe striscia.
strive (to) sforzarsi, lottare.
stroke colpo, tocco.
stroll breve passeggiata.
stroll (to) andare a passeggio.
strong forte.
structure struttura, edificio.
struggle lotta, sforzo.
struggle (to) lottare.
stubborn ostinato.
student studente, *m.;* studentessa, *f.*
studious studioso.
study studio.
study (to) studiare.
stuff stoffa.
stuff (to) imbottire.
stuffing ripieno.
stumble (to) inciampare.
stump ceppo.
stun (to) stordire.
stunt ostentazione di forza, *f.*
stupendous stupendo.
stupid stupido.
stupidity stupidità.
stupor stupore, *m.*
sturdy forte, tenace, stordimento, torpore.
stutter (to) balbettare.
style moda *(fashion);* stile, *m.*
subdue (to) soggiogare.
subject soggetto.
subject (to) sottoporre, assoggettare.
subjective soggettivo.
subjugate (to) soggiogare.
subjunctive congiuntivo.
sublime sublime.
submission sottomissione, *f.*
submissive sottomesso.

submit (to) sottomettere, sottoporre.
subordinate subordinato, subalterno.
subscribe (to) sottoscrivere.
subscription sottoscrizione, *f.*
subside (to) abbassarsi.
subsidy sovvenzione, *f.*
subsist (to) sussistere.
substance sostanza.
substantial sostanziale, sostanzioso, importante.
substantive sostantivo.
substitute sostituto, surrogato.
substitute (to) sostituire.
substitution sostituzione, *f.*
subtitles didascalie; sottotitoli.
subtle sottile, fine.
subtlety sottigliezza.
subtract (to) sottrarre.
subtraction sottrazione, *f.*
suburb sobborgo.
subway ferrovia sotterranea; metropolitana.
succeed (to) succedere, seguire, riuscire.
success successo.
successful fortunato.
succession successione, *f.*
successor successore, *m.*
such tale.
sudden improvviso.
suddenly improvvisamente.
sue (to) chiamare in giudizio.
suede scamosciato.
suffer (to) soffrire, sopportare, permotare.
suffering sofferenza.
sufficient sufficiente.
suffocation soffocamento.
sugar zucchero.
suggest (to) suggerire.
suggestion suggerimento.
suicide suicidio.
suit vestito, *(clothes);* petizione, *f. (lawsuit).*
suit (to) adattare.
suitable adatto.
sulk (to) essere di cattivo umore.
sullen imbronciato.
sum somma.
summary riassunto.
summer estate, *f.*
summit sommità, vertice.
summon (to) citare, convocare.
sumptuous sontuoso.
sum up (to) fare la somma; fare un riassunto.
sun sole, *m.*
sunbeam raggio di sole.
Sunday domenica.
sunny solatìo.
sunrise sorgere del sole, *m.*
sunset tramonto.
sunshine luce di sole, *f.;* sole, *m.*
superb superbo.

superficial superficiale.
superfluous superfluo.
superimpose (to) sovrapporre.
superintendent sovrintendente, *m.*
superior superiore, *m.* (also *adj.).*
superiority superiorità.
supermarket supermercato.
superstition superstizione, *f.*
supervise (to) sorvegliare.
supper cena.
supplement supplemento.
supplementary supplementare.
supply provvista.
supply (to) fornire.
support sostegno.
support (to) sostenere, reggere, mantenere.
suppose (to) supporre.
suppress (to) sopprimere.
supreme supremo.
sure sicuro.
surety sicurezza.
surface superficie, *f.*
surgeon chirurgo.
surgery chirurgìa., sala operatoria *(operation room)*
surmount (to) sormontare.
surname cognome, *m.*
surpass (to) sorpassare.
surplus eccedenza; soprappiù, *m.*
surprise sorpresa.
surprise (to) sorprendere.
surrender resa.
surrender (to) arrendersi.
surround (to) circondare.
surroundings dintorni, *m. pl.*
survey esame, *m.;* ispezione, *f.*
survey (to) esaminare.
survive (to) sopravvivere.
susceptibility suscettibilità.
susceptible suscettibile.
suspect sospetto.
suspect (to) sospettare.
suspense sospensione d'animo, *f.*
suspension sospensione, *f.*
suspicion sospetto.
suspicious sospettoso.
sustain (to) sostenere.
swallow (to) inghiottire.
swamp palude, *f.*
swan cigno.
sway (to) oscillare.
swear (to) bestemmiare *(curse);* giurare *(take an oath).*
sweat sudore, *m.*
sweat (to) sudare.
Swedish svedese.
sweep (to) scopare, spazzare.
sweet dolce.
sweetness dolcezza.

swell (to) gonfiarsi.
swift veloce, rapido.
swim (to) nuotare.
swindler truffatore, *m.*
swing (to) dondolare.
switch interruttore, *m. (electric).*
sword spada.
syllable sillaba.
symbol simbolo.
symbolic simbolico.
symbolize (to) simboleggiare.
symmetrical simmetrico.
symmetry simmetrìa.
sympathetic tenero, sensibile, comprensivo.
sympathy compassione, *f.*
symposium simposio; riunione; raccolta
    discretti.
symptom sintomo.
synagogue sinagoga.
syntax sintassi.
synthesis sintesi.
syringe siringa.
syrup sciroppo.
system sistema, *m.*
systematic sistematico.

T

table tavola, tavolo.
tablecloth tovaglia.
tablet tavoletta.
tacit tacito.
tacitly tacitamente.
taciturn taciturno.
tact tatto.
tactfully con tatto.
tail coda.
tailor sarto.
take (to) prendere.
take-off decollo.
talcum powder borotalco.
tale storia, racconto.
talent talento.
talk (to) parlare, chiacchierare, discorrere.
talkative ciarliero.
tall alto.
tame mansueto, addomesticato, domato.
tan (to) abbronzare.
    (to) get tanned abbronzarsi.
tangle (to) ingarbugliare.
tank serbatoio; cisterna *(cistern);* carro armato
    (army).
tape machine telescrivente, *f.*
tape recorder magnetòfono, *m.;* registratore
    magnètico, *m.*
tapestry tappezzerìa, arazzo.

tar catrame, *m.*
tardy lento, tardino.
target bersaglio.
tarnish (to) appannare; rendere opaco.
task compito, incarico.
taste gusto.
taste (to) assaggiare.
tavern osteria.
tax tassa, imposta.
taxi tassì.
tea tè.
teach (to) insegnare.
teacher insegnante, *m. & f.;* docente.
team squadra.
tear strappo.
tear (to) strappare.
tease (to) molestare, tormentare.
teaspoon cucchiaino.
technical tecnico.
technique tecnica.
technology tecnologia.
tedious tedioso.
telecommunications telecomunicazioni.
teetotaler astemio.
telegram telegramma, *m.*
telegraph telegrafo.
telegraphic telegrafico.
telephone telefono.
telephone answering machine segreteria
    telefonica.
telephone operator telefonista, *m. & f.*
telephone (to) telefonare.
tell (to) dire.
temper umore, *m. (mood);* temperamento
    (disposition).
temperance temperanza.
temperate temperato, moderato.
temperature temperatura.
tempest tempesta.
temple tempio.
temporary temporaneo.
tempt (to) tentare.
temptation tentazione, *f.*
ten dieci.
tenacious tenace.
tenant inquilino, locatorio.
tend (to) tendere.
tendency tendenza.
tender tenero.
tennis tennis, *m.*
tense tempo *(grammar).*
tense *(adj.)* teso.
tension tensione, *f.*
tent tenda.
tenth decimo.
tepid tiepido.
term termine, *m.*
terrace terrazzo.

terrible terribile.
terrify (to) atterrire.
territory territorio.
terror terrore, *m.*
terrorism terrorismo.
test prova, esame, *m.*
test (to) provare; esaminare *(school).*
testify (to) attestare, deporre.
testimony testimonianza.
text testo.
textbook libro di testo.
textiles tessile.
than di; che; di quello che; di quanto che.
thank (to) ringraziare.
thanks grazie, *f. pl.;* ringraziamenti, *m. pl.*
that *(pron.)* quello, quella, ciò, quelle, quelli.
    that is vale a dire.
    That's it. È cosi.
that *(adj.)* quel, quello, quella, quelle, quei,
    quelli, quegli.
thaw disgelo.
thaw (to) disgelare.
the il, lo, la, i, gli, le.
theater teatro.
their il loro; la loro; i loro; le loro.
theirs il loro; la loro; i loro; le loro; di loro.
them essi, esse, loro, li, le, quelli, quelle, coloro.
theme tema, *m.*
themselves essi stessi; esse stesse; se stessi; se
    stesse; sè; si.
then allora, perciò, dunque.
theoretical teorico.
theory teoria.
there là, lì.
    there is c'è.
    there are ci sono.
thereafter d'allora in poi.
thereupon in conseguenza di ciò.
thermometer termometro.
these queste, questi.
thesis tesi, *f.*
they essi, esse, loro.
thick spesso.
thicken (to) ingrossare *(make larger);* far
    restringere *(a gravy or sauce).*
thickness spessore, *m.*
thief ladro.
thigh coscia.
thimble ditale, *m.*
thin sottile, magro *(referring to people).*
thinness sottigliezza.
thing cosa.
think (to) pensare, credere, ritenere.
third terzo.
thirst sete, *f.*
thirteen tredici.
thirteenth tredicesimo.
thirtieth trentesimo.

thirty trenta.
this questo, questa.
thorn spina.
thorough intero, completo.
though sebbene, quantunque, però.
thought pensiero.
thoughtful pensieroso, pensoso; riflessivo.
thoughtless spensierato.
thousand mille.
thread filo.
thread (to) infilare.
threat minaccia.
threaten (to) minacciare.
three tre.
threshold soglia.
thrift economìa.
thrifty economico.
thrill palpito, tremito.
thrill (to) elettrizzare.
thrilling emozionante.
throat gola.
throb (to) pulsare.
throne trono.
throng folla, ressa.
through attraverso; tramite.
throughout per tutta la durata di.
throw lancio, tiro.
throw (to) lanciare, gettare.
thumb pollice, *m.*
thunder tuono.
thunder (to) tuonare.
thunderbolt fulmine, *m.*
Thursday giovedì.
thus così; in tal modo.
ticket biglietto.
ticket window biglietterìa; sportello del biglietti.
tickle solletico.
ticklish sensitivo, delicato.
tide marèa.
tidiness pulizia, accuratezza, ordine, *m.*
tidy ordinato.
tie cravatta.
tie (to) legare.
tiger tigre, *f.*
tight stretto, attillato.
tights calzamaglia.
tile piastrella.
till (to) coltivare.
till fino a; finchè.
tilt (to) inclinare.
timber legname da costruzione, *m.*
time tempo.
    behind time in ritardo.
    from time to time di volta in volta.
    in time a tempo.
    to have a good time divertirsi.
    What time is it? Che ora è?
timid timido.

timidity timidezza.
tin stagno.
tinkle tintinnìo.
tiny piccolo, minuscolo.
tip punta; mancia *(money)*.
tip (to) dare la mancia.
tip over far ribaltare.
tire pneumatico, gomma.
tire (to) stancare, stancarsi, affaticarsi.
tired stanco.
tireless instancabile.
tiresome stanchevole, noioso.
title titolo.
to a, ad, verso.
toad rospo.
toast pane abbrustolito; pane tostato.
toast (to) brindare *(drink to)*; tostare *(bread)*.
tobacco tabacco.
tobacco store tabaccherìa.
today oggi.
toe dito del piede.
together insieme.
toil fatica.
toil (to) faticare.
toilet toletta, gabinetto.
token segno; simbolo; pegno *(of affection)*.
tolerable tollerabile.
tolerance tolleranza.
tolerant tollerante.
tolerate (to) tollerare.
tomato pomodoro.
tomb tomba.
tomorrow domani, *m.*
ton tonnellata.
tonality tonalità.
tone tono.
tongs mollette, *f. pl. (tool)*; pinze, *f. pl. (tweezers, pincers)*.
tongue lingua.
tonight stasera.
too anche *(also)*; pure.
    too much troppo.
tool strumento; arnese, *m.;* utensile, *m.*
tooth dente, *m.*
toothache mal di denti.
toothbrush spazzolino da denti.
toothpaste dentifricio.
toothpick stuzzicadenti, *m.*
top sommità, cima, vertice.
topic soggetto.
torch torcia, fiaccola.
torment tormento.
torrid torrido.
torture tortura.
toss (to) lanciare; agitarsi *(in sleep)*.
total totale, *m.* (also *adj.*).
totally totalmente.
touch tocco.

touch (to) toccare.
touching commovente.
touchy suscettibile.
tough duro, rude.
tour viaggio *(journey)*; giro.
tour (to) fare un viaggio.
tourist turista, *m.* or *f.*
tourist agency agenzia di viaggi.
tournament tornèo, gara.
toward verso.
towel asciugamano.
tower torre, *f.*
town città.
town hall palazzo municipale.
toy giocattolo.
trace traccia.
trace (to) tracciare.
track orma; binario *(railroad)*; traccia; pista.
trade commercio; mestiere, *m. (occupation)*.
trade union camera del lavoro.
trade (to) commerciare.
tradition tradizione, *f.*
traditional tradizionale.
traffic traffico.
traffic lights semaforo.
tragedy tragedia.
tragic tragico.
trail sentiero, traccia.
trail (to) seguire le tracce di; strisciare.
train treno.
    freight train treno merci.
train (to) ammaestrare, allenarsi, addestrare.
training esercitazione, *f.;* allenamento.
traitor traditore, *m.;* traditrice, *f.*
trample (to) calpestare.
tranquil tranquillo.
tranquillity tranquillità.
transaction affare, *m.;* trattamento.
transfer trasferimento.
transfer (to) trasferire.
transition transizione, *f.*
transitory transitorio.
translate (to) tradurre.
translation traduzione, *f.*
translator traduttore, *m.*
transmission trasmissione, *f.*
transmit (to) trasmettere.
transparency trasparenza.
transparent trasparente.
transplant (to) trapiantare.
transplantation trapianto.
transport trasporto.
transport (to) trasportare.
transportation trasportazione, *f.;* trasporto.
transverse trasverso.
trap trappola.
trap (to) prendere in trappola.
trash rifiuto, spazzatura.

trash can pattumiera.
travel viaggio.
travel (to) viaggiare.
travel agency agenzia di viaggi.
traveler viaggiatore, *m.;* viaggiatrice, *f.*
tray vassoio.
treacherous perfido, sleale, traditore.
treachery tradimento.
treason tradimento.
treasure tesoro.
treasurer tesoriere, *m.*
treasury tesoro.
treat cosa offerta; gioia; festa.
treat (to) trattare.
treatment trattamento; cura *(medical).*
treaty trattato.
tree albero.
tremble (to) tremare.
trembling tremito.
trembling *(adj.)* tremulo.
tremendous tremendo.
trench trincèa.
trend tendenza.
trial prova; esperimento; processo *(court).*
triangle triangolo.
tribe tribù, *f.*
tribulation tribolazione, *f.*
tribunal tribunale, *m.*
tribute tributo.
trick stratagemma, *m.;* trucco.
trick (to) ingannare.
trifle inezia.
trifling insignificante.
trim (to) guarnire.
trimming guarnizione, *f.*
trip viaggio; gita; incespicamento *(fall).*
trip (to) inciampare.
triple triplice.
triptych trittico.
triumph trionfo.
triumph (to) trionfare.
triumphant trionfante.
trivial insignificante.
trolley car tranvài, *m.*
troop truppa.
trophy trofèo.
trot trotto.
trot (to) trottare; mettere al trotto.
trouble disturbo, incomodo.
trouble (to) importunare, disturbare.
   Don't trouble yourself. Non si disturbi.
trousers calzoni, *m. pl.*
truck carro, autocarro.
true vero.
truly veramente, sinceramente.
   yours truly suo devotissimo, *m.;* sua
      devotissima, *f.*
trump briscola.

trump (to) giocare una briscola.
trumpet tromba.
trunk tronco *(tree);* baule, *m. (luggage);*
   proboscide, *f. (elephant's).*
trust fiducia.
trust (to) aver fiducia in.
trusting fidente.
trustworthy fidato.
truth verità.
truthful sincero, veritiero.
truthfully sinceramente.
truthfulness sincerità.
try tentativo.
try (to) tentare.
   Try to come. Cerchi di venire.
   Try to be on time. Cerchi di arrivare in
      tempo.
tube tubo, tubetto.
tumble (to) cadere, precipitare.
tumult tumulto.
tune aria, tono, melodìa.
tune (to) accordare.
tunnel gallerìa.
turf terreno erboso.
turkey tacchino.
turmoil tumulto.
turn giro, turno.
turn (to) voltare, rivoltare.
   Left turn. Voltare a sinistra.
turnip rapa.
twelfth dodicesimo.
twelve dodici.
twentieth ventesimo.
twenty venti.
twenty-five venticinque.
twenty-four ventiquattro.
twenty-six ventisei.
twice due volte.
twilight crepuscolo.
twin gemello, *m.;* gemella, *f.*
twist torcere, contorcere, torcersi.
two due.
type tipo.
type (to) dattilografare.
typewriter macchina da scrivere.
tyranny tirannìa.
tyrant tiranno.

U

ugliness bruttezza.
ugly brutto.
ulterior ulteriore.
ultimate ultimo, finale, definitivo.
ultimately finalmente; in definitiva.
umbrella ombrello.

umpire arbitro.
unable to (to be) essere incapace di.
unanimity unanimità.
unanimous unanime.
unanimously unanimemente.
unaware (to be) essere inconsapevole.
unbearable insopportabile.
unbelievable incredibile.
unbutton (to) sbottonare.
uncertain incerto.
uncertainty incertezza.
unchangeable immutabile.
unchanged inalterato.
uncle zio.
uncomfortable scomodo.
uncommon raro; non comune.
unconscious inconscio; privo di sensi; subcosciente.
unconsciously inconsciamente.
uncouth goffo, agraziato, grossolano.
uncover (to) scoprire.
undecided indeciso.
undefinable indefinibile.
undefined indefinito.
undeniable innegabile.
under sotto.
undergo (to) subire; sottomettersi a.
underground sottoterra; sotterraneo.
underhand *(adj.)* clandestino, subdolo.
underline (to) sottolineare.
underneath sotto; al disotto.
understand (to) comprendere; sottintendere.
understanding comprensione, *f.;* intesa; accordo.
undertake (to) intraprendere.
undertaker direttore di pompe funebri, *m.*
undertaking impresa.
underwater subacqueo.
undesirable non desiderabile.
undignified poco dignitoso.
undo (to) disfare.
undress (to) svestirsi.
uneasiness inquietudine, *f.;* ansia.
uneasy inquieto; non comodo.
unemployed non impiegato; disoccupato.
unemployment disoccupazione.
unequal ineguale.
uneven ineguale; dispari *(numbers).*
uneventful tranquillo; senza importanti avvenimenti.
unexpected inaspettato, imprevisto.
unexpectedly inaspettatamente, improvvisamente.
unfailing immancabile.
unfair ingiusto.
unfaithful infedele.
unfamiliar non familiare; poco noto.
unfasten (to) slacciare.

unfavorable sfavorevole.
unfit inadatto.
unfold (to) spiegare, stendere, svelare.
unforeseen impreveduto, imprevisto.
unforgettable indimenticabile.
unfortunate sfortunato.
unfortunately sfortunatamente.
ungrateful ingrato.
unhappily infelicemente.
unhappiness infelicità.
unhappy infelice.
unharmed incolume.
unhealthy non sano.
unheard (of) inaudito.
unhesitatingly senza esitazione.
unhook (to) sganciare.
unhoped for insperato.
unhurt illeso, incolume.
uniform uniforme, *f.* (also *adj.*).
uniformity uniformità.
uniformly uniformemente.
unify (to) unificare.
unimportant insignificante.
unintentional involontario.
unintentionally involontariamente.
uninviting non invitante.
union unione, *f.*
unique unico.
unit unità; unitario.
unite (to) unire.
united unito, congiunto.
unity unità.
universal universale.
universe universo.
university università.
unjust ingiusto.
unjustifiable ingiustificabile.
unkind poco gentile; scortese.
unknown sconosciuto.
unlawful illegale, illecito.
unleavened (bread) azzimo.
unless a meno che.
unlikely improbabile; inverosimile.
unlimited illimitato.
unload (to) scaricare.
unluckily sfortunatamente, disgraziatamente.
unmistakably chiaramente.
unnecessary non necessario.
unoccupied non occupato; disponibile; libero.
unofficial non ufficiale.
unpack (to) disfare le valigie.
unpleasant spiacevole, doloroso, sgradevole.
unprepared impreparato.
unpublished inedito.
unquestionably indubitatamente, indubbiamente.
unravel (to) dipanare, sbrogliare; chiarire.
unreadable illeggibile.

unreal irreale.
unreasonable irragionevole.
unrecognizable irriconoscibile.
unreliable immeritevole di fiducia.
unrest inquietudine, *f.*
unrestrained sfrenato.
unrestricted libero; sfrenato; senza restrizioni.
unroll (to) svolgere, distendere.
unsafe pericoloso.
unsatisfactory non soddisfacente.
unsatisfied insoddisfatto.
unscrupulous senza scrupoli.
unseemly sconveniente.
unseen *(adj.)* inosservato.
unselfish disinteressato.
unspeakable indicibile.
unsteady instabile, incostante.
unsuccessful senza successo.
unsuitable inadatto.
unthinkable impensabile.
untidy disordinato.
untie (to) sciogliere, slegare.
until fino a; finchè.
   until now fino ad ora.
untrimmed senza guarnizione.
untrue falso, infedele.
untrustworthy indegno di fiducia.
untruth menzogna.
unusual insolito, raro.
unwell indisposto, sofferente.
unwholesome malsano, nocivo.
unwilling non disposto; mal disposto.
unwillingly a malincuore.
unwise non saggio; insensato.
unworthy indegno, immeritevole.
up su; sopra; in alto; in piedi.
update (to) aggiornare.
upheaval sollevamento.
uphold (to) sostenere, mantenere.
upkeep mantenimento, sostentamento.
upon sopra.
upper superiore.
upright diritto; in piedi; retto.
uprising rivolta, insurrezione, *f.*
uproar tumulto, clamore, *m.*
upset capovolgimento, rovesciamento.
upset (to) capovolgere, sconvolgere.
upside down sottosopra.
upstairs al piano superiore; sopra.
upward in su; in alto.
urge (to) esortare.
urgency urgenza.
urgent urgente, impellente.
us noi, ci.
use uso, usanza.
use (to) usare; servirsi di.
used to abituato.
   to get used to abituarsi.

useful utile.
useless inutile.
user utente.
usual solito, usuale.
usually usualmente.
utensil utensile, *m.*
utility utilità, profitto, vantaggio.
utilize (to) utilizzare.
utter estremo, assoluto.
utter (to) emettere.
utterly estremamente, totalmente.

V

vacancy vacanza, posto vacante, vuoto.
vacant vuoto; non occupato.
vacation vacanze, *f.*
vague vago.
vain vano, vanitoso.
   in vain in vano.
   vain ambition velleità.
valiant valoroso, intrepido.
valid valido.
validity validità.
valley valle, *f.*
valuable costoso, prezioso.
value valore, *m.*
value (to) valutare, stimare.
valued stimato, apprezzato.
valve valvola.
vandalism vandalismo.
vanilla vaniglia.
vanish (to) svanire.
vanity vanità.
vanquish (to) vincere, conquistare.
vapor vapore, *m.*
variable variabile.
variant variante.
variation variazione, *f.*
varied vario, variato.
variety varietà; varietà, *m. (show).*
various diverso, vario.
varnish vernice, *f.*
varnish (to) verniciare.
vary (to) variare, mutare.
vase vaso.
vast vasto.
vault volta.
VCR video registratore.
veal vitello.
vegetable legume, *m.;* verdura, ortaggio.
vehemence veemenza.
vehicle veicolo.
veil velo.
veil (to) velare.
vein vena.

velocity velocità.
velvet velluto.
venerable venerabile.
venerate (to) venerare.
veneration venerazione, *f.*
Venetian veneziano *(noun & adj.)*.
vengeance vendetta.
venom veleno.
ventilation ventilazione, *f.*
ventilator ventilatore, *m.*
venture (to) azzardare, osare.
verb verbo.
verdict verdetto.
verge limite; punto estremo.
verification verifica, conferma prova, dimostrare.
verify (to) verificare.
versatile versatile.
versatility versatilità.
verse verso.
version versione, *f.*
vertical verticale.
very molto.
vessel recipiente, *m. (container);* vascello; nave, *f.*
vest panciotto.
veterinarian veterinario.
vex (to) irritare.
via via.
vibrate (to) oscillare; far vibrare.
vice vizio, difetto.
vice-president vice presidente, *m.*
vice-versa viceversa.
vicinity vicinanza; prossimità.
victim vittima.
victor vincitore, *m.*
victorious vittorioso.
victory vittoria.
victuals vettovaglie, *f. pl.*
video camera telecamera.
videodisc videodisco, *m.*
video games video giocchi.
videotape nastro televisivo, *m.*
view vista, veduta, visuale.
view (to) guardare, considerare.
vigor vigore, *m.*
vigorous vigoroso.
vile abbietto.
village villaggio.
villain furfante, *m.*
vindicate (to) rivendicare.
vindictive vendicativo.
vine vigna.
vinegar aceto.
vineyard vigneto.
violence violenza.
violent violento.
violet viola, mammola.

violin violino.
virile virile.
virtual virtuale.
virtue virtù, *f.*
virtuous virtuoso.
visibility visibilità.
visible visibile.
visibly visibilmente.
vision visione, *f.;* vista *(eyesight)*; intuizione.
visit visita.
visitor visitatore, *m.;* ospite, *m.;* turista.
visual visivo.
visualize (to) immaginare, raffigurarsi.
vital vitale.
vitality vitalità.
vivacious vivace.
vivid vivido.
vocabulary vocabolario.
vocal vocale.
vocation vocazione, *f.*
vogue voga.
voice voce, *f.*
void non valido; privo; nullo.
volubility fluidità, abbondanza.
voluble volubile.
volume volume, *m.*
voluminous voluminoso.
voluntary volontario.
vote voto.
vote (to) votare.
vow voto.
vow (to) far voto di.
vowel vocale, *f.*
vulgar volgare.
vulnerable vulnerabile.

W

wager scommessa.
wager (to) scommettere.
wages salario.
waist vita, cintura.
wait (to) attendere.
waiter cameriere.
wake (to) svegliarsi.
walk cammino, passeggiata, passeggio.
walk (to) camminare.
   to go for a walk fare una passeggiata.
wall muro.
wallet portafogli, *m.*
walnut noce, *f.*
wander (to) vagabondare, divagare.
want bisogno.
want (to) volere; desiderare; aver bisogno.
war guerra.
   pre-war period anteguerra.

ward pupillo *(person)*; corsìa *(hospital)*.
wardrobe guardaroba, corredo.
ware, wares merce, *f.*; merci, *f. pl.*
warehouse magazzino.
warfare guerra.
warm caldo.
   to be warm (hot)
     aver caldo *(a person)*.
     essere caldo *(an object.)*
     far caldo *(the weather)*.
warm (to) riscaldare.
warmth calore, *m.*
warn (to) mettere in guardia; avvertire.
warning avvertimento, ammonimento.
warrant autorizzazione, *f.*; mandato.
warrant (to) assicurare, giustificare.
warrior guerriero.
wary cauto, guardingo.
wash bucato.
wash (to) lavare.
washing lavaggio.
washing machine lavatrice.
washroom lavandino.
waste spergero, spreco.
waste (to) consumare; sperperare; deperire
   (waste away).
watch guardia *(guard)*; orologio *(clock)*; veglia
   (vigil).
watch (to) stare in guardia; guardare.
watchful guardingo.
water acqua.
   fresh water acqua dolce.
waterfall cascata d'acqua; cataratta.
waterproof impermeabile.
wave onda.
wave (to) ondeggiare *(speaking of sea)*; far
   segno *(to signal)*; fare la piega *(set hair)*.
waver (to) vacillare.
wax cera.
way via, modo, maniera.
we noi.
weak debole.
weaken (to) indebolire.
weakly debolmente.
weakness debolezza.
wealth ricchezza.
wealthy ricco.
weapon arma.
wear (to) portare; indossare; consumare
   (consume).
weariness stanchezza.
weary stanco.
weather tempo.
weave (to) tessere.
wedding sposalizio.
Wednesday mercoledì.
weed erbaccia.

week settimana.
weekend fine settimana.
weekly settimanalmente.
weep (to) piangere.
weigh (to) pesare.
weight peso.
welcome benvenuto.
   Welcome! Benvenuto!
   You're welcome. Non c'è di che. Prego.
welfare benessere, *m.*; pubblica assistanza.
well pozzo.
Well! Bene!
west ovest; ponente.
western occidentale.
wet bagnato.
whale balena.
what quale; quali; che; ciò che; quello che, *etc.*;
   (interrog.) come?; che cosa?
   What? Come?
   What is it? Che cos'è?
whatever qualunque cosa; tutto ciò che.
wheat grano.
wheel ruota.
when quando.
whenever ogni qual volta.
where dove.
wherever dovunque.
whether se; sia che.
which quale, *sing.*; quali, *pl.*
while mentre.
   Wait a while. Attenda un po'.
whim capriccio; estro.
whine (to) piagnucolare.
whip frusta.
whip (to) frustare.
whirlwind turbine, *m.*
whisper bisbiglio, mormorio.
whisper (to) bisbigliare.
whistle fischio.
whistle (to) fischiare.
white bianco.
who chi; che; il quale; la quale; i quali; le quali;
   colui che; colei che.
whoever chiunque.
whole (the) il tutto, totalità.
whole *(adj.)* tutto, intero.
wholesale all'ingrosso.
wholesome sano, salubre.
whom see *who.*
whose di chi; di cui.
Why perchè.
Why not? Perchè no?
wicked cattivo.
wide largo.
widen (to) allargare.
widow vedova.
widower vedovo.

width larghezza.
wife moglie.
wig parrucca.
wild selvaggio.
wilderness deserto.
wildness selvatichezza.
wile astuzia, inganno.
will volontà; testamento.
will (to) volere; lasciare per testamento
   (bequeath).
willful volontario, premeditato.
willing disposto, pronto.
willingly volentieri.
win (to) vincere.
wind vento.
wind (to) attorcigliare; caricare *(a watch).*
windmill mulino a vento.
window finestra.
   mullioned window bifora.
   rose-window rosone.
   stained glass window vetrata.
windshield parabrezza.
windy ventoso.
wine vino.
   sparkling wine spumante.
wing ala.
wings (theater) quinte.
wink strizzatina d'occhio.
winner vincitore, *m.;* vincitrice, *f.*
winter inverno, invernale.
wipe (to) asciugare, pulire.
wire filo metallico *(metal);* telegramma, *m.*
   (telegram).
wire (to) telegrafare.
wisdom saggezza.
wise saggio.
wish desiderio.
wit senso, spirito.
witch strega.
with con.
withdraw (to) ritirarsi, prelevare.
withdrawal ritirata; prelievo.
wither (to) disseccare, inaridirsi, appassire.
within di dentro.
without senza.
witness testimone, *m.*
witty spiritoso.
woe dolore, *m.*
wolf lupo.
woman donna.
wonder meraviglia.
wonder (to) meravigliarsi, domandarsi.
wonderful meraviglioso.
   Wonderful! Meraviglioso!
wood legno.
woods bosco.
work lavoro.
work (to) lavorare.

worker lavoratore, *m.;* lavoratrice, *f.*
workman lavoratore, *m.;* operaio.
work of art lavoro d'arte.
workshop laboratorio; officina.
world mondo.
worldliness mondanità.
worldly mondano.
worldwide mondiale.
worm verme. *m.*
worry preoccupazione, *f.;* inquietudine, *f.*
worry (to) essere inquieto; preoccuparsi.
   Don't worry. Non si preoccupi.
worse peggiore, peggio.
worship adorazione, *f.;* culto.
worship (to) adorare, venerare.
worst il peggiore; il peggio.
worth valore, *m.;* merito.
worthless senza valore; immeritevole.
worth degno, meritevole.
wound ferita.
wound (to) ferire.
wounded ferito.
wrap (to) avvolgere, coprirsi.
wrapping involucro.
wrath ira.
wrathful irato.
wreath ghirlanda, corona.
wreck rovina; naufragio *(ship).*
wreck (to) rovinare; demolire *(a building);*
   naufragare *(ship).*
wrestle (to) lottare.
wrestler lottatore, *m.*
wrestling lotta.
wretched miserabile, misero.
wring (to) torcere, spremere, estorcere.
wrinkle ruga, grinza.
wrinkle (to) produrre rughe o grinze; corrugare.
wrist polso.
write (to) scrivere.
writer scrittore, *m.;* scrittrice, *f.*
writing scrittura.
   in writing per iscritto.
written scritto.
wrong torto, ingiustizia.
wrong *(adj.)* erroneo, sbagliato.
wrong (to) fare torto; offendere; giudicare
   erroneamente.

X

X ray radiografia.

Y

yacht panfilo.
yard cortile, *m.;* recinto; cantiere, *m. (shipyard).*
yarn filato.
yawn sbadiglio.
yawn (to) sbadigliare.
year anno.
yearly annualmente *(adv.);* annuale *(adj.)*
yearn for (to) aver desiderio di; bramare.
yearning desiderio.
yeast lievito.
yell (to) urlare.
yellow giallo.
yes sì.
yesterday ieri, *m.*
yet ancora, tuttora.
yield precedenza.
yield (to) produrre *(produce).* cedere *(give in);* arrendersi *(surrender).*
yielding cedevole.
yoke giogo, vincolo.
yolk torlo *(egg).*
you voi; vi; tu; te; ti; lei; la; loro; le; li.
young giovane, *m. & f.* (also *adj.*).
young lady signorina.
young man giovanetto.
your(s) il vostro; la vostra; i vostri; le vostre; il tuo; la tua; i tuoi; le tue; il suo; la sua; i suoi; le sue.
yourself voi stesso; tu stesso; te stesso; lei stesso.
youth giovinezza.
youthful giovanile.
youthfulness giovinezza.

Z

zeal zelo.
zealous zelante.
zebra zebra.
zero zero.
zipper cerniera.
zone zona.
zoo giardino zoologico.
zoology zoologia.

GLOSSARY OF PROPER NAMES

Adrian Adriana.
Albert Alberto.
Alexander Alessandro.
Alfred Alfredo.
Alice Alice.
Andrew Andrèa.
Anita Anita.
Anthony Antonio.
Arnold Arnoldo.
Arthur Arturo.

Beatrice Beatrice.
Blanche Bianca.
Carol Carolina.

Charles Carlo.
Charlotte Carlotta.
Daniel Daniele.

David Davide.
Edith Editta.

Edmond Edmondo.
Edward Edoardo.
Eleanor Eleonora
Evelyn Evelina

Ferdinand Ferdinando.
Frances Francesca.
Francis Francesco.
Frederick Federico.
Gabriel Gabriele.

George Giorgio.
Gertrude Gertrude.
Gregory Gregorio.
Guy Guido.

Harriet Enrichetta.
Harry Enrico.
Henry Enrico.
Hugh Ugo.

Irene Irene.

Jane Gianna.
Jerome Geronimo.
Joan Giovanna.
Judith Giuditta.
Julian Giuliano.

Lawrence Lorenzo.
Lewis Luigi.
Lucy Lucìa.

Mark Marco.
Mary Marìa.
Maurice Maurizio.
Michael Michele.

Paul Paolo.
Peter Pietro.

Raphael Raffaele.
Richard Riccardo.
Robert Roberto.

Sylvia Silvia.

Theresa Teresa.
Thomas Tommaso.

Vincent Vincenzo.
Vivian Viviana.

William Guglielmo.

GLOSSARY OF GEOGRAPHICAL NAMES

Africa Africa.
Alps Alpi.
America America.
    North America America del Nord.
    Central America America Centrale.
    South America America del Sud.
Argentina Argentina.
Asia Asia.
Atlantic Atlantico.
Australia Australia.
Austria Austria.

Belgium Belgio.
Bermuda Bermude.
Brazil Brasile.
Brussels Brusselle.

Canada Canadà.
Chile Cile.
China Cina.
Commonwealth of Independent States Confederacione Stati Independenti

Denmark Danimarca.
Dover Dover.

Egypt Egitto.
England Inghilterra.
Europe Europa.

Florence Firenze.

Geneva Ginevra.
Genoa Genova.
Germany Germania.
Greece Grecia.

Hamburg Amburgo.
Holland Olanda.
Hungary Ungherìa.

Iceland Islanda.
India India.
Ireland Irlanda.
Ischia Ischia.
Israel Israele.
Italy Italia.

Japan Giappone.

Lisbon Lisbona.
London Londra.

Mexico Messico.
Milan Milano.
Moscow Mosca.

Naples Napoli.
New Zealand Nuova Zelanda.
Norway Norvegia.

Pacific Pacifico.
Palermo Palermo.
Persia Persia.
Poland Polonia.
Prussia Prussia.

Rhine Reno.
Rome Roma.
Roumania Romanìa.
Russia Russia.

Sardinia Sardegna.
Scotland Scozia.
Siberia Siberia.
Sicily Sicilia.
Spain Spagna.
Sweden Svezia.
Switzerland Svizzera.

Tuscany Toscana.
Turkey Turchìa.

United States Stai Uniti.

Vatican Vaticano.
Venice Venezia.
Vienna Vienna.

Wales Galles.